孩子入园，

爸妈必须知道的事

（第二版）

晏 红 / 著

中国妇女出版社

图书在版编目（CIP）数据

孩子入园，爸妈必须知道的事 / 晏红著. -- 2版
. -- 北京：中国妇女出版社, 2018.1
ISBN 978-7-5127-1547-9

Ⅰ. ①孩…　Ⅱ. ①晏…　Ⅲ. ①学前儿童—家庭教育
Ⅳ. ①G78

中国版本图书馆CIP数据核字（2017）第277967号

孩子入园，爸妈必须知道的事（第二版）

作　　者：晏　红　著
责任编辑：王　琳
封面设计：季　晨
责任印制：王卫东
出版发行：中国妇女出版社
地　　址：北京市东城区史家胡同甲24号　　邮政编码：100010
电　　话：（010）65133160（发行部）　　65133161（邮购）
网　　址：www.womenbooks.cn
法律顾问：北京天达共和律师事务所
经　　销：各地新华书店
印　　刷：北京通州皇家印刷厂
开　　本：165×235　1/16
印　　张：18
字　　数：300千字
版　　次：2018年1月第2版
印　　次：2018年1月第1次
书　　号：ISBN 978-7-5127-1547-9
定　　价：38.00元

再版序

《孩子入园，爸妈必须知道的事》是《宝宝入园完全手册》的再版，这是一件令人欣喜的事情。

本书再版时值全国适龄幼儿入园率突破70%之际，这意味着全国有4000多万3～6岁儿童有机会在幼儿园度过一段美好的童年时光。幼儿园是充满温馨与浪漫的童话世界。遥想百年前，福禄培尔就想为6岁以下的幼儿创办一所学校。这应该是一所什么样的学校呢？1840年5月的一天，他站在乡村的山顶上眺望，看到远处金光灿灿的夕阳与泛着新绿的丛林交相辉映，突然灵感涌现：有了！就把它叫作儿童的花园（kindergarten）吧！在这个花园里，孩子们可以自由快乐地成长。至此，世界上第一所幼儿园在德国诞生了。现在，在有着悠久历史的东方国度，存在20.99万所怀揣着美丽中国梦的幼儿园，这实在是一件值得百万幼师、千万家庭高兴的事！

从大众层面来讲，家长对幼儿教育的重视与思想意识的提高亦是振奋人心的。如果说以前家长送孩子入园还主要是基于托管与保育的认识与需求，那么现在家长更重视的是孩子的教育与发展。于是，“家园共育”不仅成为幼儿园的一个工作思路，而且成为家长教育孩子的一种科学理念。很多家长不但把孩子送进幼儿园，自己也非常关心幼儿教育理念，经常阅读书刊，学习幼儿教育理论知识，与班级教师和其他家长一起探讨幼儿教育之法、为人父母之道。因为他们意识到，教育孩子是幼儿园与家庭共同承担的责任，家庭与幼儿园必须携手共育，采取一致的教育观念与教育方法，才能确保孩子的健康成长。因此，“与孩子共同成长”成为家长的心声，家长主动学习相关知识，幼儿教育与家庭教育领域也出现了许多流传广泛、影响较大的科普良作。本书很荣幸地成为深受家长喜欢的读物，也很荣幸地成为幼儿教师进行家园共育工作的指导用书。

家园共育是需要一定的认识基础的。入园之后，家长与孩子一样对幼儿园充满了好奇，有的家长甚至比孩子还想了解幼儿园这个神秘王国。社会上关于幼儿园的传闻也是五花八门，这就更加深了幼儿园的神秘。本书力图引领家长透过表面的房屋楼舍、设施设备与花草树木，关注幼儿园深厚的教育本质，树立正确的教育观念，摒弃一些似是而非的说法和急功近利的认识，帮助家长在当今纷繁复杂的视听世界里去粗取精、去伪存真，把家庭教育与幼儿园教育进行有机结合，与孩子共度幼儿园时光，帮助孩子不但适应集体生活环境，而且在集体环境中主动成长、快乐发展。“家园共育”是伴随孩子共同成长的第一步，是指引孩子接受正规教育的第一段，相信家长与孩子共同走好这一步，对孩子以后上小学、上中学，都将起到积极的促进作用。

《易经》有言：“蒙以养正，圣功也。”意为孩子在启蒙时期就受到良好的正面教育，相当于成就了圣人的功业。确实如此，孩子不但是家庭的希望，也是社会的人才、人类的未来。家庭是牵引孩子的第一只手，幼儿园是牵引孩子的第二只手，让家庭与幼儿园成为促进孩子健康成长的左手与右手，携手为孩子撑起一片蔚蓝的天空！

最后，请允许我代表广大读者感谢中国妇女出版社对本书再版所付出的智慧与劳动！

晏红

2015年12月于清华园

序　言

一、入园前，家庭为孩子打下了什么基础

“体之发肤，受之父母”

——父母的遗传素质奠定了孩子健康成长的物质基础

遗传素质对人身体的成长发育以及智力、能力的发展有着十分重要的作用，确定了个体发展的必然性范围。宝宝在成长过程中，许多方面都会与父母有相似之处，如眼睛大小、鼻子高低、肤色深浅、身材高矮、体形胖瘦、体质强弱等许多外形特征，还有一些父母如口才、思维、音乐、美术、操作等方面的天赋，都有可能遗传给孩子，使孩子在某些方面具有潜力。

但是，宝宝的遗传天赋并不一定在任何情况下都能得到自然展现，必须在适宜的生长环境影响下，才能得到适当的开发和良好的发展。如果一个遗传天赋很好的宝宝，自出生以后就生活在封闭、冷漠的环境里，得不到周围人基本的引导和帮助，他的天赋就会被压抑甚至埋没。所以，父母发现与呵护宝宝的遗传天赋，给予科学

的开发与培养，将为宝宝的健康成长奠定牢固的物质基础。

“同言而信，信其所亲”

——亲子感情奠定了孩子乐于接受家庭教育的心理基础

对宝宝来说，父母是来到这个陌生世界的第一位亲人，也是第一任启蒙老师。父母为他们带来了生命，满足了他们的基本需求，为他们创造了生命之初的安全感，所以他们热爱、信任父母，也更乐意接受父母的教导。

但并非有亲子关系，就一定能产生浓厚的亲子感情。父母需要对宝宝投入关注、关心和关爱，积极回应宝宝的生活需要、爱的需要和教育需要，宝宝才会对父母产生依恋之情。如果父母对宝宝的需要反应迟钝、冷淡，甚至因为不爱宝宝或认为养育宝宝是个拖累而总是拒绝宝宝的需求，宝宝与父母之间就会逐渐形同陌路。所以，父母为宝宝付出情感和辛劳，与宝宝建立浓浓的亲情，将为宝宝的健康成长奠定良好的心理基础。

“染于苍则苍，染于黄则黄”

——家庭环境对孩子个性和性格的形成产生深刻影响

家庭环境是宝宝出生后的第一个生活环境，也是对人的成长影响最直接、最深刻、最持久的环境因素，而且通过潜移默化，悄悄地影响着宝宝的个性与性格。

父母是孩子的第一任老师。为了促进宝宝形成健康的个性和积极的性格，父母应该注意家庭关系和睦、邻里之间互助，为宝宝营造安全、温暖、文明、和谐的家庭环境。历史上“孟母三迁”的典故就说明了这个道理。孟母三次搬家都是为了给孟子营造良好的生活环境，使孟子从在墓地周围学人哭叫，在集市周围学人叫卖，最后转到学堂周围学人读书。孟母不但关注社区邻里对孩子成长的影响，更重视用自身的言传身教影响孩子，当孟子逃学回家的时候，她用“断机杼”的家庭生活场景教育孟子做事要持之以恒。所以，父母为宝宝营造文明向上的家庭环境，将为宝宝的健康成长奠定积极的个性和性格基础。

“蒙以养正，圣功也”

——科学的家庭教育为孩子奠定最佳人生开端

“蒙以养正，圣功也”出自《易经》，意思是说，在孩子启蒙时期，就要培养他走上正路，这相当于成就圣人的功业。这句话充分肯定了早期家庭教育的意义。家庭环境对人的影响是自发的，而家庭教育则是父母对宝宝有目的、有意识、主动地施加影响。0~3岁是宝宝身体和大脑发育的关键期，及时和科学的早期家庭教育具有优化和开发潜能的功能。

科学的早期教育并不是教宝宝单一地识字、计算和背诵，对于0~3岁的宝宝来说，早期教育的重心在于尊重他们的天性，进而丰富他们的直接经验。0~3岁宝宝的学习规律比较特殊，他们对什么感兴趣或想学习什么，是按照自己的意愿，而不是由成人来决定的。他们在环境中寻找自己感兴趣的内容，随后在不断的摆弄探索中感悟新的知识。所以，科学的早期教育不宜有过多的灌输和说教内容，要多为宝宝提供充满快乐和成就感的机会，使他们获得真实、完整和有益的生活、游戏与学习经验，使宝宝的身心发育得到全面熏陶，这才是真正为宝宝奠定最佳人生开端。

二、入园后，孩子可以学到什么

“理智施爱，爱而不娇”

——幼儿园教育有助于减少家长溺爱孩子的倾向

家长对宝宝的慈爱与关心，是早期教育的前提。宝宝不具备独立生存和生活的能力，日常生活需要家长给予精心的照料；在精神生活上，家长也需要给予他们爱抚、温存、体贴、玩耍和游戏。久而久之，对于宝宝的种种要求和需要，家长容易有求必应和包办代替。实际上，随着宝宝渐渐长大，家长不能也不必再像对待新生儿那样完全满足他的要求，一切都替他做好，因为一味地满足宝宝，直接受害的是他自身。

但是，家长不容易觉察到自己对宝宝的溺爱。因为爱孩子是父母自然流露的天性，即便父母在理智上知道不能溺爱，但是对宝宝应该疼爱到什么程度是最有益的，父母并不容易把握。而在这方面，幼儿园教育能给宝宝有益的帮助，并给父母适时的提醒。当父母把孩子委托给幼儿园的时候，幼儿园老师作为“代理父母”来教养宝宝。但是，因为一个老师是很多宝宝的“代理父母”，所以老师要尽量做到公平对待每个宝宝，并教育宝宝学会理解和尊重其他宝宝的需要，在生活中学会等待，在游戏中学会分享，在交往中学会互惠，在锻炼中学会坚强。可以说，这种“代理父母”之爱是理智之爱，不是溺爱。

入园小贴士

老师从宝宝的长远利益和长远发展出发，对宝宝做到爱而不娇，有助于减少家长溺爱宝宝的倾向。

“保教结合，注重自理”

——幼儿园教育有助于减少家长教养分离的倾向

“保育”与“教育”相结合，即保教结合，是幼儿园教育区别于中小学教育的根本特征。保育就是教师精心地照看和保护身心稚嫩的宝宝，做好安全、卫生、保健方面的工作；教育就是让宝宝学会照顾自己，培养其生活自理能力，使宝宝在情感、社会性、个性和性格等方面都得到良好的发展。

保教结合对应的家庭教育就是养育结合，即养育与教育相结合，要求家长既要悉心照顾宝宝，满足宝宝的基本需求，同时还要锻炼宝宝从独立做简单的事情开始，养成自己的事情自己做的好习惯。但是，因为家长与宝宝有血脉亲情，宝宝在家里既享受了充分的父母之爱和家庭温暖，也存在着家长对宝宝过度照顾、束缚宝宝动手操作的不利影响。

宝宝进入幼儿园以后，失去了以前几个家长照顾他一个人的优越环境，面临着三四个老师照顾十几个宝宝的新环境。老师会特别注意培养宝宝的独立生活能力，指导宝宝在老师的帮助下自己的事情自己做。所以，幼儿园保教结合的特点和特殊环境有助于减少家长教养分离、养育多教育少给宝宝成长带来的影响。

“面向全体，强调交往”

——幼儿园教育有助于减少家长忽略交往的倾向

过去，家庭结构比较复杂，家庭规模大，三代同堂、四世同堂的大家庭很普遍，家庭成员多，家庭代际关系复杂。在这样的家庭中，宝宝自然而然地就学会了相应的家庭关系及其伦理规范，这有利于培养他们尊重、孝敬长辈的品德。现在的家庭结构简单了，以父母和子女两代人的家庭为主，减少了宝宝学习和处理复杂人际关系的机会。尤其在独生子女家庭，宝宝是小家庭中的“大太阳”，很多“大太阳”会集在幼儿园里，就成了班级大家庭中的“小星星”。

宝宝从“大太阳”变成“小星星”，是集体生活的需要，是适应社会的需要，是宝宝发展交往能力的需要，是宝宝健康成长的教育途径。在家庭中，家长也与宝宝玩耍，但是家长一般都会让着宝宝，哄他开心，久而久之，他会觉得别人就应该让着自己，形成只能赢不能输的心态和以自我为中心的思维方式。在幼儿园里，宝宝与小朋友是平等的伙伴关系，游戏规则面前人人平等，宝宝要学会与别人协商，尊重别人的想法；对于游戏结果，要学会既能享受赢局也能承受输局。宝宝在这一过程中，交往能力将得到很大的提高，所以幼儿园的集体教育环境有助于弥补家长容易忽略宝宝人际交往能力的不足。

“五大领域，全面发展”

——幼儿园教育有助于减少家长片面教育的倾向

做父母的都希望宝宝早日成才，这种愿望是好的，也是可以理解的。要实现这一愿望，家长的早期教育要从实际出发，按照人的成长规律和教育规律进行，不能随心所欲地将自己不切实际的主观意志强加于宝宝，采取死记硬背、强行灌输、揠苗助长的错误方法，对宝宝进行知识灌输、技能训练的片面教育。

人才的培养是一个漫长的过程，婴幼儿时期是全面打基础的阶段。幼儿园教育特别注重根据宝宝心理特征，采取适合宝宝接受的内容与游戏的方法，量力而行，循序渐进，以丰富宝宝的生活经验为主，提高宝宝的具体形象思维和动作操作能力，使他们在健康、语言、社会、科学、艺术这五大领域得到全面发展，成为一个身心健康、适应社会发展进而为社会做贡献的人才。所以，幼儿园教育有助于减少家长片面教育的倾向。

三、家园共育使孩子的成长优势最大化

幼儿园教育与家庭教育各有不同的优势，在宝宝的健康成长过程中不可以相互替代。

随着宝宝独立成长的需要越来越强，他们将逐步走出家庭的呵护，勇敢地迈向社会生活的大舞台，幼儿园则是宝宝步入社会的第一步。幼儿园的物质环境、作息制度、生活习惯、人际关系都与家庭有很大的不同，幼儿园与家庭对宝宝的要求也有很大差异。幼儿园是集体生活环境，小朋友之间的关系是平等的，玩玩具、做游戏都需要宝宝有分享、等待、谦让、合作的意识；小朋友之间有了矛盾，要学会文明解决冲突的方式；还要培养宝宝在集体环境中清晰、大方和大胆的表达能力。

然而，这些能力和习惯的培养单靠幼儿园的教育是不够的，家长在家庭生活中不能再总是包办代替，迁就放纵，这样不利于巩固宝宝在幼儿园的教育成果。家长要像幼儿园老师一样培养宝宝的规则意识，教宝宝学会尊重他人，知道爱护公共环境和财物。如果家长与教师的要求不一致，不但幼儿园的教育效果会受到不良影响，而且不利于宝宝学习社会行为规范和人际交往能力，进而影响宝宝的社会化进程。所以，幼儿园与家庭是宝宝的教育合作伙伴，教育宝宝是家长和老师共同的责任，家园合作共育能够使宝宝的健康成长优势最大化。

目　录

第三章 孩子在幼儿园可能遇到的生活问题

第四章 建立正确的家园合作关系

第五章
家园合作，提升孩子的能力

第六章
家园合作，激发孩子的潜能

第七章
家园合作，培养孩子的优秀性格

第八章
家园合作，培养孩子的爱心

第九章
陪孩子度过快乐的幼儿园时光

第一章

孩子要入园，你做好心理准备了吗

如何选择最适合孩子的幼儿园

既然宝宝入园是很有必要的，择园就是家长要考虑的重要问题了。随着我国幼教事业的发展，全国各地出现了各种各样的幼儿园，这为家长提供了选择的机会，也产生了选择的困惑。很多家长对各式各样的幼儿园并不完全了解，家长之间的交流也是各抒己见，这反而更增加了家长择园的困惑。有一个基本原则应该把握好，那就是选择最适合自己宝宝的幼儿园。

孩子的年龄大些入园好还是小些入园好

目前，绝大多数城市幼儿园是从3岁宝宝开始招收的，也有一些幼儿园接收2岁甚至更小的宝宝入园，这主要是根据家长的需求和幼儿园的办园条件来确定招生入园的起始年龄。

从心理发育的角度来说，2岁以后的宝宝大部分能够忍受与依恋对象（经常照看他的家人）在一段时间内的分离，逐渐习惯与小伙伴和老师相处，所以2岁的宝宝是可以适应日托幼儿园的。但是，刚满2岁的宝宝在生活自理能力上还比较弱，与依恋对象暂时分离的心理压力还比较大，因而新入园的2岁宝宝的分离焦虑程度要强烈一些，时间也长一些。建议宝宝3岁左右入园，这时候宝宝在身体发育、生活自理能力和心理发展等方面都成长得相对成熟一些。

选择日托幼儿园还是寄宿幼儿园

不能一概而论日托和寄宿的利弊，要综合家长、孩子和幼儿园三方面的情况来考量。

首先，如果家长工作特别忙，没有充分的时间接送孩子，或者有的家庭是三代同堂，家庭成员在教育孩子时常常态度不一致，那么送孩子上寄宿幼儿园比较合适。

其次，还要考虑孩子和幼儿园的因素，寄宿幼儿园要求孩子的身体素质比较好，有利于培养孩子的独立性，但因为孩子一周才回家一两次，家长特别容易娇惯孩子，使孩子形成情绪波动周期，即每到周一情绪最低落，不愿意上幼儿园，周二、周三对幼儿园的情绪适应转为正常，周四开始盼望家长接自己回家，周五回家的愿望迫不及待，容易心情浮躁，周六、周日在家长的怜惜和宠爱下，比较任性。相比较而言，日托幼儿园有利于培养亲子关系，且家园沟通较密切，家长对孩子的发展细节比较了解，但是需要家长对宝宝付出更多的时间和精力。

所以，家长要根据宝宝和家庭情况，以及日托和寄宿幼儿园的各自特点，决定宝宝应该上什么样的幼儿园。

选择公立幼儿园还是私立幼儿园

幼儿园教育属于国家非义务教育，以前公立幼儿园占主体，但最近几年私立幼儿园大量涌现，两者各有其特点。

幼儿园的质量不能仅从办园体制这一个角度判断，也不能只看幼儿园的硬件设施是否现代，装修是否豪华，收费是否昂贵，建议家长从教育专业部门的资质认证角度考察幼儿园。因为资质认证是全方位的，包括幼儿园的硬件水平，教师的健康和学历状况，卫生保健标准以及幼儿的身高、体重达标率，龋齿矫治率，家长满意率等一系列指标。一个幼儿园在以上各个方面都达标了，

入园小贴士

没有级类的幼儿园说明它没有参加教育部门的验收，各种名目的实验园、双语园、艺术园等特色名称，均不能代替级类验收幼儿园标准。

才能获得相应的认证，所以家长选择这样的幼儿园是可以放心的。

不管是公立幼儿园还是私立幼儿园，教委对参加级类验收的幼儿园标准是一样的，从高到低的顺序是示范园、一级一类幼儿园、一级二类幼儿园、二级一类幼儿园、二级二类幼儿园。

“级”代表硬件水平，“类”代表软件水平。全国各个省市对幼儿园的级类管理不完全一样，有的省市对幼儿园既分级又分类，有的省市只分级不分类，而是把级与类的验收合并一起管理，例如一级幼儿园、二级幼儿园等。

选择大幼儿园还是小幼儿园

幼儿园的规模大小不是唯一的决定因素。刚入园的宝宝有一个分离焦虑适应过程，而是否顺利适应的关键不在幼儿园的宏观环境，而在于微观环境是否能安顿好孩子。微观环境包括软件、硬件两个方面，环境是否具有童趣，玩具是否吸引孩子，这些都会给刚入园的孩子强烈的第一印象。

比较关键的因素还有教师是否和蔼可亲，让孩子产生热爱和依恋感。教师的敬业态度和工作能力是帮助孩子安全度过分离焦虑期的首要因素。因为分离焦虑源于孩子对父母的依恋行为，这是他自身安全和各种需要得到满足的根本保证，来到幼儿园，孩子要把依恋对象转移到教师身上，他才能重新获得安全感。

选择特色幼儿园还是普通幼儿园

国家教育部颁布了《幼儿园工作规程》和《幼儿园教育指导纲要》，但对具体的教育内容和教育模式没有统一的要求，所以各地幼儿园采取不同的方式来落实国家关于幼儿教育的指导方针。

我国幼教虽然走过了百年历史，但是仍然处于探索和发展阶段，借鉴国外的成果比较多，现在很多幼儿园又都有意识地做自己的特色招牌，因而家长面临的特色名称比较多，例如蒙台梭利教育、感觉统合教育、多元智能教育等。蒙台梭利是意大利教育家，她创造的教育思想和教育模式以及物化了的教具，在全世界拥有广泛的影响。蒙台梭利教师需要参加专门的师资培训，配备专门的教具。感觉统合教育是针对某些现代教养方式不当导致孩子身体协调性弱而开发的幼儿教育训练课程，教师和教具也是专门培训和研发的。多元智能教育是借鉴美国心理学家加德纳的研究成果而开发的，教师没有专门的教具。

入园小贴士

家长在选择幼儿园的时候，首先要关注孩子的倾向，其次还要观察教师的情况，并与教师沟通，选择一个孩子热爱教师、教师热爱孩子的幼儿园，让孩子拥有一个健康、快乐、幸福的童年。

各个幼儿园办学的软件、硬件条件差异很大，以上各种特色教育的水平也是参差不齐，而且家长要关注的是不管具备什么特色，幼儿园应该首先确保孩子能得到全面、和谐发展的普通教育，不能为特色而追求特殊或者追求特长。

选择远点儿但质量较好的幼儿园，还是近点儿但质量一般的幼儿园

程女士早就跟先生探讨过：要么不生孩子，如果生孩子，就得让他接受最好的教育，成为优秀的人才。程女士听说郊外的一所幼儿园不错，收费高也没关系，就是离家有点儿远。为了孩子，那就大人辛苦点儿吧。可是还没有一个月，程女士就发现问题没那么简单。为了赶时间，孩子起得比较早，可是路上时常发生交通拥堵，孩子到幼儿园时常常错过早饭时间。晚上去接孩子也常因下班高峰而行驶缓慢，不能按时到幼儿园，老师要陪孩子等到很晚，孩子也着急。程女士觉得长久这样会影响孩子的身心

健康，于是决定转园。附近小区就有一所幼儿园，可是程女士转了一圈，总觉得这里的环境、玩具和其他硬件比原先那个幼儿园差远了。怎么办呢？程女士犹豫不定了。

一所幼儿园可能在某些方面能满足家长的需求，在另一些方面又是家长不满意的，所以想找一所十全十美的幼儿园并不容易。

选择幼儿园的目的是孩子能有更好的发展，所以要结合低龄宝宝的发育特点，优先考虑孩子的切身需要和微观环境，再考虑宏观环境。首先是就近原则。低龄宝宝的分离焦虑期要长一些，这是孩子顺利入园的第一个关键。上离家近的幼儿园，孩子方便溜达和熟悉，也容易与附近的小朋友串门，减少刚刚入园的孤独感；另外家长也方便接送，随时可以与幼儿园老师面对面地交流，多交流可以使家长及时了解孩子成长过程中的细节，有利于制订更好的教育方案。像程女士那么忙忙碌碌地接送，家园沟通机会就会大大减少。一两年以后，宝宝的身体素质更棒了，适应能力更强了，可以再考虑送他去远点儿但质量较好的幼儿园。当然，这时家长不宜片面地为宝宝做决定，要征求宝宝的意见，看他是否愿意换一个新的环境。

孩子入园前，家长要做好的心理准备

怎样判断孩子是否准备好上幼儿园了

方女士和先生工作特别忙。生了儿子以后，就把他放在乡下姑妈家里。自由自在的小家伙长得很结实，有那种农村孩子特有的健康肤色。2岁之后，宝宝该上幼儿园了，于是方女士把他接回来，就近办了入托手续。小家伙是插班新生，老师和小朋友还给他举行了一场欢迎仪式，小家伙不说话也不哭闹，好奇地看着这里的一切。妈妈见孩子这么稳定，心里别提多得意了，跟老师说：“这孩子在农村一住就是两三年，他不认生，没问题的，我走了。”到中午吃饭的时候，老师发现问题了，孩子开始嚷着要回家，哭声响亮，不吃饭也不睡觉，不喝水也不喝奶。第二天，方女士送儿子去幼儿园，他死活不干，妈妈生气了：“幼儿园的小朋友和玩具那么多，还有老师教你学知识，你为什么不去？”妈妈越说，孩子越闹。因为工作不能耽误，尽管孩子不愿意，但方女士还得每天都把孩子送到幼儿园。方女士担心，是不是因为宝宝在农村长大，还不具备上幼儿园的能力？宝宝上幼儿园应该具备哪些基本能力？

现在，不少妈妈因为就业需要或者工作紧张而把孩子寄养在亲戚家里，看着宝宝离开妈妈也成长得健健康康、快快乐乐的，就对孩子特别放心，但同时也对孩子的发展、需求等方面不是太了解，因而对孩子能力的判断会出现偏差。方女士认为孩子在农村是玩，在幼儿园也是玩，于是忽略了孩子入园前的适应问题，把孩子接回来马上就送到幼儿园，即使孩子在其他方面的能力已经“达标”，但是在心理上，孩子还是没能避免分离焦虑。

宝宝要在以下几个方面基本达标，才能比较顺利地适应入园。

生活方面

宝宝吃饭的时候，以自己用勺吃为主，以大人偶尔喂为辅；可以自己大小便，或者知道告诉老师要大小便了，家长还要事先训练孩子蹲坑或者坐便；能自己或者配合大人穿脱衣服；能自己睡小床，初步养成午睡习惯。

语言方面

说话比较清楚；如果说不清楚，能在听明白老师的话后有一定的语言、表情或者动作反馈；在大人的启发下，能简单表达自己身体不适的感受。

交往方面

在集体场合敢于说话；对其他小朋友有朴素的同情心；知道不应该用“打、砸、抢”的方式跟小朋友交往。

心理方面

对幼儿园有直观的美好感受和一定的向往；平时能在外面与小朋友玩一会儿；对陌生的环境不是特别害怕。

刚上幼儿园的孩子更容易生病

小鱼儿的妈妈在网上发了一个帖子：我的宝宝2岁3个月大了，半个月前我将她送到幼儿园。第一天她玩得高高兴兴的，因为在此之前我跟她说了好长时间幼儿园的好处。第二天她开始哭，到第五天就生病了，上呼吸道感染并发急性中耳炎，跑了一个星期的医院，到现在我已经不知道该不该再把她送到幼儿园去。以前总认为宝宝长大后需要集体生活，看她和小朋友一起玩得多高兴啊，而在家和我一起玩时间长了就没理由地胡闹。但现在我把她送到幼儿园了，效果却大相径庭。是不是宝宝入园一定会经常得病？有谁能给点儿指导啊？

很多新入园宝宝的家长会遇到小鱼儿妈妈类似的问题和困惑。孩子刚上幼儿园容易生病，除了孩子长期以来就体弱多病的生理因素以外，主要是心理上不适应造成的。人的情绪和心理与自主神经系统密切相关，2岁的宝宝正处于自主神经系统不稳定时期，容易受到周围环境的影响，导致自主神经功能紊乱。如果他的情绪波动大，就有可能出现一些躯体症状，如头痛、肚子痛、呕吐、腹泻、发热、惊醒等。有的妈妈说孩子在家好好的，一上幼儿园就这里不舒服那里不舒服，回到家里又好了，像是装病，但是又真的有病症。这就是孩子不稳定的情绪与不稳定的自主神经系统相互作用的结果。

新入园的宝宝容易得病还有一个主要原因，即集体生活中的孩子交叉感染造成的。家长可能又担心了：这可怎么办呢？总不能一有小朋友生病就把孩子接回家吧？其实，与人接触少的孩子未必就是健康、有抵抗力的。《新英格兰医学》期刊公布的一项研究指出，适度地让孩童感染疾病，反而对免疫系统有强化巩固的作用，从长远的发展过程来看，这将帮助孩子增强抵抗力，体质也将逐渐改善。

宝宝新入园都有一个适应期，家长要以积极的态度帮助孩子一起渡过难关。例如：

★ 提醒孩子多喝水，养成随渴随喝的习惯。白开水的保健功能是任何饮品都不能代替的，孩子的饮水量不足，容易产生内热上火，稍不注意就可能生病。如果家长发现孩子的小便不是清亮透明的，就更要注意让孩子多喝水了。如果他一开始不喜欢喝，可以一次少喝点儿，一天多喝几次。

★ 如果孩子生病了，就把孩子接回家积极治疗，痊愈以后还应该坚持送他上幼儿园，这是一个增强孩子的适应性和抵抗力的过程。只是在回幼儿园的时候，要跟老师密切沟通，让她知道孩子最近的情况，并加强保育工作。

★ 避免事事包办代替，鼓励孩子自己动手做事，不要怕他做错。敢于动手的孩子有自信，在集体生活中有成就感，积极的情绪不但使他快乐，也能增强机体抵御病毒侵害的能力。

★ 鼓励孩子什么都要吃，不偏食不挑食，保证营养均衡。

★ 维持良好的生活习惯。为了配合幼儿园的生活，即使节假日在家，也要保持早睡早起的作息。

★ 随时锻炼身体，经常带孩子做适当消耗体能的运动，不能总是让孩子“静坐”。

3岁以前的孩子该不该去幼儿园

文文和嘉嘉是同年同月出生的小伙伴，两个宝宝的妈妈也在同一个单位。文文平时由奶奶看着，嘉嘉则与保姆阿姨在一起。2岁了，嘉嘉的妈妈就把宝宝送到了幼儿园，文文的奶奶不同意，说孩子那么小到幼儿园又哭又闹的，简直是遭罪。一年很快就过去了，文文和嘉嘉一起出去玩的时候，文文的语言表达和社会交往能力明显要弱一些，以至于有的人问：“这孩子（指文文）比她（指嘉嘉）小吧？”文文的妈妈听了以后，心里可酸了，其实她也知道嘉嘉上幼儿园以后确实进步很大。她有点儿后悔：文文还能赶上嘉嘉吗？是不是当初应该把文文早点儿送到幼儿园？可是文文在家里得到了更多的关爱，这难道对她的发展就没有更多的好处吗？

幼儿园教育属于非义务教育，因此家长可以根据宝宝和自己的家庭情况，选择宝宝是接受幼儿园教育还是家庭教育。

如果把宝宝送到幼儿园，家庭还要进一步做好家园共育，才能保证孩子进步得更快。幼儿园教育与家庭教育的根本区别是，前者是集体教育和制度化生活，后者是个性教育和随意性生活。对孩子的健康成长来说，两者都是有必要的。孩子在这两个环境中都会习得一些优点，也会习得一些缺点，两者都不是绝对的“净土”和“圣地”。因此，孩子从幼儿园带回家庭的不适宜行为，家长要帮助孩子克服；有可能会从家庭带到幼儿园的不适宜行为，家长也要帮助孩子克服——因为孩子在不同的环境要遵循不同的“游戏规则”。当然，孩子在幼儿园获得的一些好行为和好习惯，家长要尽力配合，让他在家庭中继续得到练习和巩固。

另外，如果家里有人照看宝宝而选择家庭教育，暂时放弃幼儿园教育，需要周全考虑下列因素，确保宝宝在家里也能得到较好的发展：

★ 主要看护者比较重视早期教育，而且有比较先进的教育观念和科学的教育方法；

★ 主要看护者养育孩子比较有经验，既给孩子安全和自由，又让孩子有规则意识；

★ 家长有比较充足的时间能带孩子走出家庭，与大自然亲近；

★ 周围有一个比较适宜的群体，使孩子能与同龄伙伴交往；

★ 夫妻感情融洽，家庭气氛和睦。

孩子过早离开妈妈入园，会不会给他的心理留下阴影

宣宣在日本出生，她出生3个月后就进了当地的幼儿园。这与国内的情况不同，我国幼儿园大多数只收托3岁以上的宝宝，虽然现在收托2岁宝宝的幼儿园也渐渐多起来，但收托2岁以下儿童的幼儿园还是很少的。日本就业压力大，双职工家庭逐渐增多，导致有一半的日本幼儿园对3个月的宝宝就提供收托服务。因为工作关系，妈妈把宣宣送到了京都市伏见区墨染幼儿园，每天早上8点送去，晚上6点接回来。刚开始，妈妈非常担心：这么弱小的生命，饿了、渴了、拉了、尿了，妈妈以外的人能照顾好宝宝吗？尽管怀揣着不安，但宣宣妈妈默默地配合着幼儿园的工作要求，每天晚上取回脏衣服洗，每天记录孩子在家的情况。宣宣随妈妈回北京后，接着上幼儿园，不到2岁的宝宝就能自己吃饭了，拥有班上小朋友最阳光灿烂的笑容，既热爱爸爸妈妈，又不黏着爸爸妈妈，与老师和小朋友相处得都非常好。这令宣宣妈妈国内的同事既羡慕又惊讶：宝宝过早离开妈妈入园，难道没有给他的心理留下阴影？

虽然我国与日本的国情差异很大，但是儿童的心理发展还是有共性的。正如前文分析的，3个月的宝宝还没有分离焦虑，只要得到细心周到的保育，他完全能在幼儿园健康地成长。6个月以后，宝宝开始对陌生人有分离焦虑，但因为老师和妈妈各陪伴孩子一天的一半时间，所以老师和妈妈是同等亲近的人，宝宝不会有分离焦虑。1岁和2岁是宝宝分离焦虑最敏感的时期，但是像宣宣这样的宝宝已经习惯于白天跟老师、晚上跟妈妈的生活节奏，所以没有分离焦虑就能平安适应幼儿园生活。

当然，我国的幼教机构正好在儿童分离焦虑最敏感的时期（2岁）对宝宝提供日托服务，这时候的宝宝负面情绪最多，家长自然忧虑重重，担心这些负面情绪会给宝宝留下心理阴影。其实一般情况下不会发生这种事情，只要家长提高认识、调整心情，宝宝的分离焦虑很快就会“雨过自然天晴”。

附：分离焦虑的积极意义

家长不要太担心分离焦虑的负面性，适度的分离焦虑具有积极意义，它是儿童心理发展的里程碑。

•自我保护功能

宝宝对陌生人和环境一旦感到不安全，就会产生分离焦虑。此时，他的哭闹是在向家长发信号：“我感到不对劲儿了，快来保护我！”

•智力发展的标志

产生分离焦虑说明孩子已经能区分熟人和生人，能把熟悉的地方和陌生的地方区分开来，这是他们的智慧和社会性继续向前发展的必要条件。如果孩子到了3岁还不能产生分离焦虑，说明他可能有心理障碍，如自闭症等。因此，家长要认识到分离焦虑的积极意义，对它有一个良好的心态。

孩子入园自然要经受分离焦虑，妈妈随之产生“教育焦虑”，可是就在这母子双双焦虑的“阵痛”中，宝宝必然会进步，妈妈将会更成熟，请感谢适度焦虑给亲子共同成长带来的契机吧！

怎样弥补孩子入园后亲子在一起时间太少的遗憾

梅女士一年之后将去法国做访问学者，这一年她必须到语言学院进修法语。学习进度快，学习时间紧张，刚刚2岁的宝宝怎么办呢？婆婆身体不好，丈夫工作忙，根本指望不上，家里的居住环境又不适合请保姆，只好送幼儿园了。可是孩子那么小，上幼儿园行吗？一年之后，自己还要去法国2年，把孩子送回老家跟着姥姥？在宝宝最需要妈妈付出爱心和照顾的时候，妈妈却不得不狠心地离开宝宝，这是宝宝巨大的人生遗憾，也是妈妈巨大的人生遗憾！梅女士一想到这些事情就无法安心学习，可又不知道怎样才能弥补孩子入园后亲子在一起时间太少的遗憾。

梅女士的心情可以理解，因为工作和生活的需要，人生常常会面临一些两难选择，割舍其中任何一个都会留下遗憾。但是，从人生发展的远景来看，忍得了眼前的痛，将换来更开阔宽广的舞台，那么当前的遗憾就会变成未来的美丽。相信很多家长不得不让低龄宝宝入园都属于美丽的遗憾，过了这一段时间，大人和宝宝、事业和家庭都将获得进步和提升。

建议像梅女士这样的家长要与老师积极配合，让宝宝爱幼儿园如家，爱老师如妈。既然妈妈不能与宝宝朝夕相处，就让他与老师或者其他看护人亲近如一家人。妈妈要尊重他人带孩子的方式和风格，接纳他人的个性差异，营造良好的合作伙伴关系，共同把宝宝养育得快快乐乐、健健康康。这是弥补遗憾最根本的态度和做法。

同时，妈妈要注意避免过度补偿心理和行为。有遗憾心理的妈妈自然觉得对不住宝宝，所以特别渴望有个机会能好好补偿补偿，争取不让他掉一滴眼泪，不让他噘一次小嘴，更不让他受一点儿委屈。结果她可能比较迁就宝宝，太顺应他的需求，助长宝宝的任性倾向，为其形成一些不良行为习惯埋下伏笔——这样补偿遗憾将会酿造真正的遗憾！

因此，妈妈的思维应该换个角度。遗憾并不都是消极的，可以让遗憾产生美。处在遗憾中的妈妈一定有许多心里话想跟宝宝说，心理活动非常细腻、丰富、深刻，妈妈可以把这些美妙的瞬间记录下来，将来宝宝能够识文断字了，他将会受到多大的震撼和感动啊！这样，妈妈暂时的遗憾终将变成滋润孩子的“心灵鸡汤”，而这笔财富只有怀抱遗憾的妈妈才有可能蓄积呦！

幼儿园老师会给孩子母爱和亲情吗

2岁半的天天上幼儿园了，妈妈很不放心，早晨送到园以后要看着天天吃完早餐再走，晚上还没有到接孩子的时间就来了，她想看天天晚餐吃得怎么样。老师跟天天妈妈交流说这样做不合适，会使孩子适应得更慢，早上送来后就放心地走吧，老师会让孩子吃饱的；晚上就不要提前来了，这样对其他孩子的吃饭情绪有影响，因为这时候孩子正盼望着家长第一个来接，看到别人的妈妈来了而自己的妈妈没来，他们就不踏踏实实吃饭了。

又过了一段时间，老师对天天妈妈再次提出按时接送的希望，天天的妈妈说：“我的宝宝上幼儿园已经3个月了，但没有在园里大便过，在家里拉的大便干得要命，有时3天才有一次大便，这到底是怎么回事？”老师说：“孩子得多运动多喝水，天天不喜欢运动，喜欢坐着，喂他喝水他也喝得少，他的生活好习惯还没有完全建立起来。”妈妈说：“不是这样的，以前他的排便规律好着呢，主要是孩子上幼儿园以后紧张害怕，缺乏母爱和亲情。”老师问：“那我们整天为孩子做的照顾和看护，就不是给孩子爱和亲情吗？”妈妈说：“这是你们的工作，跟母爱和亲情是两码事。”老师没再接话，但是心里很不是滋味。

宝宝新入园，对环境和老师陌生，老师对宝宝的特点也不了解，妈妈不放心是合情合理的。尤其是想着宝宝在幼儿园老师面前不能像在家里跟妈妈在一起一样，随意纵情地依偎、撒娇，妈妈的心里就禁不住酸溜溜的。看着宝宝不放心妈妈离开的神情，怀着些许畏惧听从老师的安排，妈妈更是别有一番滋味在心头：“哎，世上只有妈妈好！离开妈妈的宝宝好委屈！”

“缺乏母爱和亲情”是家长自然流露的“心情词汇”，但不是对幼教职业判断的“理性词汇”。

家长需要在观念上理解教师之爱与母爱的差异。母爱是伟大的，但是孩子要健康成长，不能仅仅依靠母爱，他还需要教师之爱、同学之爱。教师之爱没有母爱那样缠绵、感性和血缘之亲，但是这种爱专业、理性，所以教师的付出绝不是简单的工作需要和体力支出，其中还渗透着专业特点和理智之爱。

家长还需要在行为上接纳教师与孩子之间适度的距离感，这种空间有利于孩子接受教育，培养他的自理能力与独立性。如果家长发现教师的某些关照与孩子的实际情况不太贴近，可以与教师直接沟通，达成相互理解，商讨合适的解决办法。但不宜在孩子面前表露对教师的不满，而要维护教师在孩子心中建立的信任和热爱。

入园小贴士

实际上，不少孩子新入园都有大便干结的现象，这主要是孩子生活不适应和心理焦虑造成的，家园共同努力一段时间就能帮助孩子调整过来。

孩子越小入园就越容易发生分离焦虑吗

对于低龄宝宝入园将要面临的分离焦虑，不少妈妈都担心，是不是宝宝越小越容易产生分离焦虑呢？现在假设有4个年龄段的宝宝：永永6个月、远远12个月、开开2岁、心心3岁，4个宝宝的妈妈把他们送到幼儿园交给老师，在正常情况下，哪个宝宝分离焦虑将会最厉害？有经验的妈妈可以用经验判断，没经验的妈妈可以用理论判断，但最后得出的结果应该是一样的：既不是最小的永永，也不是最大的心心，而是正处于2岁的开开。

分离焦虑程度与孩子的依恋发展阶段密切相关。0～3个月的宝宝处于没有差异的依恋发展阶段，只要孩子身体舒服，谁把他抱走，他都不会产生分离焦虑。3～6个月的宝宝处于有差别的依恋发展阶段，他可以区分熟人和生人了，拒绝一面之交的不速之客，但对那些似曾相识的熟人他都接受，妈妈走了，爸爸也行；爸爸走了，奶奶、阿姨都行；如果是幼儿园老师，只要混上几天脸熟，宝宝很快就把他纳入熟人圈，妈妈走了也不会产生明显的分离焦虑；6个月～2岁的宝宝处于依恋关系单一化阶段，并在2岁达到高峰，即宝宝在熟人圈里开始寻找跟自己关系最近的人，并对他产生强烈的依恋，这个人一走，宝宝马上就会丧失安全感。交给幼儿园老师？不行！“妈妈哪儿去了？难道她不要我了吗？一定是她不要我了！”宝宝就是这么错误地判断着，因此他的分离焦虑最厉害。2岁以后，宝宝开始有能力把依恋对象伙伴化，能够暂时容忍与妈妈的分离，知道她走了还会回来的，自己并不是被妈妈抛弃了。长到3岁的宝宝对分离现象的正确判断和适应能力就更强了，刚上幼儿园的分离之“痛”要轻一些。

入园小贴士

家长不要随便给孩子“煽情”。2岁以后的宝宝已开始具备依恋对象伙伴化的基础，妈妈要主动引导和培养宝宝对他人产生信任和安全感，不要故意“煽情”，强化宝宝和妈妈相依不舍的情绪。

由于现在的宝宝大多是独生子女，并大多居住在比较封闭的单元楼房中，与成人相守得比较多，与同龄人接触得少，这种生长环境使依恋关系单一化阶段时间延长，很多宝宝到2岁半才进入依恋对象伙伴化阶段。所以，妈妈在风和日丽的天气要多带宝宝出去转转看看，多给他提供接纳新环境的锻炼机会。例如，与宝宝玩捉迷藏的游戏。妈妈躲起来，爸爸牵着宝宝找，但是不要很快就被宝宝找到，培养他“妈妈走了还会回来”的意识，这样以后他才会相信妈妈在幼儿园门口说的一句话是真的：“宝宝乖乖，妈妈下班就来接你。”

分离焦虑会不会给孩子带来什么不良后果

章女士的女儿各方面都很优秀，只是说话不是很清晰，像是声带有问题，章女士说：“这还不是我年轻的时候太忙，把孩子扔在托儿所就不管了，她就使劲地哭，把声带哭坏了。”女儿接着说：“我记得很清楚，当时我特别怕上幼儿园，就几个老奶奶看着我们，她们嫌我们哭得烦，就吓唬我们：‘再哭，大灰狼就来吃小孩了！再哭，就把你们扔到马路边了！’可是根本不管用，我还是哭，看来还是我小时候太任性了吧。”见女儿这么通情达理，章女士爱怜地摸摸女儿的头发说：“我女儿上幼儿园可是遭罪了，现在的孩子上幼儿园怎么样啊？”

章女士女儿的声带问题是分离焦虑反应过度而留下的不良后果。虽然十几年都过去了，但幼儿是身体发育和健康成长的关键期，某些器质性的损害会影响一生。例如，幼儿正处于发育期，声带娇嫩，长期歇斯底里地大哭大叫，会使声带充血肿胀、发炎，甚至声带肥厚或发生声带小结样病变。有些宝宝确实先天个性比较“拧”，他会不计后果地抗拒大人给他做的安排。

分离焦虑症作为一种暂时的情绪障碍，绝大多数宝宝都会有，只是轻重程度不同而已。当他们不愿上幼儿园，不愿意上学，害怕独自一人在家或睡觉，都会出现分离焦虑。处于分离焦虑的宝宝在饮食、消化、睡眠及免疫力等方面都会出现问题，例如感冒、腹泻、食欲缺乏、烦躁不安、做噩梦、讲梦话、心悸多汗等症状。另外，它对心理的影响也要引起重视。美国一项研究发现，比较严重的分离焦虑会降低孩子智力活动的效果，甚至会影响其将来的创造力以及对社会的适应能力。所以，家长和幼儿园都要避免宝宝分离焦虑过度。

但是，不必一说分离焦虑可能带来的不良后果，就因噎废食，决定不让宝宝上幼儿园了。章女士的女儿处在幼儿教育还没走上科学轨道的年代，幼儿师资培训更是薄弱，教师和家长不懂得分离焦虑，也没有正确的方法解决分离焦虑，因而出现教育失误，不过现在人们的教育观念比以前科学很多。另外，家长提高自己的观察与判断能力也很重要，当发现孩子的分离焦虑确实很严重，就要把宝宝接回家一段时间，或者晚一两年再上幼儿园也没有关系。只是在家里养育孩子，要对宝宝有所要求和限制，不要让他太任性、太自由，注意培养和锻炼孩子的独立性、适应性、规则意识与合作能力。这些既是孩子的健康成长必不可少的，也是孩子能够顺利地上小学的前提。

带孩子上亲子班有必要吗

白女士的宝宝就要上幼儿园了，她发现不少妈妈都带宝宝上了亲子班，觉得这样可以帮助宝宝提前适应幼儿园。可是，社会上的亲子机构种类很多，课程风格各异，质量也存在良莠不齐的情况。有必要在入园之前为宝宝选择亲子班吗？怎样判断亲子班的质量？

从宝宝的生活环境来说，亲子机构丰富了宝宝的成长环境。因为宝宝同龄玩伴少，大多数都住在封闭的楼房里，走出家庭、进入亲子机构，家长与孩子可以认识和结交许多人，孩子也能接触和适应新鲜事物。所以，如果有条件的话，家长可以带宝宝尝试上亲子机构，这对宝宝提前适应幼儿园生活有好处。

了解和选择亲子机构需要注意以下几个问题。

亲子机构与幼儿园有什么不同

一般情况下，亲子机构主要是针对0～3岁的宝宝，幼儿园主要是针对3岁以上的宝宝。亲子机构不同于游乐场，也不同于幼儿园，它的功能是娱乐与教育的统一，它的服务对象既有宝宝也有家长；在玩具和设备方面也有不同，在游乐场，现成的、大型的、高档的玩具比较多，在亲子机构，自制的、小型的、生活化的玩具比较多。有的幼儿园喜欢招收上过亲子机构的宝宝，就是因为这些宝宝适应陌生环境的能力比较强。

怎样鉴定亲子机构的规范性与师资

亲子机构是新生事物，它的管理体系不如幼儿园成熟和规范，全国没有统一的标准，各个地方在卫生、消毒、面积、师生比例、教育要求等方面的差异很大，家长要特别关注本地的要求和标准。亲子机构的师资队伍良莠不齐。幼儿园和中小学的教师资格都有国家职业标准和认证制度，亲子机构教师资格还达不到这种规范。

比较理想的情况是，取得育婴师资格的幼儿园教师更适合做亲子机构的教师。幼儿园教师基本接受过幼儿教育专业的系统教育，教育对象为3～6岁宝宝。但0～3岁宝宝有其特殊的生理、心理发育过程，有着特殊的接受能力和学习方法，因此亲子机构教育方法和内容不是幼儿园教育的简单低龄化，还需要育婴师的资格水平，这样才能实现0～6岁婴幼儿的教育一体化。

什么样的亲子教育更专业

亲子机构有照搬国外课程模式的，也有自己改编或设计的，但不管怎样都应该符合0～3岁婴幼儿的身心发育特点，过低或过高的教育目标都吸引不了宝宝的兴趣。比如，让1岁多的宝宝用油画棒涂颜色，他肯定做不好，结果都是家长代劳，这个教育活动就不专业；而让1岁多的宝宝用手指蘸颜料在宣纸上涂抹，动作很简单，宝宝却能感受到颜料与纸质的特点与变化，最后老师还想到提醒家长指导宝宝洗手，这个教育活动就是比较专业的。

亲子机构的教育内容主要是什么

动作和运动是3岁前宝宝的重要发展任务，亲子机构应该将游戏、音乐、语言、歌唱、舞蹈等多种形式相结合，组织相应的教育活动，一方面锻炼宝宝的基本动作和能力，另一方面加深亲子感情。此外，亲子机构还会组织亲子郊游、亲子游艺、亲子比赛活动。专业的亲子机构还应该主动承担个性化的家庭教育辅导。例如，在有的家庭里，妈妈爸爸和爷爷奶奶的教育方法不一致，对宝宝的要求也不一致，就不利于宝宝良好行为习惯的养成，亲子机构教师就应该提醒家长教育的一致性对宝宝健康成长的重要意义，并帮助家长努力达成一致的教育。

家长与亲子机构是什么关系

家长要有一个正确的心态，宝宝进了亲子机构，不要盲目攀比，发现别的宝宝学会了一个本领，自己的宝宝却不会，就强迫宝宝学习，这会挫伤宝宝的学习兴趣和信心。

入园小贴士

亲子机构不但是宝宝的学校，也是家长的学校，这是一个家长与老师、家长与家长相互交流和学习的平台，家长要充分利用这些资源。

第二章

孩子在幼儿园可能遇到的心理问题

孩子出现入园分离焦虑怎么办

娜娜、莹莹、轩轩的年龄一样大，可是面对幼儿园这个新环境，他们的情绪反应不一样。

娜娜从小到大都比较黏妈妈，对幼儿园这个新环境反应比较强烈，不愿意进班。可是，妈妈一上班，宝宝就得上幼儿园，不能总是待在家里，应该培养宝宝具有这种意识，于是妈妈狠狠心把宝宝放进班里就走了。娜娜开始哭起来，哭的时候不接受老师的安慰，老师走近她，她就用手抓老师的衣服和脸。第二天起床、吃饭她都磨磨蹭蹭的，妈妈一边劝说，一边拉娜娜上车去幼儿园，娜娜进了班又开始哭起来……

莹莹是个娇滴滴的小姑娘，总想与妈妈在一起。莹莹自己能吃早饭，但还要妈妈喂；自己能上楼，还要妈妈抱。到了幼儿园以后，还要求妈妈陪自己玩一会儿，进了班级，不放心地对妈妈一遍又一遍交代："妈妈第一个接宝宝，宝宝要做第一名。"老师说，其实妈妈走后不久，莹莹就开始愉快地游戏活动了。

轩轩是个安静的小宝宝，每天早上妈妈送他上幼儿园时，他表现得并不是很情愿，也不是很不情愿。老师说他在幼儿园也是这个样子，老师让干什么就干什么，不打不闹的，但是不像其他小朋友那样轻松活泼。晚上妈妈去接轩轩，他并不像有的小朋友那样兴奋地扑向妈妈，也不跟妈妈讲幼儿园的事情。轩轩的喜怒哀乐表现得并不是那么明显。

先天气质的3种类型

上述案例中的宝宝属于3种不同的气质类型。气质就是我们平常所说的脾气、秉性或者性情，是宝宝一出生就表现出来对外界环境的适应特征。气质是宝宝的天性，没有好坏优劣之分。不同的心理学家从不同的角度对气质进行分类，其中托马斯和切斯所分的3种类型比较贴近宝宝的惯常表现。

第一类：容易型，如莹莹

对新环境产生正常的不适应反应，但是负面情绪不强烈，持续时间不长，愿意接受周围人的关怀，容易获得他人的安慰、帮助和喜爱，负面情绪调节得比较快，易于适应新环境。

第二类：困难型，如娜娜

对新环境比较抗拒，负面情绪较多，反应强烈并且反复体验，比较执拗地拒绝别人的帮助，容易使亲子关系、师幼关系和同伴关系有所疏远，按照自己的节奏和速度适应新环境。

第三类：迟缓型，如轩轩

适应环境缓慢，情绪通常不甚愉快，常常静静地观察别人，对新环境慢慢感兴趣，慢慢活跃起来；不主动表达自己的需求，妈妈和老师不易明白宝宝到底在想些什么。

入园小贴士

气质是天生的，而且具有稳定性，气质的基本特征会始终伴随人生。气质没有绝对的好坏优劣之分，不同的领域和职业需要不同的气质，所以气质并不决定宝宝的智力高低和将来的社会价值，家长不必枉费心思地矫正宝宝的气质。

除了以上3种类型以外，有的宝宝类型特征不是太明显，属于混合型。

根据先天气质调节入园分离焦虑的3大良策

面对宝宝入园这个“人生第一关”，家长还是希望宝宝能尽快地、心甘情愿地接受幼儿园，好让家长放心地离开宝宝。在新环境中完全没有分离焦虑的宝宝可能隐含着值得关注的问题，因为两三岁是宝宝分离焦虑比较强烈的时期，各种气质类型的宝宝都会有不同程度的分离焦虑。这就要求妈妈根据宝宝的气质类型，因势利导地帮助宝宝融入新环境。

容易型宝宝的情绪调节方法

容易型宝宝的家长是比较幸运的，这样的宝宝适应新环境比较快，但是他们的分离焦虑也同样让家长感到揪心。鉴于这类气质的宝宝对新环境的抗拒性并不剧烈，家长要鼓励宝宝大胆地接受别人的帮助。例如，让老师多抱抱宝宝，让宝宝接受老师的拥抱，支持宝宝借用外力来安抚自己的情绪；在此基础之上还可以鼓励宝宝抱抱老师，抱抱新伙伴，学会主动以某种方式缓解自己的情绪压力。

家长还要鼓励宝宝表达自己在新环境中的真实感受，倾听他们的心声，接纳宝宝所表达的担心，让他的不安全感得到释放。例如，有一个宝宝不愿意上幼儿园，妈妈问他为什么，他说："在幼儿园，我想不起来你的样子。"妈妈说："哦，是吗？那我一下班就去接你，你很快就能看到妈妈了。"这样的回应让宝宝感觉很踏实。如果妈妈说："这么短就忘了妈妈的样子，妈妈不还是这个样子吗？"这种反应就是没能理解宝宝的心理，妈妈的怀疑让宝宝感觉自己没被接纳。

困难型宝宝的情绪调节方法

当宝宝面对新环境发脾气的时候，家长不要对他进行严厉的批评或者惩罚，而是蹲下来，平静地看着他，尽量放慢声调和语速，但是不放松要求，让宝宝听清楚并记住"宝宝要上学，妈妈要上班""早上上学，晚上回家"等，使他慢慢接受外在的规则与要求。

家长不要因为宝宝的坏情绪而随意改变要求，这样宝宝比较容易养成任性的性格。有一个困难型宝宝入园的第一周一天到晚都在一边哭一边重复一句

入园小贴士

困难型宝宝的家长需要特别耐心和充分的爱，做好心理准备，接纳宝宝敏感、强烈甚至火爆的反应，理智地克制自己的急躁和烦恼，否则宝宝的坏脾气和家长的坏脾气相互作用，导致两人的脾气都将越来越坏，亲子关系也越来越紧张。如果家长的坏脾气"压服"了宝宝的坏脾气，宝宝以后将变得要么攻击性强，要么退缩性强。

话：“打电话、妈妈接，打电话、妈妈接——”实际上，这是宝宝牢记妈妈的教导并尽力控制自己的表现，结果他渐渐认识到不打电话，妈妈也会来接他，分离焦虑也就自然缓解了。

迟缓型宝宝的情绪调节方法

困难型的宝宝通常被理解为外向的情绪反应，迟缓型的宝宝则为内向的情绪反应。对于迟缓型的宝宝，关键是让他按照自己的速度、节奏和特点去适应环境，家长不要给他们施加压力，因为别人的热情、主动、好意和帮助，他未必会放心地接受，所以不要强迫一个迟缓型的宝宝入园第一天就去抱老师、亲老师。如果宝宝拒绝老师第一天的亲热动作，家长要向老师解释宝宝的气质特点，采取适宜宝宝接受的方式来帮助他。

困难型的宝宝容易引起家长的关注，迟缓型的宝宝整天不哭也不闹，好像没什么事，显得听话乖巧，很少大声表示抗议，也很少大声表示需求，容易让家长觉得宝宝没什么问题，因而放松了对他的关注，逐渐成为被忽视的宝宝。实际上，这类宝宝缺乏热情和主动性，虽然对新环境没有反抗，但也不是轻松和愉悦的，有的宝宝甚至是缺乏自信和安全感的。所以，家长要多给宝宝积极的暗示和鼓励，激发宝宝的活力与动机，使他能在新的环境中渐渐地活跃起来，对新的刺激慢慢地产生兴趣，与新的同伴渐渐“混熟”，为他平静、稳重的气质特点增添一些积极性和主动性。

孩子不乐意说幼儿园的事怎么办

宝宝上幼儿园已经好几个月了，平时都是保姆接送，妈妈下班回家很想跟宝宝聊聊幼儿园的事情。每当妈妈问："宝宝在幼儿园学什么了？"他总是说："没学什么。""宝宝在幼儿园吃的是什么？""没吃什么。""跟妈妈说说幼儿园有什么好玩的事情？""不好玩。"宝宝的回答让妈妈很失望。如果不问他，他从来不主动说幼儿园的事情。

宝宝为什么不喜欢说幼儿园的事情？怎样才能让他乐意跟妈妈交流幼儿园的事情？

孩子为什么不乐意说幼儿园的事情

让宝宝说幼儿园的事情，相当于与宝宝交流过去发生的事情，这在成人看来很简单，但对刚入园的宝宝来说，他的情绪情感、注意力、记忆力和词汇量等方面需要发展到一定程度，才能有效地完成这个"一般过去式"的交流任务。所以，家长不要太心急，要渐渐地、有条不紊地培养宝宝完成这一任务所需要的综合能力。

宝宝不乐意说幼儿园的事主要原因在于：

对上幼儿园感到紧张、有压力

宝宝上幼儿园的适应时间比较长，有的宝宝虽然不哭不闹，但他在心理和情感上还没有把幼儿园当成家一样的宽松和自由。虽然他在幼儿园的生活可能表现得按部就班，但心情并没有完全放松下来，还感到紧张、有压力，并默默地盼望着家长早点儿接自己回家。现在回到家了，终于可以松口气了，家长却还问幼儿园的事情，已经心累的宝宝就不愿意再说幼儿园的事情了。

仍然没有融入集体生活

3岁左右宝宝的社会交往特点以独来独往、自娱自乐为主，对集体生活的融入意识和能力还有限。当老师组织一些游戏和教育活动的时候，宝宝有可能心不在焉，注意力不集中，并没有完全配合老师参与活动，所以一天下来，宝宝对活动没有留下太鲜明和深刻的印象，于是妈妈问的时候就说不上来。

心里明白但不会用语言表达

宝宝的思维发展水平与语言表达水平并不是一一对应的，不像我们成人想到什么就能说出什么。因为思维是心理内部活动过程，语言表达是外部活动过程，前者向后者的转换需要宝宝一段时间的学习。因此，有的宝宝在幼儿园很快乐、很配合，心里也明白做了什么，但是不会用语言表达出来。宝宝要掌握相应的表达词汇，才能回答妈妈的问题。

孩子的回忆能力有限

人的记忆分为3个环节：识记、保持和回忆。识记是获得知识和经验的过程，保持是在大脑中储存和巩固的过程，回忆是从大脑中提取相关知识和经验的过程。宝宝即使对某个事物有了识记和保持，也未必能回忆起来。成人也有这种现象："我好像看过，但怎么想不起来了？"而宝宝的记忆力比较短暂，有意回忆的能力有限，经历过的事情却回忆不起来就更常见了。但这不说明宝宝没有学习，在某个刺激环境下，宝宝会突然不自觉地说出在幼儿园学的知识或发生的事情。

家长的问题太抽象、太概括

宝宝对抽象概括的词还不能很好地理解，例如，妈妈问宝宝吃什么饭，宝宝就不是太明白："今天吃过早饭、中饭、晚饭，妈妈说的饭是指什么？"妈妈问宝宝学了什么，宝宝纳闷什么是"学了什么"。妈妈还问好玩的事情，宝宝寻思不出来什么是"好玩的事情"。问题都没有听懂，宝宝自然答不上来了。

让孩子变得乐意说幼儿园的事情的8大良策

孩子不愿意说的时候不强迫

对于还没有完全适应幼儿园生活的宝宝，他愿意说幼儿园的事情就鼓励他说；如果不愿意说，就不要强迫他，否则会引起宝宝的反感情绪，反而延缓他对幼儿园的自然接纳进程。

妈妈的问题要特别具体，像选择题

宝宝的记忆笼统，自觉回忆能力有限，从储存仓库中的一大堆信息中选择妈妈所要的答案，实在是一个复杂的智力活动，有些宝宝目前还胜任不了。所以，妈妈提的问题要特别具体，例如像选择题那样："宝宝，你今天吃的是米饭还是面条？是苹果还是香蕉？"如果都不是，妈妈再设置其他选项。

留意幼儿园张贴的食谱和教育内容

一般来说，妈妈都特别想知道宝宝在幼儿园吃了什么饭菜，学了什么儿歌，唱了什么歌曲，跳了什么舞，画了什么画。请事先留意幼儿园张贴的食谱、教育计划和活动内容，然后跟宝宝交流的时候就直接说出儿歌和歌曲的名字与内容，宝宝就会知道妈妈想要的答案就是这个，他可能就跟着说起幼儿园的事情来。

做一些锻炼孩子记忆能力的智力游戏

有一种智力游戏图书具有这种功能，游戏题目常常被描述为"找不同"，即前后两页的图画粗看差不多，细看发现前页的太阳是红色的，后页的太阳没有颜色，或者前页有一只小羊，后页在相同的位置变成了一只小鸭。这类专项练习花的时间不多，但对训练宝宝的记忆能力作用很大。

抓住生活中锻炼记忆力的机会

除了专门的智力游戏外，妈妈抓住生活中锻炼宝宝记忆力的机会也是很有效的。宝宝的记忆时间短暂，并且很依赖具体形象的事物，有时候单凭语言还不能充分调动他的记忆仓库，所以妈妈要多想办法锻炼宝宝的回忆能力。例如，吃饭的时候，妈妈要主动跟宝宝说这是什么饭、什么菜、什么汤，鼓励他重复一遍妈妈的用词。吃完饭后再问一遍宝宝刚才吃了什么，如果他忘了，妈妈可以画张简笔画帮助宝宝回忆。这样既给宝宝锻炼回忆的机会，也促进他掌握相应的表达词汇。

不要过度追问知识点和技能点

现在优质的幼儿园教育进行综合教育，它不像传统的分科教育那样每天都教很多的知识点或技能点。《幼儿园教育指导纲要》指出，幼儿教育要“从不同的角度促进幼儿情感、态度、能力、知识、技能等方面的发展”，所以有时候老师设计的主要活动就是发展宝宝的想象力，让他们编故事，或者发展观察力，带宝宝们在院子里观察树木和花草，又或者做一个运动小游戏……这样，宝宝获得的是一个笼统的体验，不容易说清楚到底学了什么，但是这些活动对促进宝宝发展的意义很大。

两个妈妈合作与老师交流

到幼儿园接宝宝的时候，宝宝可不愿意等着妈妈跟老师交流半天，他很想赶快回家或者在外面到处玩玩。这时候，两个妈妈可以合作一次，由一个妈妈暂时带两个宝宝玩一玩，另一个妈妈跟老师说说话，问老师宝宝在幼儿园有什么表现，老师会描述宝宝的表现细节，妈妈记清楚了，然后回家的时候重复老师说的事情，这样会唤醒宝宝的记忆仓库。他可能会接上几句，补充更多的细节，关于幼儿园的话匣子不就打开了吗？

两个孩子合作完成交流任务

有的宝宝回忆不清自己做了什么，却能说清别的宝宝做了什么。接宝宝的时候，两个妈妈和两个宝宝多待一会儿聊聊，听听两个宝宝相互透露出什么信息，这样也能锻炼宝宝的回忆和表达能力。

孩子与小朋友比穿怎么办

最近几个早晨上幼儿园时，洪女士与女儿熹熹之间总是因为穿衣服而针锋相对。熹熹过生日的时候，姑姑送她一件黄色毛衣，熹熹穿上走在外面，大家都夸这件毛衣漂亮。现在天气变冷了，妈妈要为熹熹换上一件红色厚毛衣，她就是不愿意，还要穿那件黄色薄毛衣。洪女士跟她讲道理、吓唬她，熹熹软硬不吃，依然不肯穿。妈妈只好顺从她，结果熹熹冻得感冒发烧了，这才无心牵挂黄毛衣。洪女士纳闷：女儿为什么这么拧不听劝？为什么单单那么喜欢黄色毛衣？

孩子对衣服的审美偏爱

每个人都有审美偏爱，它指引人们优先喜欢和优先选择某一事物或者事物的某一特征。心理学研究发现，3岁左右的宝宝先天具有一些比较带有普遍性的审美偏爱，例如，明显地表现出对黄色、红色和白色的偏爱，其次才是绿色、蓝色和紫色。由此可见，3岁左右的宝宝偏爱鲜艳和明亮的颜色，相当于光谱中的暖色调。三四岁以后，由于宝宝的想象力和个人经验的丰富与差异，对颜色的偏爱越来越个性化，这就需要家长仔细观察和分析自家宝宝的审美特点了。

我国心理学者还研究了宝宝对童装的审美情趣，从童装的色泽、款式、面料和装饰物等4项指标调查宝宝的审美偏爱，结果发现：宝宝最喜欢的是服装上的装饰物，接着是款式和色泽，面料则在宝宝的关注之外。

由此可见，宝宝穿衣的审美情趣与成人差异很大，当成人在为宝宝考虑服装的功用特征的时候，例如保暖防晒、遮风挡雨、方便舒适，宝宝的眼睛却盯在衣服的某一小装饰物、某一个漂亮花边或者鲜亮的颜色上了。妈妈和宝宝有时候之所以出现对峙和较量，是因为两人没有想到一块儿。

帮助孩子学会穿衣和审美的5大良策

重视孩子的审美体验

从教育的角度来看，父母通常认为审美对孩子而言是不重要和最简单的，学得知识能力、品德好、会交往才被父母认为是很重要和不简单的。其实不然，学习科学文化要让孩子付出艰苦的脑力和意志，最后服务于人与自然的和谐关系；品德好、会交往要求孩子要多地为他人考虑，克服自己内在的、本能的惰性，最后服务于人与人、人与社会之间的和谐关系；只有审美体验是服务于自己的身心和谐关系。

> **入园小贴士**
>
> **审美体验的4个特点**
>
> ·伴随着真实的、积极的愉悦和喜爱之情；
>
> ·不用动脑筋推理而靠直觉直接把握；
>
> ·只追求美的陶冶与享受的非功利性；
>
> ·不拘泥于形式的创造性。
>
> 可见，只有审美体验是让孩子最放松、最自在、最惠己的活动。所以，家长不要小看了宝宝的审美体验，它是宝宝幸福感受的核心。

买衣服的时候投之所好

如果家长以为自己喜欢的就是宝宝喜欢的，自己认为实用的就是对宝宝实用的，那么家长就得有心理准备：宝宝有时候会让你失望，甚至你会遭到宝宝无言的抵抗。如果家长对宝宝的审美偏爱把握得不够敏感和准确，就可能遇到洪女士的困惑：女儿为什么不接受我的关怀和爱心？她为什么那么倔强？其实，宝宝不是故意惹妈妈伤心，她还困惑呢：为什么妈妈不让我选择我所爱的？妈妈为什么那么固执呢？

引导孩子享用服装的卫生与整洁

儿童是天生的浪漫主义者，他们喜欢选择“爱我所爱”而不是“为我所用”。有一个2岁多的小男孩只喜欢穿某一套服装，衣服已经脏兮兮了，老师和妈妈跟他讲道理，先穿别的衣服，等这套衣服洗干净晾干了再穿。他不愿意，干脆睡觉也穿着衣服，不让妈妈洗。妈妈没办法，只好给他又买了一套同样的服装，两套换着穿，宝宝这才享用到卫生整洁的服装所带来的舒适与美观。如果妈妈懂得用宝宝的审美偏爱来引导，或许宝宝就不那么焦虑和极端了。看来，这个宝宝对服装的款式比较偏爱，但是宝宝还有对小装饰物的偏爱没有被妈妈发现和利用。假如这个宝宝喜欢“天线宝宝”，妈妈就悄悄地在其他服装上贴上许多“天线宝宝”图片，然后编一个诱人的故事，让宝宝因“天线宝宝”而对这套衣服产生亲和性，这样就能缓解宝宝的偏执和迷恋，使宝宝的审美情趣变得更加丰富多样。

让孩子美丽而不“冻人”

豆豆的妈妈发现女儿特别偏爱绿色，同样的玩具她一定选择绿色的；给她一套彩色水笔，她只用绿色的笔在纸上涂鸦；带她到市场上挑选服装，她也一定要买绿色的。天气转凉了，附近商场里的换季服装恰恰没有绿色的，妈妈可着急了，跑了好几家商场才买到一件漂亮的绿色外套。妈妈想总是这样也不行呀。买到合适的绿色衣服成了妈妈的一个心理压力，怎样让豆豆也喜欢穿其他颜色的衣服呢？

经过咨询，妈妈有了办法。豆豆特别喜欢家里养的小白兔，她常常抚摩小白兔那雪白的绒毛，妈妈于是给她买了一件毛茸茸的白色外套，还有一顶小白兔帽子。豆豆非常喜欢这件衣服，高高兴兴地穿出去了。后来她也不再强烈地拒绝其他颜色的衣服了。

防止孩子出现摆阔和攀比的意识与倾向

大班要举行新年联欢活动，小朋友从家里拿来自己的圣诞树和圣诞礼物，到幼儿园与大家一起分享。文文问：“老师，你看我的圣诞树好看吗？”老师还没来得及回答，旁边的铭铭就说：“我的比你的好看，我的300块钱。”据老师反映，铭铭经常跟小朋友比自己的衣服、鞋子和玩具，一出口就是这个东西值多少钱，那个东西有多贵，而对事物本身美在哪里、好在哪里关注得不够。

家庭生活与时尚潮流紧密相连，爱子心切的妈妈对时尚和品牌童装比较青睐，而且经得起考验的品牌让妈妈对服装的质量和流行趋势无后顾之忧。同时，问题的另一方面是孩子作为受教育者，不宜对名贵、名牌和高档消费有太强的印象和记忆，这会让他滋长不适宜的攀比心理。观察发现，两三岁的宝宝还不会有时髦和品牌意识，而长期受家长暗示和引导的六七岁宝宝则会对名牌和奢侈品比较感兴趣。

入园小贴士

有时，家长的消费观念对于宝宝是一个误导，应注意不让宝宝沾染品牌文化中的流俗。从审美的角度来说，要引导宝宝关注和欣赏童装多方面的特点：装饰物、款式、色泽、面料和功用特征。当然也可以让宝宝感受价格和品牌，增强数量关系和社会知识，但是要防止他出现显富摆阔和攀比的意识与倾向。

怎样帮助孩子应对幼儿园里遇到的挫折

老师鼓励小朋友拍球测试，有一个小女孩刚拍了两下，球跑了，她马上气得噘嘴不拍了。其他小朋友帮她把球拣过来，她还是不拍，老师劝她也不行。老师说这孩子平常就是这样，总是跟自己过不去，稍微有点儿不顺心就气馁，不愿意把事情坚持到底。

一个小男孩有一段时间总不想上幼儿园，妈妈问老师是怎么回事，老师也说不清楚，问孩子开始不说，后来说出真实原因是“画不好气球”。平时这孩子还有一个特点是，遇到问题先是眼泪汪汪，大人问了之后才说出自己的困难，做事情总是显得不自信。

以上这些情节都说明，在日常生活中，一件很小的事情就可能挫败宝宝的自信心，让他情绪低落，心理痛苦，甚至悲观失望。

会给孩子带来挫折感的5大关键事件

由身体素质带来的挫折感

孩子越小，身体抵抗力越弱，长期体弱多病的孩子总是被疾病困扰着，许多游戏和快乐的事情都不能充分地参与，眼看着同伴生龙活虎的样子，孩子着急，家长也着急。因此，加强营养保健、生活照顾、锻炼身体，是幼儿抵抗挫折、建立乐观的基本保证。

由家长带来的挫折感

家长不经意间也会让孩子品尝挫折感：

★ 为了安全起见，限制孩子活动的自由；为了训练孩子乖巧听话，忽略了他的心理需求；

★ 孩子做错了事情，家长的批评过于严厉；

★ 当着众人的面否定孩子，伤了他的自尊心；

★ 对孩子的期望过高，使他无力企及；

★ 做事不成功，受到家长的责备；

★ 表扬其他孩子，使自己的孩子感到被冷落；

★ 家长自己的心情不好，对孩子莫名其妙地发火。

由同伴带来的挫折感

★ 同伴掌握某种技能而自己没有掌握；

★ 想与同伴交往却遭到拒绝；

★ 与同伴发生争执而处于下风；

★ 同伴之间“拉帮结派”而自己被排斥；

★ 被攻击性较强的同伴欺负；

★ 同伴无意的行为对孩子造成侵犯。

由老师带来的挫折感

★ 老师关注个别孩子的特殊需要，而自己没有得到这种特殊待遇；

★ 老师不公正的批评和责备；

★ 老师表扬其他孩子而自己没有得到肯定；

★ 老师对孩子的态度忽冷忽热；

★ 想与老师交流，老师却心不在焉或者不耐烦，等等。

由玩具和游戏等个人生活带来的挫折感

孩子的求知欲很强，遇到新奇的事物和活动就想探个究竟，却无奈基本知

入园小贴士

孩子的生活并不像成人赞美的那样一路平坦、一帆风顺，也有许多坑坑洼洼、大小波澜在考验和锤炼着孩子面临困境时的健康品质，例如自信、乐观、意志、忍耐以及自我调节或者改变困境的能力。家长要带领宝宝顺利地驾驭以上一个又一个“关键事件”，宝宝的乐观品质就会慢慢建立起来。

识和技能以及生活经验不足，不能熟练地操作玩具和游戏，于是产生挫折感。

在生活照顾上，幼儿很想自己的事情自己做，但是有时是家长不让做，有时是自己做不好，于是沮丧、灰心在所难免。

培养孩子应对挫折的5大良策

延迟满足

延迟满足是为了长远利益而延缓目前需要，是在困难面前克制自己、建立自信的重要手段。除了一些特殊状况需要及时满足以外，一般情况下家长可以采用延迟满足培养孩子应对挫折的心理素质。例如，孩子大声呼叫家长做某件事，在排除安全顾虑以后，家长可以远远地答应着，但并不马上过来，等一会儿过来了，明明知道孩子想要什么，还要问问什么事，等孩子说清楚了再与孩子商量解决问题的办法。孩子的忍耐心就是在这么一分一秒的等待中增强的，而等待之后必然有结果，也使孩子对克服困难有了信心和想象力。

入园小贴士

在使用延迟满足策略的时候要注意避免“过”和“不及”两个极端：一个极端是过分延迟满足，即对孩子的要求过于忽略，把孩子的等待时间拉得过长，以至于挫伤了他的信心和信任；另一个极端是对孩子有求必应，长期被这种策略调教出来的宝宝耐心比较脆弱，一个小小的“不幸”就有可能使他情绪波动剧烈。可见，家长把握好延迟满足的时间，是培养宝宝应对挫折的关键教育策略。

提供具有适度挑战的游戏

根据孩子的发展水平选择难易适度的游戏，也是培养宝宝应对挫折的心理素质的好办法。例如，有一种游戏是“钓鱼”，是用磁铁相吸的原理锻炼孩子手眼协调的能力。先观察孩子能够钓着鱼的基数，然后鼓励孩子每次多钓出一两条鱼，或者渐渐加长渔线的长度，让孩子耐心地对付晃动摇摆的渔线，可以让孩子对自己说：“我一定能钓好多鱼。”自信和乐观便在宝宝与“鱼”的较量中建立了。

训练应对挫折的技能

很多情况下孩子是因缺乏经验和技能而失望、泄气，家长有针对性地培养技能即可。当然这里不包括太专业化的专门技能训练，例如学艺和英语的考级，而是指孩子平常遇到的生活、游戏和社交等普通技能。单向技能训练并不能让孩子应对复杂多变的困境。

同情、怜悯、迁就或者训斥、体罚都无助于宝宝应对挫折

孩子遇到困难且有沮丧表现的时候，家长往往产生同情、怜悯之情，要么代替孩子完成任务，要么完全迁就孩子放弃努力，也有家长会厉声批评孩子甚至体罚，这两种极端行为都使孩子无法形成自信和乐观。正确的做法是提供鼓励的话语和一点点的技术支持，教育孩子坚持到底，体验经过努力克服困难带来的成就感。

不向孩子宣泄自己的“垃圾情绪”

有的家长在外面受了“窝囊气”，忍着不敢发泄出来，回来便对孩子发“无名火”。这种情况特别容易打击孩子的自信和乐观，因为宝宝会把家长的恼火归咎为自己的错误，但他又不知道自己错在哪儿，于是只好全盘否定自己。长久下去容易让孩子自责、退缩，并蔓延为隐约却牢固的消极心理氛围，淹没孩子乐观的笑容。因此，家长遭遇困难能够主宰乐观，对培养孩子的乐观品质至关重要。

总之，不管是大人，还是宝宝，都会遭遇预期或者不期而至的困境，于是这些大大小小的困难就像田径赛场上的跨栏跑，越过了一个个障碍物，人的才能就一步步提升；被障碍物绊倒趴下了，就待在原地不动，本来具有的生命潜能被泄气、懊悔、埋怨、恼怒紧紧地包裹着，阻碍了生命茁壮成长的原动力。因此，面临挫折和困难尚能够主宰乐观、自信的品质，是一个人健康成长、不断进步的关键。

怎样教孩子正确面对竞争

电视台要对某幼儿园的孩子拍摄一段录像，为了取得较好的视听效果，不能让所有孩子都参与，于是只有一部分孩子做了节目。没想到，第二天有个别家长就来园告状，说“老师伤害了孩子的自尊心”。原来没上节目的个别孩子回家后就不吃饭，发脾气，哭诉：“某某还没有我表现好呢，为什么她上电视我不能上电视？”“老师偏心，喜欢某某，不喜欢我。”家长知道后不但没有正面引导孩子，而且还把老师告到园长那里，弄得园长和教师都很被动。她们寻思着：没想到一件好事变成了一件麻烦事，下次再有类似的活动，还要不要组织孩子们参加？

孩子竞争的最大问题是“输不起”

拥有较强的竞争能力是现代人立身处世的基本素质之一。在人们认识到某一问题的重要性就提倡一切“从娃娃抓起”的今天，家长自然把培养孩子的竞争能力摆在更新教育观念的日程安排之中，而且一抓就从头抓起，于是关于“怎样培养幼儿的竞争能力”“如何鼓励孩子参与竞争”“孩子一输就发脾气怎么办”“怎样让孩子在失败时不放弃”之类的问题就格外多起来。

重视培养孩子的竞争意识和能力，说明现在的父母具有主动进取精神，希望孩子能占据人生的制高点，有一个好的发展前途，这与竞争激烈的现实社会是相呼应的。然而，孩子在竞争中出现的最大问题就是只能赢不能输，在竞争中“输不起”。

竞争本身是个中性词，对人具有健康、向上、文明的积极促进作用的就是良性竞争，使人变得自私、狭隘、妒忌、规避、退缩等消极现象的就是恶性竞争。孩子输不起的表现就是恶性竞争的消极影响，使他们感到痛苦，而且与周围环境或者他人不和谐。

生气

中班孩子在进行拍球测试，有一个女孩刚拍了两下，球跑了，她马上气得噘嘴不拍了，其他小朋友帮她把球拣过来，她还是不拍，老师劝她也不行。老师说这孩子平常就是这样，总是跟自己过不去，稍微有点儿不顺心就生气。

说谎

大班孩子经常会制造“矛盾”。有的孩子的作品没有得到老师的表扬，他就跟妈妈说：“今天老师狠狠地批评了我。”排座位没有坐在中间，他就跟家长说：“老师不让我学习，让我坐在旮旯里。”如果教师与家长沟通不及时，很容易造成误会。

攻击

小班一个幼儿在画画或做手工的时候，总是做一半就抓走另一个幼儿的工具。其实这两个孩子都很聪明，只是后者的作品常常得到前来观摩的其他老师或家长的称赞，于是“醋意”使前者产生了破坏和干扰别人的行为。

退缩

小班一个孩子有一段时间总不想上幼儿园，妈妈问老师是怎么回事，老师也说不清楚，问孩子开始不说，后来说出真实原因是“画不好气球”。

任性

比起幼儿园集体生活来说，孩子的任性行为在家里表现得更多更“嚣张”。许多家长反映，在家里孩子提什么要求都得满足他，否则他就用各种撒泼行为要挟，直到最后“胜利”，大人因此折腾得筋疲力尽，苦恼不堪。

从以上种种表现可见，输不起的孩子要么情绪低落、心理痛苦、态度气恼，要么性格倾向不可爱，影响他们将来和谐性格的形成。因此，培养孩子赢不骄、输不馁的风度很有必要。

幼儿的竞争主要是“排我性竞争”

儿童世界与成人世界的竞争规则不尽相同。竞争分为两大类，“排他性竞争”和“排我性竞争”。前者主要是成人社会的游戏规则，具有“胜者为王，败者为寇”的比拼结果。《现代汉语词典》对竞争的释义也是“排他性”的：“为了自己方面的利益而跟人争胜，如贸易竞争、竞争激烈。”后者主要是儿童世界的竞争特征。我们每个人纵观人生，都会发现做学生这段经历带有很浓的“自我奋斗”痕迹。一个智力普通的孩子只要学习态度端正、方法得当、努力勤奋，就能成为一个合格的学生。

显而易见，以上诸因素都是比较“个人”的事，只要善待这些“个人”的事，就能完成学生时代的主要任务。孩子之间没有根本的利益冲突，并不是非得争出个你输我赢的结局不可，因此儿童世界的竞争主要是“排我性竞争”。

培养孩子在竞争中输得起的5大良策

“胜败乃兵家常事”，这是深厚阅历培养出来的大将风度。“输得起”意味着认输而不服输，并力争东山再起的良性竞争状态。带领孩子进入良性竞争，需要从小就培养良好的竞争素养，这是应对未来成人社会竞争生活的基础。

纳入“排我性竞争”

过早培养孩子“排他性竞争”是不适宜的，它会降低孩子的心理承受能力，常常“刚而易断”“输不起”。应该将孩子的竞争教育纳入“排我性竞争”教育，让孩子学会把自己作为竞争对手。“今天的我要胜过昨天的我，明天的我又胜过今天的我，这次的我比上次的我还棒”，让孩子为不输给自己而努力。

常常念叨别人的优点

这并不是长他人的士气，灭自己的威风，而是认可别人、接纳别人的情商培养。对于输不起的孩子，尤其要加强这方面的熏陶。经常与孩子交谈："某某小朋友有什么优点？""你可以从某某小朋友身上学到什么长处？"

掌握基本的知识和技能

竞争主要是依赖自身的潜能和优势，知识和技能上的匮乏常常是孩子产生挫败感的直接因素。如果孩子属于这种情况，家长就要手把手地教他知识和技能，让他产生成就感，建立自信心。

游戏时别总让着孩子

在玩下棋、扑克牌、拍球等亲子游戏的时候，别给孩子总是造成他胜利的假象。因为幼儿与成人的思维方式不一样，大人觉得让孩子只是玩玩而已，儿童却把游戏当成"工作"一样对待。要在游戏中让孩子知道有输有赢是很正常的，并锻炼他承受输局的心理压力。

合作与竞争是一对孪生子

观察社会上的成功人士我们可以发现，真正取得竞争优势的人首先是一个善于合作的人，完全靠单枪匹马稳操胜券的人并不是经常出现的，因为我们处于一个专业分工精细而又合作共处的时代。对于幼儿来说，学会竞争的前提是学会合作。因此，培养孩子成为一个好的合作者将是孩子善于竞争的坚实基础，过分争强好胜的幼儿反而在人际关系智能上隐含很多问题。

入园小贴士

父母在日常教育中，不能简单移植成人竞争的游戏规则，要不断地鼓励孩子战胜自己，而不总是定位在挫败别人（即排他性竞争）上。其实，这种看似不与人争的教育，结果使孩子进入成人社会以后，反而成为富有实力的竞争者。

孩子受欺负怎么办

奇奇妈妈说，奇奇刚刚能听懂人言的时候，父母就给他很多很好的正面教育，比如要跟小朋友团结，有什么事情要跟小朋友好好说，不要争吵打架。现在奇奇上幼儿园了，小朋友一起做游戏的时候，他正自得其乐地玩自己的玩具，别的小朋友从他手里一把抢走了，他一点儿反应也没有，拿走就拿走，再换一个玩；有时候，其他小朋友把他推倒在地，可能是摔疼了他才哭，既不还手，也不知道告诉大人。很多情况都是这样，受了“侵犯”却丝毫不反抗，谦和倒是挺谦和的。妈妈担心，奇奇长大后会不会比较窝囊呢？

同伴发生冲突的年龄特点

3岁左右儿童产生同伴冲突的年龄特点

3岁左右的宝宝以独自游戏和平行游戏（在一起但没有合作）为主，真正意义上的合作游戏并不多，因此也不懂什么游戏规则。但是，“没有规矩就不成方圆”，孩子们之间的矛盾仍然会在这个缺乏内在秩序的过程中产生，但他们对伙伴之间的矛盾关系却理解得比较粗浅而且健忘，最终还是相安无事，分道扬镳的事情极少发生。

所以，两三岁的孩子即使平时会争吵打斗起来，但全然不是成人理解的

入园小贴士

孩子发生冲突跟成人社会有本质的不同，他们没有根本利益上的矛盾。父母灌输给孩子“输赢”“吃亏”“窝囊”等观念是错误的，教育孩子正确与同伴相处、学会解决同伴冲突，才是父母应该关注的重点。

“占便宜”“欺负人”或者争名夺利的竞争，他们只是以自己稚拙的人际交往技能演绎着从“和平”到“战争”又到“和平”的循环游戏。可见，大人强行向他们灌输“输赢”“吃亏”“窝囊”等概念就太“超前”了，孩子根本不可能理解。不管是“欺负人”的孩子，还是“受欺负”的孩子，受这些观念的误导都有害处。

4～6岁儿童产生同伴冲突的年龄特点

4～6岁的宝宝开始上幼儿园的小、中、大班或者学前班，同伴之间的交往情境变得更加丰富起来，发生冲突的概率和原因也随之复杂。根据观察研究，这一年龄阶段的孩子产生的冲突主要有以下几种：

★ 孩子争抢玩具、食品、图书、游戏场地或者座位等；

★ 游戏规则不统一造成的纠纷；

★ 彼此产生误解而逐渐升级为冲突；

★ 帮助好朋友争取利益；

★ 行为习惯不好、无故挑衅同伴；

★ 受到他人干扰后的报复还击；

★ 受成人的暗示而发生冲突等。

培养孩子应对同伴欺负的方法

避免“受害者受责备”现象

绝大多数孩子都有过“被欺负”的经历，这是由孩子们语言发展有限、交往经验肤浅的原因导致，是孩子们彼此学会打交道的必由之路。既然大家都吃过亏，为什么有的孩子后来变得大大方方、敢作敢为、处变不惊？而有的孩子后来变得胆小退缩、敏感自怜，甚至有点儿“窝囊”的迹象呢？这就看在孩子受到不公平待遇时，父母采取什么样的教养方式了。孩子会跟随父母的教养方式，逐渐定型自己的为人处世风格。

最忌讳父母劈头盖脸地训斥、抱怨和辱骂，这会真正导致孩子“窝囊”。在成人文化中，人们通常先这样猜想“受欺负”的孩子：为什么偏偏你受欺负了？你是不是招惹别人了？你对事情的预见性怎么那么差呢？事发后你竟然如此软弱和无能……成人有时直截了当地发出这些责备，有时通过言谈举止对孩子传达了这样的态度，导致孩子很自卑。为了维护尊严，他们宁肯独自忍受身心所受的伤害。这种“受害者受责备”现象将导致孩子受了委屈憋在肚子里不敢向大人倾诉，然后以消极的情绪和沉闷的心理为代替，大人还不知道出了什么事，反而从其他方面指责孩子，孩子这时浑身回荡的才真是“窝囊气”。长此以往，孩子容易形成封闭、退缩、胆怯的消极性格。

不要做吃不起亏的家长

孩子毕竟年幼，交往经验和技能都有限，有时把握不好解决问题的方式，容易使冲突升级，甚至发生影响安全和健康的争斗事件，父母不能任由这种情况发展下去。同时，父母不要给孩子灌输一些比较世俗的成人观念，给孩子施加沉重的心理负担。曾经看见一位妈妈当着孩子的面声色俱厉地训斥：“人家打你了，你就知道哭，你怎么不还手呢？只有窝囊废才哭哭啼啼！下次他怎么打你，你就怎么回敬他，不许哭！”这位妈妈既不冷静分析孩子因游戏不当造成的冲突，也不宽慰孩子受伤的心，反而“雪上加霜”，孩子的哭声更凄惨了。因此，从某种意义上说，孩子能“吃得起亏”，“吃不起亏”的往往是父母。

避免“兴师问罪”

有的宝宝受欺负了，家长带着自己的宝宝找另一个宝宝的家长“兴师问罪”，结果这个家长不承认自己的宝宝欺负人了，两家的大人为此闹得很不愉快，甚至还有大人为宝宝之间的矛盾而产生矛盾的。但实际情况通常是，这边两家的大人还在闷闷不乐，那边两家的宝宝又在一起玩了。所以，宝宝的感情是很纯洁的，没有故意伤害别人的意思，大人不要把小孩子之间的矛基本项目：身高，体重，视力，听力，龋齿，血色素，内科等。

重点项目：血色素和转氨酶

提示：若幼儿患有传染性疾病，如传染性肝炎、结核、结膜炎等，需痊愈后才可入园，接触过急性传染性疾病患者的幼儿也需暂缓入园。

体检注意事项：

1.采血前需空腹；

2.如果孩子在服药，需推迟体检时间；

3.有条件的可以给孩子监测一下过敏原，并将结果提前交到幼儿园，以便幼儿园安排孩子的日常饮食。

准备入园后可能会用到的物品

大部分幼儿园在孩子入园以前会提供给家长一张准备清单，要求家长在孩子入园时准备好一些生活用品，以便孩子入园后使用。除此之外，有些东西是幼儿园没有要求，但家长最好也将其准备好，以帮助孩子适应幼儿园生活。

衣服：准备1~2套内衣裤、袜子、裤子（根据季节准备）、外套等。孩子初入幼儿园，有可能不适应幼儿园的生活，发生尿湿裤子等情况，因此准备好可以替换的衣服十分有必要。如果天气变冷，在幼儿园预备一身外套可以帮助教师及时帮孩子增添衣物。另外，孩子在家有特殊需求的，如在午睡时必须换睡衣等，也请家长提前准备好。

提示：准备的衣服最好不是全新的，以防止孩子穿上后发生身体不适。另外，孩子的衣服要易于穿脱，且最好带有能装手绢的口袋；男孩不要穿拉链裤，以防夹伤生殖器；4岁以下的小朋友最好穿开襟衫，不要穿套头衫和带帽衫；上衣不要有零七八碎的装饰物，例如带子、领结、大口袋，以免活动的时候孩子之间拉扯、碰撞出危险。

手绢或挂绳毛巾：准备四五块，轮换着用。

静静地观察别人，对新环境慢慢感兴趣，慢慢活跃起来。这类孩子一般不主动表达自己的需求，妈妈和老师不易明白他到底在想些什么。

情绪调节方法

要想帮助迟缓型的孩子，关键是让他按照自己的速度、节奏和特点去适应环境，家长不要给他施加压力，例如别人的热情、主动、好意和帮助，他未必会放心地接受，因此不要强迫一个迟缓型的孩子入园第一天就去抱老师、亲老师。另外，如果孩子拒绝老师第一天的亲热动作，家长要向老师解释孩子的气质特点，采取适宜孩子接受的方式来帮助他。

小贴士

由于迟缓型的孩子并不哭闹，显得听话乖巧，也很少大声表示抗议或大声表示需求，所以家长容易认为这类孩子没什么问题，因而放松了对他的关注，逐渐忽视了孩子的心理需求。实际上，这类孩子缺乏热情和主动性，虽然对新环境没有反抗，但也不是轻松和愉悦的，有的孩子甚至是缺乏自信和安全感的。所以，家长要多给孩子积极的暗示和鼓励，激发他的活力与动机，使他能在新的环境中渐渐地活跃起来，对新的刺激慢慢地发生兴趣，与新的同伴渐渐“混熟”，为他平静、稳重的气质特点中增添一些积极性和主动性。

3.开始会哭闹但能够较快适应的孩子

这类孩子的气质属于容易型，他们对新环境会产生正常的不适应反应，但是负面情绪不强烈，持续时间不长，愿意接受周围人的关怀。这类孩子容易获得他人的安慰、帮助和喜爱，负面情绪调节得比较快，易于适应新环境。

情绪调节方法

鉴于这类气质的孩子对新环境的抗拒性并不剧烈，家长要鼓励孩子大胆地接受别人的帮助。例如让老师多抱抱孩子，让孩子接受老师的拥抱，支持孩子善于借用外力来安抚自己的情绪。在此基础之上，家长还可以鼓励孩子抱抱老师，抱抱新伙伴，学会主动以某种方式缓解自己的情绪压力。

小贴士

容易型孩子的家长是比较幸运的，这样的孩子适应新环境比较快，但是他们的心理问题一样不能忽视。家长要多鼓励孩子表达自己在新环境中的真实感受，倾听他们的心声，接纳孩子所表达的担心，让他的不安全感得到释放。

4.特征不是很明显的孩子

这类孩子的气质属于混合型，他们可能会兼具上面3种类型的几个特征。对于这类孩子，家长可以参考上述方法，对孩子进行引导。

小贴士

气质是天生的，而且具有稳定性，气质的基本特征会始终伴随人生。气质没有绝对的好坏优劣之分，不同的领域和职业需要不同的气质，所以气质并不决定孩子的智力高低和将来的社会价值，家长不必枉费心思地矫正孩子的气质。

宝宝入园指导

爸爸妈妈们，可爱的宝贝就要离开家去上幼儿园了，你们是否因此而感到无措呢？也许你们对幼儿园的印象还停留在自己小时候的经历上，担心孩子不能适应即将进入的新环境，也不知道在孩子上幼儿园之前要做好哪些准备。

上幼儿园是孩子走出家庭、向广泛人际交往迈出的第一步，对于孩子来说，一切都是新奇的。他第一次离开爸妈，独自留在一个地方，还要与其他小伙伴建立起平等的交往关系。这些都是他以前从未有过的经历。不仅如此，孩子在幼儿园还要完成一日三餐，睡午觉，进行身体与生活能力的锻炼以及学习兴趣的培养等方方面面的事情。

对此，爸妈有必要帮孩子打点好入园要准备的物品，带孩子进行一次体检，还要对孩子进行心理调适，让孩子顺利度过刚入园的适应期。

入园前，带孩子进行一次体检

在入园报到时，家长要向幼儿园方面提交孩子的幼儿预防接种证、接种卡，儿童保健记录本和体检证明。现在很多幼儿园在孩子正式入园前，都会要求孩子进行一次体检，对孩子身体状况有一个整体的了解。有些幼儿园会要求家长带孩子到其所指定的医院进行体检，如果幼儿园没有指定，建议家长带孩子到正规的妇幼保健院进行幼儿体检。另外，即便幼儿园没有要求体检，最好也带孩子进行一次正规的检查，这对爸妈全面了解孩子的健康状况来说也是一个好机会。

体检时间：入园前3个月以内

体检地点：幼儿园指定医院或正规的妇幼保健院

体检项目：

感，但表现得却不是那么明显。这是由于孩子天生的气质不同，也就是脾气、秉性不同，而形成不同的反应与表现。但无论孩子的表现如何，他都需要爸妈的帮助来排解心理上的不适感，以便尽快适应幼儿园生活。

1.哭闹厉害的孩子

这类孩子的气质属于困难型，他们对陌生的环境比较抗拒，负面情绪多、反应激烈而反复。当教师主动关心或帮助该气质类型的孩子时，孩子会表现出抗拒。这类孩子不易与同伴形成正常的交往关系，会按照自己的节奏和进度适应新环境。

情绪调节方法

当孩子面对新环境发脾气的时候，家长不要对他进行严厉的批评或者惩罚，而是蹲下来平静地看着他，尽量放慢声调和语速，但是不放松要求，让宝宝听清楚并记住“宝宝要上学，妈妈要上班”“早上上学，晚上回家”等，使他慢慢接受外在的规则与要求。

小贴士

困难型孩子的家长需要特别的爱心和耐心，做好充分的心理准备，接纳孩子敏感、强烈甚至火爆的反应，理智地克制自己的急躁和烦恼。否则，孩子的坏脾气和家长的坏脾气相互作用，两人的坏脾气都将越来越坏，亲子关系也越来越紧张。如果家长的坏脾气“压服”了孩子的坏脾气，孩子以后将变得要么攻击性强，要么退缩性强。

2.虽不哭闹但也不积极的孩子

这类孩子的气质属于迟缓型，他们适应环境缓慢，情绪通常不甚愉快，常常提示：最好将手绢或毛巾绣上孩子的名字，以防混淆。

鞋：准备一双合脚、舒适且易于穿脱的运动鞋。另外，有些幼儿园要求有室内鞋，请按幼儿园要求准备。

提示：可以在孩子的鞋上贴或绣上名字，防止孩子错穿了别人的鞋。

书包：有些幼儿园有统一的书包发放，没有的需准备一个适合孩子年龄段的书包。

提示：可以带孩子去挑一个他喜欢的书包，再在书包上装饰一两样他喜欢的小物品。这样有利于孩子提高对幼儿园的安全感，帮助他适应幼儿园的生活。另外，要在书包上绣上孩子的名字，利于老师辨认。

餐具：主要是碗、勺、杯子和盘子，有些幼儿园自备，不用家长准备。

提示：餐具应该是不怕磕碰的不锈钢、密胺等材质。

床上用品：枕套、被罩、床单、褥子、被子、毛巾被、凉席和枕头等，且要准备一套用来替换的床品。大部分幼儿园会提供这些用品，但有些幼儿园会要求家长自行准备。

提示：无论幼儿园是否提供床上用品，家长最好将孩子的用品绣上名字，以防和他人的用品混淆。另外，替换下来的床品，家长要及时晾晒或者清洗干净，并送回幼儿园备用，以便孩子发生尿床等情况时，及时替换。

名字贴：用来贴在或缝在孩子的物品上，以防与其他孩子的物品搞混。

提示：一般需要30个左右。

孩子的照片：带孩子照一张证件照，然后按幼儿园要求的尺寸冲洗照片，也有些幼儿园要求交孩子的生活照。

提示：有些幼儿园还要求交全家福照片，以备教师开展以家庭或者爱为主题的相关教育。

身份证和户口本等复印件：父母一方的身份证复印件，孩子的户口本或者身份证、出生证等相关复印件。

提示：如果是外籍幼儿需提供护照复印件。

玩具：准备2~3个。

提示：有些幼儿园要求初入园的孩子带几件自己特别喜欢的玩具，一来孩子带着自己熟悉的东西会有一定的安全感，二来孩子带来的玩具可以和其他孩子的玩具进行交换，帮助他打开人际交往的大门。另外，孩子带的玩具要体积适中、无尖锐凸起、表面光滑或柔软的，以防孩子玩耍时发生意外。

根据孩子的特殊习惯准备物品：有些孩子刚入园时还有定时喝奶的习惯或需要定时服药等，这些都请家长提前与老师沟通好，并将孩子需要的物品准备齐全。

培养孩子一些基本的生活技能

孩子入园前，除了要给他准备好生活用品之外，还要教给他一些基本的生活技能，培养他的自理能力。这样可以帮助孩子在进入集体后充满自信，更快地适应幼儿园的生活。

能够独立吃饭：孩子可以用勺自己吃饭，偶尔需要大人喂。

提示：幼儿园是集体生活，老师轮流喂饭会占用较长时间，影响孩子的饮食。另外，孩子如果挑食的现象十分突出，也要帮孩子尽早克服，否则孩子很难适应幼儿园的饮食。

会自己喝水：孩子会自己用杯子喝水，并且能够在渴的时候主动向成人要水喝。

提示：如果孩子还在用奶瓶喝水，那么孩子进入幼儿园以后，可能很难适应，老师也可能会因照顾不过来而导致孩子进水量过少，因此要及早帮孩子学会用水杯喝水。家长可为孩子准备一个不容易打破、带把手的杯子，有饮水机的家庭可以提前让孩子学会从饮水机里接水喝。

会解大小便：孩子可以自己大小便，也知道在解大小便之前告诉成人。

提示：幼儿园卫生间里的便器，有可能是蹲便，也有可能是坐便，如果和家里的不一样，家长要提前让孩子适应另一种便器。

会穿脱衣裤和鞋：孩子能够自己或配合大人穿脱衣服和鞋。

提示：孩子的衣服和鞋要便于穿脱，例如裤子是松紧带的，鞋子是不用系带的等。

能独立午睡：孩子能够自己睡小床，并且有午睡的习惯。

提示：为了幼儿的生长发育，幼儿园都会安排孩子定时午睡。不过有的孩子在午睡前会玩一会儿或必须摸着大人的脸才能睡着等，这些习惯与幼儿园睡眠环境差异很大，因此在家的时候要尽量帮孩子改掉这类习惯，培养孩子独立午睡的习惯，让孩子能够适应集体的生活规律。

会自己洗手：孩子能够自己把手洗干净，洗完后知道擦手。

提示：孩子不仅要学会自己洗手，关键还要形成良好的卫生习惯，能够做到饭前和便后主动洗手。

掌握基本的沟通技巧：孩子能够主动表达，能听懂老师的指令等，明白基本的表情和动作的含义，并且在大人的提示下，能够比较清楚地表达自己的想法。

提示：与人通过语言能够进行基本的交流，是孩子入园前必须掌握的一项技能之一，因为只有学会沟通，孩子才能及时地将自己的一些感受和需求表达出来，如身体的不适等。

有与同龄孩子相处的经验：孩子知道与同龄孩子相处时不能“打、砸、抢”，能够与小伙伴一起玩一会儿，不是十分畏惧陌生人。

提示：家长可以提前和孩子说一些幼儿园的情况，让孩子对幼儿园有一个直观的认识，还可以多带孩子与同龄人接触，帮他学会与他人相处的技巧。

帮孩子做好入园的心理准备

有的孩子刚上幼儿园的时候哭哭啼啼、十分抗拒，而有的孩子虽也有不适盾太当回事。

拥抱、接纳和倾听宝宝

当宝宝受到欺负时，家长首先要拥抱宝宝，接纳他的委屈情绪，帮助宝宝表达出自己的心理：“妈妈知道你很难过。”“宝宝很伤心，是吗？”这些话让宝宝觉得妈妈是自己的知音，他的难过程度很快就会降低很多。等宝宝情绪稍微平静一些，妈妈再鼓励宝宝说说事情的经过。他可能说不清楚，妈妈不要急着追问，越是追问他越着急，他越说不清楚。

入园小贴士

妈妈的倾听主要是给宝宝一个倾诉的机会，让他释放情绪。宝宝的语言表达水平有限，不一定能说清楚事情的原委，所以不要完全指望利用倾听调查清楚事件的来龙去脉。

增强孩子“反欺负”的技能

如果姑且把孩子之间的游戏冲突界定为父母所理解的“欺负”，那么对孩子进行“反欺负”技能的培养还是很有必要的。这倒不是为了“争口气”或者“挽回面子”，而是培养孩子在游戏冲突互动中增强交往能力，学习游戏规则，提高人际交往智能。

★ 模拟训练。在家里故意“侵犯”孩子，看他会不会躲闪回避，锻炼他对外来危险的预见能力以及迅速规避能力。

★ 学会呼救。教孩子几句简短的句子，并让他大声地、快速地说出来：“你干什么？”“老师快来！”给对方以威慑，为自己呼救。

★ 指导细节。面对泪涟涟的孩子，父母要保持冷静，不急着表态，让孩子慢慢倾诉，再根据孩子交往中的薄弱环节加强指导。

★ 适度防卫。孩子也有动手自卫的时候，父母难免暗暗惊喜孩子“该出手时就出手”的能耐，但是教育孩子要“见好就收”，不能“防卫过度”，否则过犹不及，孩子变得爱动手了，父母的日子就该不消停了。

父母要适当给孩子面临和解决冲突的机会

同伴之间发生冲突未必完全是件坏事，孩子需要在面临、认识与解决冲突中了解人际关系，学习交往技巧，发展人际关系智能。因此，父母不要因怕孩子之间发生冲突而限制孩子的游戏和交往。

有的孩子与同龄伙伴交往少，跟父母或爷爷奶奶等长辈在一起的时间比较长，这对孩子的发展有一定的不利影响。因为长辈与孩子交往，处处都会让着他，一切游戏规则都向孩子这边倾斜，导致孩子形成以自我为中心的交往模式，缺少为别人着想的锻炼机会。孩子再与同伴交往时会出现不适应、不了解同伴的心理和需要、缺乏相应的共处技能、遇到冲突解决问题和自我调节的能力比较弱等问题。因此，父母要适当给孩子面临和解决冲突的机会。

培养孩子幽默风趣的性格

一个宝宝在幼儿园学会了背一些唐诗。一天，外公低着头择菜，他指着外公的头发说："白毛浮绿水。"外公的头发稀少、秃顶、斑白，平时总想办法"遮丑"，现在被外孙用诗歌"揭短"了，外公不但不生气，反而"嘿嘿"地笑。

有一天，宝宝又用夸张修辞法描述外公的头发："黄河入海流。"因为这一天，外公对着镜子把自己少有的几根头发都梳到一个方向，可不是具有"黄河入海流"的气势吗?

就这样，孩子的幽默感被慈祥的外公保护了，并且进一步得到成长。假如外孙的"胡言乱语"被外公认为是"大不敬"，那么他的幽默感就得不到保护，进而也没有机会发挥了。

幽默感三成天生、七成培养

幽默感是一个人很多优点的"结晶"：聪明、智慧、乐观、开朗、悦人悦己，或许还有其他优良因素，同时它对人的实际生活和事业发展都具有高效能意义。从生活幸福的角度来说，幽默感更让人在现实生活中得"实惠"。有的人并非样样出色，并非不遭遇挫折，但他总能把自己调整到幸福美好的人生状态，这是做人的智慧，是把握好了一个俯视人生酸甜苦辣的制高点。

幽默是趣味横生的智慧共鸣，使双方都感到身心愉悦，既能达到"逗你玩"的效果，也实现"逗自己玩"的乐趣，是双方配合默契的表现。大多数家长都会"幽孩子一默"逗宝宝玩，其实宝宝也会"幽大人一默"逗爸爸妈妈玩。这时候幽默的家长会接受并呵护孩子的幽默，缺乏幽默感的家长则可能觉得自己被孩子“戏弄”了，是“大不敬”，于是给孩子“泼冷水”，遏制了宝宝的幽默感。

研究发现，人的幽默感大约三成是天生的，其余七成则靠后天培养。每个人天生都具有“幽默细胞”，只不过不同的家庭环境和生活阅历使幽默感在每个人身上的含量渐渐拉开距离。有的孩子在成长的过程中，把幽默感发扬光大，成为良好的幽默性格；有的孩子的幽默感刚刚启蒙就被扼杀了，成为一个听不懂笑话，也不会开脱生活中的纽扣的“小大人”。

一位妈妈在外面做了新发型，回家后高兴地问宝宝：“妈妈的样子漂亮不漂亮？”宝宝看了一眼，没有附和妈妈渴望得到的答案，说：“丑八怪、妖怪、怪兽。”爸爸听了，笑得前仰后合。妈妈的脸唰地就红了，命令宝宝：“说妈妈漂亮，不说妈妈漂亮，妈妈就不跟你玩了。”宝宝还是说“丑八怪、妖怪、怪兽”。妈妈就拧了宝宝的小脸，宝宝被妈妈拧哭了，爸爸见了就把妈妈拽开了，妈妈也气哭了：“你们都不是好东西，合伙气我！”爸爸劝她说：“小孩子的话你也当真！你到底是孩子还是大人？”其实，这位妈妈把孩子的话当真惹出来的不快，就是缘于缺乏幽默感，不接受孩子实话实说的幽默效果。

培养孩子幽默风趣的6大良策

鉴于幽默感是伴随孩子幸福体验和未来成功的催化剂，家长在培养孩子的宏伟蓝图中，不要让知识与技能的学习占满了孩子的空间，还要单列出培养孩子幽默情趣的计划，开发孩子的幽默潜能，使其成为孩子健全人格的一部分。

玩藏猫猫游戏

小宝宝对藏猫猫的游戏百玩不厌，3岁前的宝宝玩这个游戏的时候可能犯“掩耳盗铃”“此地无银三百两”的错误，非常有趣。他们可能趴在地上，即使被爸爸妈妈发现了，也还是闭着眼睛不抬头，反正自己没睁开眼睛，就不算被爸爸妈妈发现了。他们不理解声源能够暴露隐藏地点的道理，反而大声说“我在这儿”“你找不到我”。在这种情况下，爸爸妈妈都不要扫孩子的兴，假装找不到孩子，使游戏持续的时间长一些，让孩子幽默得尽兴一些。

做怪样子

宝宝对反差比较大的事情容易产生幽默感，我们常常发现孩子喜欢穿大人的鞋，就是他们主动体验幽默的常用“伎俩”。如果妈妈戴爸爸的大手套，他也会觉得滑稽可笑；如果把钥匙挂在耳朵上，把塑料小筐顶在头上，把塑料袋包在脚上……总之，怪样子会引发宝宝的幽默感。

唱颠倒歌

2岁以后的宝宝就能够从事物之间的不和谐性发现喜剧效果，从违反常理的不合逻辑中感受幽默。把描述不合逻辑现象的儿歌念给孩子听，会把宝宝逗得哈哈大笑，并使他从中体会意味深长的幽默效果。

模仿游戏

宝宝喜欢模仿，也喜欢大人模仿，学做一些动物样子，比如企鹅、鸭子、小鸟、小鸡等，都能激发宝宝的幽默感。爸爸妈妈可以与宝宝一起比赛，谁学的小动物多，宝宝一定会乐此不疲。有的宝宝还喜欢模仿爷爷奶奶、电视模特和广告形象的样子，并且希望自己的模仿秀得到爸爸妈妈的欣赏，爸爸妈妈不妨留出宽裕的时间与宝宝共享幽默的欢乐。

泛灵化语言

宝宝具有泛灵特点，所以家长常见宝宝与一些无生命物说话。宝宝也喜欢童话故事和动画片中的一切事物都能唱歌、跳舞、说话，更乐于接受爸爸妈妈用拟人化的语言与他交流谈心，这是宝宝特有的幽默感。另外，当宝宝遭受挫折的时候，用泛灵化语言劝慰宝宝，让宝宝破涕为笑，是培养他乐观、自信的好时机。

防止“变味儿”的幽默感

幽默感是一种有品位的情趣，但有的孩子会发展为“人来疯”，甚至会转变成嘲笑戏弄他人的恶作剧行为。例如，有的宝宝学残疾人走路的样子，就需要家长及时教育与更正。因此，孩子的幽默感发挥得好、健康、与场合相适宜，家长就用大笑、拥抱来肯定他；如果孩子的言行有不妥当、不健康的地方，就把他拉到一边说句“悄悄话”，提醒他终止。

附：幽默儿歌

例1

东西街，南北走，出门看见人咬狗。
拿起狗来打砖头，又怕砖头咬了手。

例2

小鱼高高天上飞，小鸟展翅水里游。
老鼠抓住大花猫，兔子吓跑恶老雕。
蚂蚁踩死大公鸡，山羊追着老虎跑。
可笑的事情真不少，请你也来找一找。

例3

三十夜里月儿亮，有个爷爷偷酱缸。
哑巴高声喊捉贼，聋子听见忙起床，
瞎子赶紧把灯点，瘸子飞快跑来帮，
一把抓住贼头发，细看头上精精光。

消解孩子的不良情绪

如果你带着宝宝到饭店参加同事聚会，因为有人还没到，大家只好聊天等待。这时宝宝已经饿了，他要吃已经上桌的部分饭菜，你不允许，要求他再等一会儿，你的宝宝可能是什么反应？

①宝宝生气地拍桌子或者踢椅子。

②宝宝反问妈妈："我饿了，为什么不让我吃？"

③宝宝乖乖地坐在那里，什么事情也不做，什么话也不说。

④宝宝开始翻妈妈的手提包，看看里面有没有好玩的东西。

⑤宝宝盯着桌上的饭菜，禁不住吸吮手指。

⑥妈妈说如果今天听话，明天就带宝宝去游乐场，他想了想，就自己出去玩了。

⑦宝宝问妈妈要钱，想自己到外面买东西吃。

或许宝宝还有其他表现，但归结起来都属于不同类型的心理调节策略。

要关注孩子的心理调节策略

人的一生会面临大大小小很多挑战，其中一个经常性的挑战就是调节自己的心理平衡。不同的人采取的调节策略也不同，不同的调节策略不但导致不同的调节效果，而且影响宝宝行为习惯以及性格和人格特点的形成。

根据心理调节策略的性质，可以分为积极策略和消极策略。积极策略帮助宝宝隐藏或者改变自己的情绪反应，并采取相应的办法适应当前的新环境，从而改善自己的心理和人际关系。消极策略助长宝宝的不良反应，造成人际关系紧张，也影响自己的心理健康发育。因此，家长要关注宝宝的心理调节策略，引导他向积极方向努力，减少和避免消极心理状况不断升级。

孩子的6种心理调节策略

发泄

这是使家长比较尴尬和为难的极端方式，即孩子采取一些攻击性、伤害性、破坏性的情绪和行为来表达自己的不满，宣泄自己的愤怒。除了上文中“①”所表现的捣乱和破坏以外，还有尖叫、哭闹、摔打、骂人等消极行为。

被动应付

宝宝不主动采取任何积极的措施来调节面临的矛盾，而是被动地承受，什么也不想、不说和不做，只是发呆，如“③”。

自我慰藉

宝宝做一些无意义的重复动作来排解心中的焦虑，如“⑤”；或者说一些假想的话来歪曲现实，以达到安慰自己的目的，如“这些饭菜不好吃”，类似“吃不到葡萄说葡萄酸”（酸葡萄效应）。

主动解决

宝宝积极主动地采取针对问题和困难的适应性行为，尽可能地帮助自己减轻压力，摆脱困境。例如，“②”所表示的要求给出理由，以及口头反对、提出疑问、摆出条件、寻求合作、自己尝试（如“⑦”）等行为。

替代活动

宝宝自己想办法转移注意力，采取一些分心行为，忽略自己的需求。例如，“④”所表示的主动寻找玩具，以及主动找别人说话、自己唱歌跳舞等行为。

重新思考

宝宝改变自己的观念和态度，对事物的价值重新做出判断和选择，最终调节心理平衡，如“⑥”，宝宝“想了想”妈妈的话，在暂时的“小痛苦”（现在饿一会儿）和明天的“大快乐”（去游乐场）之间进行权衡，最后判断后者更有价值。经过重新思考，他愉快地调节了自己的心理平衡。

不同的心理调节策略对孩子的不同影响

以上①和②属于消极策略，③属于中性策略，④⑤和⑥属于积极策略。年龄大小相仿的宝宝面临同一情境，会采取差别很大的调节策略，这不但导致调节效果的差异，而且反映了宝宝思维水平的高低、思维方式的优劣，形成思维习惯之后将会影响宝宝的性格、人格以及修养和心理健康发展状况。

积极策略

★ “主动解决”是宝宝正确面对现实、认真分析问题、自主尝试办法的积极策略，它是人一生都在发展和提高的能力。研究发现，儿童从1岁就会出现这种策略与能力，并随着他运动、语言和思维水平的提高而不断提高。但是，因为宝宝的经验有限，有针对性地解决问题的能力有限，所以他的主动解决策略有时不正确，有时不成功，需要家长的启发和帮助。而实际情况是家长常常忽略了宝宝的这种主动性，把他不正确和不成功的策略归为反叛、多动、固执和捣乱等现象，因此采取否定、压制或者包办代替的管教方式，这会阻碍宝宝主动解决问题能力的发展。

★ “替代活动”是宝宝调节自己需求的积极策略，当宝宝“主动解决”策略不利的时候，他就退而求其次，选择一个对自己比较有意义的其他行为暂时占据自己的需求，从而求得心理平衡。这与倾向于逆来顺受的“被动应付”不同，也与倾向于逃避和歪曲现实的“自我慰藉”不同。宝宝选择“替代活动”的态度还是积极的，选择的行为也是相对能吸引自己并从中得到快乐的，因此“替代活动”是培养宝宝心理调节能力的常用策略。有时宝宝能自己找到“替代活动”，有时需要家长的启发、提示、支持和帮助。

★ “重新思考”的宝宝会对事物的意义再次进行评估，在家长的引导下，他善于从多个角度看待同一事物，形成态度一变、行为就变的积极调节方式。它与酸葡萄效应的“自我慰藉”不同，它并不回避和歪曲现实事物，而是在现实与未来之间的关系、大利益与小利益之间的关系中进行重新思考和判断，最终做出心甘情愿的理性选择。很多家长在不知不觉中善用此策略引导宝宝，培养宝宝遇到矛盾换个角度思考的习惯，久而久之，宝宝便主动掌握并善于使用这种积极的调节策略。

中性策略

★ “自我慰藉”是宝宝用逃避现实的方式调节平衡的自我安慰行为，幼小儿童遇到矛盾和困难的时候容易使用这个策略，暂时起到自我保护的作用。但如果宝宝对此依赖过多，会养成幼稚、退缩、逃避的心理与习惯，不利于提高宝宝正确认识和分析问题、勇敢面对现实的能力，所以家长应该引导宝宝随着年龄的增长而不断减少使用这一策略。

消极策略

★ “发泄”容易导致宝宝出现攻击和破坏等问题行为，养成抱怨、报复等不良心理倾向与行为习惯。虽然如此，但有些年轻父母对此存在认识误区。他们认为发泄有助于释放消极情绪，排解心理压力。事实上，宝宝在释放和排解过程中是很不愉快的，他情绪亢奋、行为过激，甚至对自己和他人造成伤害，破坏和谐人际氛围。之后他还容易形成错误的思维模式，即出现问题都是外在因素造成的，但他又不是通过积极营造良好的外在环境来调节心理，而是把外在环境变得更加混乱，通过两败俱伤扯平心理矛盾。由此可见，与其他几种心理调节策略相比，这种方式是消极和不足取的，妈妈应该引导宝宝学习积极调节策略，否则宝宝在心理调节能力方面就落后于同龄伙伴了。

★ “被动应付”的宝宝虽然不像“发泄”那样令人难堪，可能还显得比较听话，但宝宝比较被动，不善于动脑筋，遇到问题就发呆，属于不喜欢意志努力的消极策略，影响宝宝形成主动意识、创新精神和进取人格。由于“被动应付”的宝宝比较听话，有些家长容易忽视宝宝的这一不足，更意识不到这样的宝宝还需要进一步积极引导。

让孩子不再“撒野”

格格是个聪明的2岁宝宝，已经学会了自己走路、自己用小勺吃饭，还学会了自己用杯子喝水、喝奶。可是最近一两个月，妈妈发现格格好像变小了，例如逛公园的时候不像以前那样自己到处走走跑跑，总是缠着妈妈“抱抱”、爸爸“背背”，自己不用小勺吃饭了，缠着爷爷奶奶喂，喝水、喝奶又用起了奶瓶。如果妈妈不同意，格格撒娇不成就撒野，哭着找爸爸、爷爷、奶奶求情。如果没人在身边替她求情，格格就抓妈妈的头发和脸。上幼儿园也出现类似的情况，遇到不高兴的事情，不愿意接受老师的教育，还躺在地上哭闹。针对宝宝的这种情况，妈妈不知道怎么办才好。

一字之差，谬以千里

撒娇和撒野有许多共同之处，都是宝宝假装无能或超能，能做的事情却不自己做，或者不能做的事情偏要做，以唤起大人的关照与怜爱。撒娇和撒野不容易分辨，但是为了宝宝的健康成长，分辨撒娇和撒野是很有必要的，因为它们对宝宝性格的形成会产生不同的影响。

撒娇是宝宝的心理营养，是宝宝主动与妈妈创建的一种心理游戏。撒娇反映宝宝的情感表达能力达到一个新的阶段，具有“能进能出”的游戏控制水平。在理智上，他知道自己“假装”到什么程度，妈妈能够并乐意接受；在情感上，他尝试用间接和含蓄的方式表达自己的心理需求，当遭到大人拒绝的时候，他知道应该“认真”了，不能再“游戏”了，能够与大人保持较好的配合与默契。所以，会撒娇的宝宝是娇怜、乖巧、可爱的。实际上，宝宝需要向父母撒娇，父母也需要宝宝的撒娇，撒娇是滋润宝宝心理健康成长的营养品。

撒野与撒娇一字之差，谬以千里。撒野是不良性格的温床，在词典中的含义是：“对人粗野、放肆；任意妄为，不讲情理。”撒野的宝宝“能进不能出”，他做不到什么情况下应该“认真”，什么情况下可以“游戏”。撒野不像撒娇那样让人舒服，却让人难堪；也不像撒娇那样是理智的，能够分清自己和别人的需要，分寸把握得好。撒野是情绪化的，只考虑自己的感受，不考虑别人的需要。

另外，宝宝的撒娇容易变成撒野。因为家长觉得宝宝还小，不懂事，不必跟宝宝太计较，凡事都依着他，而且家长从主观意识上很容易忽略撒娇和撒野的区别，所以就随着孩子，并经常主动接纳宝宝的撒娇却忽略拒绝宝宝的撒野。这对宝宝的自我调节能力以及人际交往能力都将产生不良的影响，容易导致宝宝变得任性，难以管教。

预防“撒娇”变“撒野”的6大良策

接受适当的撒娇行为

撒娇是宝宝的情感需要，宝宝在以下情境中常常撒娇：

★ 当他生病、不舒服的时候；

★ 当他情绪低落、心情不舒畅的时候；

★ 当他感觉委屈的时候；

★ 当他遇到困难的时候；

★ 当他每天午后和晚上要睡觉的时候；

★ 当他来到一个陌生环境的时候；

★ 当他有一段时间没见妈妈或爸爸的时候；

★ 当他思维活跃、比较开心、想跟大人开玩笑的时候……

撒娇的宝宝是在跟大人做一种情感交流，或求助，或依恋，或分享，他的态度比较温和，行为也比较适宜。这样的撒娇就是正常的、可以接受的，并且有利于宝宝的情感发育和亲子感情。

传授适当的撒娇技巧

撒娇是宝宝自发产生的交流方式，但是因为每个宝宝的个性不同，家庭环境不同，每个宝宝撒娇的方式也有所不同。有的宝宝撒娇技巧把握得好，惹人喜爱；有的宝宝则需要传授适当的撒娇技巧。

例如，家里来客人了，孩子非常高兴，总想跟客人亲近。这时，有的宝宝用微笑、拉手对客人表示欢迎，或者与客人一起做游戏，讲故事，分享食物。可是，有的宝宝见客人来了，用非常猛烈的动作扑向客人，使劲拽、拉客人的衣服，或者用高分贝的呼叫声表示欢迎，像这样的宝宝就需要传授撒娇的技巧。妈妈可以先问宝宝："你是不是想跟客人一起玩呀？""你使劲拉客人，他会疼的，玩得就不开心了。""你有什么好玩的东西拿给客人看看？""你跟客人一起看一本书，好吗？"妈妈用具体的行为指导宝宝向客人表达友好，他渐渐就掌握了撒娇的技术。

不让孩子拿撒娇与行为习惯做交换

妈妈出差一个星期后回家了，宝宝一天到晚都想跟妈妈亲近。该吃饭了，已经会吃饭的宝宝却要求妈妈喂，有的妈妈抑制不住母性的宽容，就顺着宝宝的意愿喂饭，结果一喂就是好几天，再让宝宝自己吃饭，他就不乐意了。

其实，妈妈可以换一种方式满足宝宝撒娇的心理需求。妈妈对宝宝说："我知道宝宝已经会自己吃饭了，妈妈看看宝宝现在是不是吃得更好、更香！"或者说："宝宝是不是想跟妈妈坐得最近呀？那好，妈妈跟宝宝坐得更近一点儿，看清楚宝宝吃饭有没有进步。"为了表现自己，宝宝会顺着妈妈的指示改变撒娇方式。

入园小贴士

妈妈要注意不让宝宝拿撒娇与行为习惯做交换，这样会影响行为习惯的稳固性。尝试其他更好的方式同样能满足宝宝撒娇的愿望，这样对宝宝来说就不会顾此失彼了。

妈妈对孩子撒娇也是一种教育方法

有时候，宝宝向妈妈撒娇的时候，妈妈反过来向宝宝撒娇，会收到意想不到的教育效果。盼盼3岁，跟妈妈逛公园的时候不想走路，总想让妈妈抱。这时妈妈说："妈妈好累哦，盼盼是大孩子了，能帮助妈妈吗？"盼盼看着妈妈，妈妈接着说："你拉着妈妈吧，盼盼是个大力水手！"盼盼就扮演大力水手拉着妈妈在前面走，盼盼很有成就感。

> **入园小贴士**
>
> 每个宝宝既有当小孩子享受别人照顾的心理需求（即向别人撒娇），也有当大孩子照顾别人的心理需求（即接受别人的撒娇）。妈妈恰当地对宝宝撒娇，能调动宝宝照顾别人的积极动机。

教孩子把撒野还原成撒娇

撒娇的宝宝讲理，撒野的宝宝不讲理。小孩子常常把握不好分寸，这是因为他们的经验不足，行为策略也比较单一。如果妈妈能及时和准确地识别宝宝用撒野所表达的心理需求，然后引导宝宝用合适的方式表达出来，宝宝就不会过分撒娇以致撒野了。

一天午饭后，妈妈与宝宝一起玩，一会儿妈妈想午睡了，可是宝宝不想让妈妈睡觉，他一会儿在妈妈身边爬来爬去，一会儿问妈妈要水喝，目的是不让妈妈闭眼睛。妈妈让他跟阿姨玩，他就欺负阿姨，阿姨批评他，他就大哭起来，把撒娇变成撒野。妈妈睡不成了，就跟宝宝交流："你想跟妈妈玩，是吗？你得先向阿姨说对不起。"宝宝不但说了对不起，还拿一个玩具送给阿姨玩，然后说："宝宝跟妈妈一起睡。"于是，宝宝躺在妈妈的身边，自己玩一会儿就睡着了。撒野的宝宝又变得娇滴滴了，关键是妈妈引导宝宝明白了是非对错。

对孩子的撒野行为不理不睬

有时宝宝的撒野行为比较夸张，家长就要采取不理不睬的态度，让他明白这样做得不到任何好处。月月上幼儿园几个月以后，有一天在家里向爸爸提不合理要求，爸爸不同意，他就跪在地上大哭起来，两只手还不断地拍打地面。爸爸妈妈很诧异，月月怎么会有这样的行为？原来月月在幼儿园看过其他宝宝这样，于是模仿起来。爸爸妈妈坚决不理睬他，后来月月就不再这样撒野了。

安抚孩子易怒的情绪

阿其喜欢跟小朋友玩，但也喜欢跟小朋友争斗。这天，为争抢玩具，他又咬了小朋友一口，妈妈很生气地对他说："跟你说过多少次，不可以咬人。现在你又犯错误了，不能跟小朋友玩了，回到你自己的房间安静一会儿。"阿其大叫一声："不！"妈妈不为所动，把他抱到房间里，让他在垫子上坐3分钟后才可以再出来。

3分钟之后，妈妈去看阿其，发现他正在使劲地用手揪布兔子的耳朵，上面还有牙咬的印子。妈妈很吃惊宝宝用这种方式发泄自己的愤怒。

上幼儿园以后，阿其在老师给小朋友上课的时候经常到处乱跑，老师去拉他，他就使劲地甩开老师，甚至对老师拳打脚踢。妈妈不知道该怎样教育爱发怒的宝宝。

孩子为什么会愤怒

宝宝一出生就具有4种基本情绪：快乐、恐惧、愤怒和悲伤。愤怒是需求和愿望不能实现或者目的不能达到时引起的一种激动、紧张和不愉快的情绪体验。在这4种基本情绪中，愤怒出现得较早、较频繁。当宝宝的生理需要没有得到满足、身体活动受到限制时，当宝宝的其他愿望不被理解以致无法实现时，宝宝都会产生愤怒。随着宝宝渐渐长大，他的需求也越来越多，引起愤怒的事件更多地体现为高级心理需求得不到满足而出现的情况。

身心不舒服

愤怒是宝宝的本能情绪，是由他的本能需要得不到满足造成的，例如饥饿、口渴、尿湿了不舒服，最初宝宝都是用愤怒的方式“通知”大人。有句俗话说：“人困则多怒。”有的宝宝疲劳时也会发怒。有的宝宝想让大人抱抱，大人不理睬，也会激惹他生气发怒。

没履行诺言

不履行诺言是激怒宝宝的一种重要事件。例如，一位爸爸带宝宝坐公交车，上车前答应让宝宝刷卡，但上车后，爸爸害怕宝宝刷卡太慢，耽误别人上车，没让他刷。宝宝一下子就生气了，一定要重刷一次，愿望没得到满足后，非常愤怒，说爸爸是骗子，非要重新刷卡不可。

权利被剥夺

本例中的阿其就是因与小朋友做游戏的权利被剥夺而引起的愤怒。3岁前的宝宝认为自己想做的事情都是没有条件限制的，即使做事情的方式是错误的，他也不认为是自己的错。所以，阿其认为咬小朋友是小朋友的错，是小朋友与自己抢玩具的自然结果，现在妈妈要隔离自己，他理解不了，也接受不了。

自尊心受挫

3岁前的宝宝接受批评的心理承受能力比较弱，在众人面前批评和训斥宝宝容易让他感觉自尊心受挫，继而可能激起他的愤怒。

愤怒情绪对孩子的影响

愤怒是一把燃烧的火焰，使人处在非理性的亢奋状态中。怒不可遏、怒发冲冠、怒火中烧都是用来形容愤怒情绪的，因而愤怒中的行为通常是破坏性和报复性的。

愤怒的情绪是宝宝天生就有的，但是不同的宝宝愤怒时的情绪激动程度是不一样的，平静愤怒情绪所采取的方式和所需要的时间也不一样。有的宝宝很容易被激怒，一触即发；有的宝宝暂时把愤怒压在心底，却在别处发泄；有的宝宝接受大人的安抚，很快安静下来；有的宝宝很长时间还在生气，也不接受大人的帮助。总之，调节愤怒情绪的水平能集中地反映宝宝的心理素质，影响宝宝和谐的人际关系。

不仅如此，愤怒情绪还影响宝宝的身体健康，它与肝脏的生理活动有关，使胆汁分泌增多。宝宝愤怒时的呼吸速度是正常呼吸速度的2～3倍，心跳也随之加快。遇到不顺心的事情就愤怒且不善于调节情绪的习惯，对宝宝的身体发育有害。

入园小贴士

愤怒分为明怒和暗怒，明怒表现在面部表情、言语方式或者行为举止上，具有即时爆发性；而暗怒则隐藏在内心世界里，具有延时爆发性，但是破坏性更强。因为愤怒情绪常常是不被人接受的，所以宝宝长大后还将学会掩饰自己的愤怒，而过分积郁的愤怒同样会给宝宝的身心带来伤害。所以，妈妈教宝宝从小学会调节自己的愤怒情绪非常重要。

安抚愤怒儿童的4大良策

尊重孩子愤怒的权利

首先需要认可宝宝有权利愤怒。愤怒是宝宝自我肯定的表示，说明他有勇气表达自己的想法和需要，而一个不敢怒或者敢怒而不敢言的人，很有可能形成抑郁情绪，或者积累超过极限而突然爆发。所以，妈妈要把宝宝愤怒的权利与愤怒的行为方式区分开来。

由于宝宝的行为能力有限，他们常用不恰当的愤怒方式行使自己的愤怒权利，以致妈妈拒绝宝宝愤怒行为的同时也拒绝了宝宝的愤怒权利。因此，妈妈应该做的事情是尊重宝宝愤怒的权利，引导宝宝学习正确的愤怒行为方式。

尊重宝宝愤怒权利的其中一个方法是用眼神和语言帮助宝宝确认自己的情绪状态。妈妈蹲下来，用平静的眼神看着宝宝，也鼓励宝宝看着妈妈，平静地对宝宝说：“你是不是生气了？妈妈看出你的愤怒了。”宝宝能感受到妈妈是在理解、认可和接纳自己的愤怒情绪，这有助于他减缓愤怒的情绪。

不要理睬愤怒的行为方式，而是关注引起愤怒的事件

宝宝表达愤怒的行为方式很简单，一般都是哭闹乱叫、拳打脚踢、在床上地上打滚，个别宝宝会采取不理睬别人的冷战方式。3岁以上的宝宝可能采取“技术水平”比较高的行为方式，例如隐忍或者报复。

不管怎样，当妈妈判断宝宝产生愤怒情绪以后，不要被他愤怒的行为方式所迷惑，而是直接关注引起愤怒的事件，从解决问题的角度提高宝宝做事和做人的能力。例如，阿其咬人和虐待布偶都是愤怒的行为方式，而引起愤怒的事件是他没有学会与小朋友分享玩具。妈妈的关注点应该是后者，并及时引导宝宝回忆和梳理刚才发生的事件，这样宝宝才能逐渐改掉耍脾气的毛病。

宝宝愤怒的时候，妈妈不要愤怒

不但宝宝有愤怒的权利，妈妈也有愤怒的权利，但是为了宝宝的健康成长，妈妈与宝宝不可要求平等的愤怒权利，否则只会“两败俱伤”。

提前预测孩子的情绪变化

人的情绪爆发常常因为事情出乎意料导致，所以妈妈要注意观察和总结哪些事件出乎意料之后可能导致宝宝愤怒，从而掌握他的情绪变化规律，然后预备相应的措施，以预防宝宝因情境变化而不能如愿时产生激动的情绪。其实，这也是发现和调节宝宝性情和个性的过程。

如果家长没有摸清宝宝的情绪变化规律，遇事总是采取转移注意力的办法，这只是权宜之计，没有从根本上解决问题。如果家长一时着急，随便迁就宝宝，那对他的不良影响就更大了。

入园小贴士

不管宝宝多么不听话、多么让妈妈没面子，不管妈妈是多么疲劳、多么心烦意乱，妈妈都要学会控制自己的情绪，不要对正在发怒的宝宝叫嚷、敲桌子、踢板凳、摔门甚至打宝宝。心理学提供的办法是在自己想发火的时候强迫自己数数或深呼吸，例如，将要发怒的时候，赶紧闭上嘴巴，在心里从1数到10，或是深呼吸10次，或者是离开现场一会儿。

锻炼孩子的倾听能力

幼儿园举办家长开放日活动，涵涵的妈妈看了涵涵在幼儿园的表现，发现她不是太会听老师讲话。老师讲话的时候她自己玩，一会儿问她听见老师说什么了，她茫然地瞪着大眼睛。另外有一个活动是老师讲故事，正好涵涵听过，老师讲的时候她不断地插话，老师说其他小朋友没有听过故事，请她陪同其他小朋友一起把故事听下来。可涵涵坚持不了多久，又站起来插话，干扰了其他小朋友完整地听故事。涵涵妈妈发现，这些问题在家里并不明显，到幼儿园就变得明显了。宝宝不善于倾听怎么办?

听力≠倾听能力

正常的耳朵都能听，这种天生的本领还用培养吗？其实不然，“听力”不等于“倾听”。首先，“倾听”要有正常健康的“听力”为生理基础，但是有了“听力”未必善于“倾听”，因为“倾听”是有目的、有选择、有自我控制性的“听力”。家长都希望宝宝以后学习好，学习好的关键是孩子会倾听老师讲课，不会听课的宝宝在学习上就要走弯路，甚至落后。

文明有效的交流不是“说话”而是“对话”。“说话”是单声道的，把自己想表达的内容组织起来，并传递给对

入园小贴士

倾听还是尊重他人的表现，不管是侧耳倾听还是专注地注视他人说话，都是有良好教养的表现。可是，不少宝宝有随便插话的现象，别人的话还没有说完，他就说明白了，然后不再认真倾听；或者打断别人，滔滔不绝地只管自己讲话，不让别人把话说完；甚至有时家长接打电话，宝宝也不知道等待，以致家长不能顺利地完成接打电话这件事情……这些都是不尊重他人的表现。

方就可以了；但是“对话”是双声道的，要观察对方的反应和倾听对方的应答，然后组织和调整自己的语言，使得双方把交流持续下去。否则，一方只顾“说话”，却不注意“对话”，会让对方渐渐变得疲倦和难以忍耐。为了让孩子学会交流对话，就必须培养孩子耐心倾听的教养行为。

倾听虽是生活中的平常小事，却是成长中的大事情。教育部颁布的《幼儿园教育指导纲要》就很重视倾听能力的培养，要求孩子“注意倾听对方讲话，能理解日常用语；养成幼儿注意倾听的习惯，发展语言理解能力”。所以，良好的倾听习惯与能力需要家长和老师的着意培养与训练。

倾听能力的发展特点

★ 1～2岁的宝宝通常能够对一个简单明确的指示做出准确的倾听反应，例如：“指给妈妈看，哪个是小猫？”“爸爸在哪儿呢？”

★ 2～3岁的宝宝能听懂语言中的附加词，如“大”或“小”，妈妈可以对他说：“把那个大苹果拿过来。”3岁的宝宝基本能听懂两个同时出现的指示语，比如妈妈可以对孩子说：“拿好你的小汽车，送给爷爷看看。”他们专注倾听的时间大约是5分钟。

★ 3～5岁的宝宝能理解3个以上同时出现的指示语，其中包括方位词，如上、下等。5岁的孩子通常已经能听懂对方语句中的连词，如“如果……那么……”，父母可以跟宝宝边唱边说：“如果你很高兴，那就拍拍手吧！”三四岁的宝宝能倾听10分钟，五六岁的宝宝能倾听20分钟。

培养倾听能力的8大良策

营造安静倾听的环境

与宝宝交谈时尽量把周围噪声降至最低，把电视、收音机等音量调低或关掉，多个大人不要同时跟宝宝说话，给宝宝一个无干扰的安静倾听环境。另外，跟宝宝说话要慢一点儿，中间稍有停顿，给他辨别和理解的短暂时间。

倾听技巧三部曲

倾听的目的是为了理解和沟通。我们常常以为倾听很简单，对方又不是说什么高深莫测的话，有什么听不懂的呢？其实不然。由于双方表达和理解话语的情境不同，出发点不同，同样一句话，不同的人理解的意思就不同，结果可能造成倾听和理解的误会，进而导致沟通和交流出现障碍。因此，在倾听技巧上，家长可按照以下3个步骤为孩子做示范和引导。

★ 第一步：等待宝宝把话说完，不急于插话表达自己的看法；

★ 第二步：用自己的话把宝宝要表达的意思解释一遍，如果宝宝认可了，才说明自己听懂了宝宝的话；

★ 第三步：如果家长的解释不对，再给宝宝一次复述的机会。

家长做到这三步，会给孩子树立正确的学习榜样和良好的习惯熏陶，当然，也利于亲子之间的沟通。

经常跟孩子说“悄悄话”

“说悄悄话”让宝宝感觉很神秘、很有趣，还让他觉得自己深受喜爱和尊重，对于两三岁的宝宝来说，还具有培养倾听能力的意义。妈妈把声音放得很低，挨着宝宝的耳朵悄悄地说话，吸引宝宝全神贯注地倾听，有利于提高宝宝的注意力和听力的敏感性。

在讲故事中锻炼倾听能力

宝宝都喜欢听故事，在讲故事的时候有意地停顿一下，问一个小问题，观察宝宝是否在听；故事讲完以后再问一个小问题，观察宝宝是否听懂了。因为家长的提问具有指向性和层次性，有助于宝宝有目的的倾听，并更好地理解故事内容。

讲故事的时候，家长还要注意咬字清晰，语调抑扬顿挫，增强感染力，不生硬地照搬书中文字，可根据故事情境适当增添一些象声词、简单的形容词和形象的动作，提高宝宝的倾听兴趣。

让孩子学会“用眼睛听”

宝宝以自我为中心的现象比较突出，他们普遍喜欢自己说，希望别人都听他一个人说，而当别人在发表自己的观点时，他们又不愿意听，只顾自己发表观点。家长要注重引导宝宝集中注意力倾听别人讲话。例如，妈妈讲话的时候，走到孩子身边蹲下来，提醒宝宝用眼睛“看着妈妈”，这样能集中宝宝的注意力，延长他的倾听时间，也培养宝宝尊重他人的好习惯。

小心保护孩子说话的积极性

良好的倾听习惯很重要，但也不要因此打击宝宝说话的积极性。当孩子有随便插话和打断交流的现象，告诉孩子应该先听别人把话说完，再表达自己想说的话，但不要厉声责备孩子：“别说了，烦死人了！”这样会打击孩子说话的积极性。

孩子独自游戏的时候听音乐或儿歌

良好的倾听习惯需要宝宝的综合素质，能同时听到、看到、想到、做到，所以倾听过程实际上调动了宝宝的耳朵、眼睛、大脑和四肢等各个器官的功能。这样宝宝就得学会分配自己的注意力，将部分行为自动化，用以分配更多的注意力给耳朵。宝宝独自游戏的时候给他听音乐或儿歌，他可以边听边玩，他时而会专注于听，时而会专注于玩，任凭他自己调配，这样有利于锻炼宝宝倾听的综合素质。

家长为孩子学会倾听做榜样

耐心倾听是相互的。如果只要求宝宝倾听家长说话，家长却常常不耐烦地打断宝宝，不给宝宝充分表达自己意见的时间和机会，只管自己布置任务、判断对错、发号施令，宝宝容易养成唯命是从的个性，或者模仿大人的行为方式，随便插话打断别人说话，所以家长要为宝宝学会倾听做榜样。

让孩子主动与人交往

可可和思思都是2岁，刚上幼儿园的时候，两个宝宝都想妈妈，妈妈把宝宝交给老师后，他们都哭起来，但是两个宝宝享受着不同的“待遇”。老师走近可可的时候，可可拉着老师的手，依偎在老师的身边，不停地重复一句话：“我要妈妈。”老师就不停地跟她交流，安慰她，大约10分钟，可可就安静下来了。思思一直独自待在一个角落里哭着，30分钟过去了，他仍然沉浸在痛苦的分离焦虑中。老师为什么“不管”思思呢？因为任何人一走近他，他就会边用手推边大嚷：“走开！”思思拒绝别人的关心和照顾，老师对他也爱莫能助。当老师把这种情况告诉思思妈妈的时候，妈妈说：“这孩子就是这么倔，像他爸爸一样，没办法。”

可见，两个宝宝不同的“待遇”不是其他原因造成的，是宝宝与人主动交往的差异造成的，这使两个宝宝获得了不同的帮助和心理体验。

主动交往的意义

大量研究表明，一个人在童年时期的社会交往有着显著的短期和长期后效。在婴幼儿阶段，不喜欢和不善于交往的婴幼儿经常不快乐，容易遭受同伴的拒绝，向同伴学习的机会少。到了学龄期间，儿童的交往孤立、人缘不好与学业成绩不良和低自尊有着很高的相关。相反，主动与人交往的孩子，更有可能表现出优异的学习成绩，并且能够从同伴和老师那里得到更多的正面强化。

另外，有跟踪研究发现，与人际交往智能高的儿童相比，人际交往智能低的儿童会出现更高的青少年犯罪率、更多的成年期心理健康问题。可见，培养主动与人交往的能力，可以使孩子更好地把握、主宰人生的幸福与成功。

培养主动交往能力的6大良策

为孩子提供真正产生互动的交往环境

主动与人交往的能力只能在人际交往实践中锻炼和发展，没有其他替代方法。只有产生互动言语和互动行为才是人际交往，否则宝宝的人际交往能力就像“空中楼阁”一样无法生根发芽。这种孩子缺乏真正意义上的交流的现象在现代单元高楼的居住环境中并不少见。

有一个宝宝居住在繁华的商业中心，妈妈在国外，爸爸工作繁忙，家中只有不爱说话的奶奶。奶奶常常带宝宝到楼下转转，虽然他看见的人不少，但是真正跟宝宝说话的人很少。宝宝在家里看《天线宝宝》等动画片不少，但是和宝宝真正说话交流的小伙伴很少。结果宝宝3岁了，心里很明白事情，却不会跟人交流，等妈妈回国后才发现儿子的问题，非常着急。出现问题的关键原因是宝宝虽然生活在人群中，却没有与人群发生互动，结果宝宝的人际交往智能像一粒在空中飞舞的种子，找不到发芽和成长的土壤。

爸爸是提升孩子主动交往能力的关键

孩子需要认识男女是不同的人，有不同的特点和交往方式，而且还要观察年纪大的男女与年纪小的男女也是不同的，这样他才能形成完整的社会性别意识。可见，爸爸与妈妈一样也是宝宝人际关系网中的重要人物。爸爸要把宝宝看作自己人际关系网中的重要人物，把与宝宝的互动交流纳入繁忙的生活日程安排之中，抽时间与宝宝一起运动、散步、说话、讲故事、做游戏等，充分发挥父亲锻炼宝宝主动交往能力的重要意义。

学习与安全的陌生人主动交往

父母常常教导宝宝：“不要和陌生人说话。”其实，对于还不明白这个世界很复杂、有危险的幼儿来说，他们盲目地听从这样的警告，等于给自己的交往世界立下了一堵墙。

意大利哲学家费鲁奇曾写到自己的亲身经历与感慨。他们一家三口去了海边，一个3岁左右的小女孩想要认识他的儿子，儿子两腿一伸，一屁股坐在沙滩上，小女孩笑了，也学他的样子。儿子高兴了，站起来再重来一次，小女孩也一样效仿，这样来回玩了几次，两个宝宝达成了一种和谐。可是，这两个新玩伴刚刚开始交往，小女孩的妈妈就走来对女儿说：“过来，我们要走了。”小女孩忧郁地看了儿子一眼，乖乖地跟着妈妈走了。费鲁奇很感慨：“她（小女孩的妈妈）跟别人之间的封闭关系，在那一刹那传给了女儿，说不定这会跟随她女儿一辈子。”所以，父母不要教宝宝拒绝一切陌生人，跟安全的陌生人打交道可以锻炼宝宝主动与人交往的能力。

不要一味地回避孩子之间的冲突

家长都希望孩子能与小伙伴和平相处，但实际上这是不可能的，而且冲突是孩子发展人际交往能力的重要时机。妈妈不要把冲突看成完全消极的现象，一出现问题就带着宝宝回避现场。实际上，宝宝在冲突中会发现，原来别的小朋友与自己的想法和做法不一样，但他还特别希望别人与自己一致，因此是自己适应别人，还是让别人适应自己，用什么办法达到相互适应，这些问题激活了宝宝主动与人交往的思维与技能。他所尝试的方法必然有不成熟之处，而这正是需要家长介入和帮助的时候。所以，家长带领宝宝正视冲突，并积极地想办法分析和解决冲突，是宝宝人际交往智能得到提升的关键。

入园小贴士

父母不要因担心宝宝吃亏而限制宝宝的交往。对害羞的宝宝，家长要特别有耐心，尽可能让他按照自己的节奏克服胆怯，不要急着看见宝宝采取行动克服胆怯。在宝宝有明显改善之前，需要给宝宝预留几个星期甚至几个月的休整时间。

鼓励和支持性格内向的孩子

有的宝宝性格比较内向，很少与人主动交往，还有可能是因为受过其他宝宝的攻击。有的父母怕宝宝吃亏，便把宝宝保护得比较严，总是跟在宝宝后面，随时准备为宝宝处理纠纷。父母越是这样，宝宝越不敢与人交往，正确认识和解决纠纷的能力发展也会受限制。

有的宝宝比较封闭，生活在自己的世界里，与外界的沟通比较困难。一般情况下，这类孩子随着年龄的增长，情况将得到改善。但是，如果宝宝出现以下情况就应该特别注意了：家长跟孩子说话的时候，他不与人产生目光对视；问他问题的时候，他只是重复问题，却不回答；平常喜欢玩比较机械和重复的游戏，如反复转圈摇摆的游戏；喜欢反复背比较长的诗歌、做计算题等，让家长感觉孩子很聪明，智力没问题，但是不能跟人正常交往。出现这些情况，家长应该到专门的儿童心理诊所诊断一下，关于孩子的问题应该是早发现、早治疗。

矫正孩子错误的主动交往方式

宝宝在成长过程中，除了会出现不愿意与人主动交往的问题外，还会出现不善于与人主动交往的问题，例如打人、推人、咬人等现象。这些宝宝在主观上很愿意与人交往，但是因为在客观上交往经验少，又不能很好地用语言表达自己的愿望，所以采取了推、踢、打等肢体语言，从而造成小伙伴之间的误会与冲突。

针对这种情况，家长首先不要打击宝宝主动交往的热情，同时指导宝宝做事之前学会征求别人的意见，在交往中学会轮流与等待，冒犯了别人要学会道歉，掌握正确与人交往的方式。

第三章

孩子在幼儿园可能遇到的生活问题

孩子不能适应在幼儿园吃饭怎么办

上幼儿园以前，多多长得胖乎乎的，但是上幼儿园一星期以后，体重下降了。老师说，多多很聪明，自己会用勺吃饭，但是等着老师喂，不喂就不吃，而且吃得非常慢，看见有小朋友吃完了，他就不吃了。老师再喂，他就不张嘴。爸爸妈妈问多多："幼儿园的饭菜好吃吗？"他说："好吃。""那你为什么不多吃呢？""不想吃。"如果再问他，他就说："不好吃。"不管幼儿园的饭菜"好吃"还是"不好吃"，多多都是"不想吃"的态度，爸爸妈妈心里很着急。

孩子不喜欢吃幼儿园饭菜的行为表现

★ 喝水、喝奶，但不喜欢吃饭、吃水果，因为宝宝只习惯吃流食和软食，不喜欢咀嚼。

★ 喜欢吃米饭，但是排斥某些蔬菜、肉类。

★ 不能完整地吃包子和饺子，只吃皮不吃馅，或者只吃馅不吃皮。

★ 能自己吃也不吃，依赖老师喂饭，喂一口吃一口。

★ 边吃边玩，嘴里含着饭却不咀嚼、不吞咽。

★ 如果老师劝饭，就产生心理性呕吐反射，并有可能把饭吐出来。

★ 对吃饭兴趣不高，吃饭速度慢，经常剩下饭菜。

★ 不能专心地吃东西，总是东张西望。

★ 不能安静地吃东西，跟旁边的小朋友说话，结果吃得慢、吃不完。

孩子为什么不喜欢吃幼儿园的饭菜

入园焦虑还没有完全解除

宝宝的入园焦虑不仅表现在早上起床后不愿意上幼儿园。有的宝宝虽然跟妈妈说“再见”的时候不哭了，但是在进食和午睡环节，还会出现焦虑情绪，这说明宝宝对幼儿园生活环境的接纳还需要进一步适应。

对幼儿园的进食方式不熟悉

宝宝在上幼儿园之前，在家里已经养成了某种进餐模式，对幼儿园进食统一时间、地点、餐具、吃法和营养配餐等方式不熟悉，产生排斥心理。幼儿园是整顿整顿地吃饭，不像家里随时都提供零食，而且还少了陪自己吃饭的爸爸妈妈、奶奶阿姨，因而一到吃饭的时候宝宝就想家了，吃饭便不积极。

对食物产生了不良的联想

两三岁的宝宝开始有了想象力，常常把想象出来的事物当成真实的事物，结果自己吓自己。一个小朋友在家里吃肉，在幼儿园却不吃肉，老师与他交流后才知道，妈妈做的肉是肉末和肉丁，幼儿园做的是肉丝，看起来像小虫，他害怕“吃小虫”。还有一个小朋友不吃虾米，她担心虾米在肚子里长大以后把自己吃了，所以她一吃饭就把虾米挑出来。

对老师或妈妈的要求不适应

有的宝宝吃得慢、吃得少，吃得桌上、地上、身上都是饭菜，老师或妈妈在一边看着着急，要求宝宝吃快点儿、吃多点儿、吃干净点儿，有时可能说话态度严厉了点儿，宝宝受不了，对进食产生消极情绪。

促进孩子喜欢吃幼儿园饭菜的10大良策

讲浅显的道理

宝宝都希望自己长高长大，妈妈可以用儿歌的形式给孩子讲浅显的道理：“小宝宝吃饭好，在家不把饭菜挑，不用妈妈追着喂，身体长得高又高。小宝宝吃饭好，在园不把饭菜挑，不用老师追着喂，身体长得高又高。”开始你说上半句，让他接下半句；然后你说上一段，让他接下一段。诵读儿歌有利于强化宝宝的积极进食意识。

进餐游戏化

宝宝的味蕾比较敏感，可能对某些食物的味道不太喜欢，但是随着宝宝认知水平和想象力的发展，一些游戏化的生活会使宝宝发生变化。炎炎一直不喜欢吃萝卜，自从幼儿园老师有一天边放幻灯片边讲《拔萝卜》的故事以后，她对萝卜着迷了，自己玩的时候常常摆弄玩具表演这个故事情节，老师趁机鼓励她：“拔了萝卜干什么呢？就得吃了，不吃就放坏了，以后就没有萝卜拔了。”妈妈也模仿老师的做法，买了真萝卜让炎炎当玩具，然后就把炎炎“拔”的萝卜做成菜吃，并称之为炎炎的“劳动果实”。炎炎这下子再也不憷吃萝卜了。

找一个喜欢吃饭的好榜样

宝宝的模仿性强，家长可与老师商量安排一个进餐积极的小朋友与宝宝坐在一起，并简洁地跟宝宝说这个小朋友的优点在哪里，激发宝宝模仿他人的动机。

把幼儿园的食谱编成故事

扬扬从入园的第一天起就爱吃饭，与爸爸用幼儿园的食谱编故事有很大关系。开学那天，爸爸看见幼儿园公布的食谱，给儿子一条一条地念，还灵机一动编了个故事：“扬扬，你知道今天中午吃什么吗？一条小带鱼要向你的小碗游来了，它一看你的碗里是米饭，就说：‘好啊，今天我吃完米饭就变成小白鱼了，然后再跳进黄瓜鸡蛋汤里洗个澡，变成一条干干净净的小鱼宝宝。’”扬扬听得着了迷，还让爸爸讲，爸爸说：“那你一定要把饭菜都吃光，回来我问小带鱼洗澡没有，下次还讲故事。”就这样，扬扬带着一个美妙的幻想吃了今天的饭，又带着一个好奇期待明天的饭，吃饭成了扬扬身心都很愉快的一件事。

抄写幼儿园食谱

有一位妈妈很用心，她发现毛毛不习惯幼儿园的饭菜搭配，就把幼儿园的食谱抄回家，提前给毛毛做一次，还跟她说：“明天幼儿园也有这个菜，比妈妈做得还好吃，要不然怎么那么多宝宝都在那里吃呢？你说说都有哪些宝宝吃？”毛毛说：“佳佳吃，豆豆吃，果果吃。”妈妈摇摇头：“还少一个重要的宝宝没吃。”想了一会儿，毛毛发现落了下自己：“毛毛吃。”妈妈高兴地为毛毛鼓掌。

切忌在孩子面前抱怨食谱

如果妈妈对幼儿园的食谱有意见，可以直接向幼儿园提出自己的看法，但是不要当着宝宝的面说这些话，这样会对宝宝的进食情绪形成消极暗示。父母要带头对饮食表现出很大的兴趣，给孩子积极的暗示，不在孩子面前表露食物不合自己口味的意思。

为孩子在园吃饭做记录

家长不宜急切地要求宝宝吃得多，更不要与其他宝宝攀比饭量，要为宝宝一点一滴的进步加油。可以准备一些小红花，带着宝宝问老师今天在幼儿园吃饭好不好，老师会给予肯定或积极的鼓励，回家后让宝宝在挂历上贴一朵小红花；如果宝宝有进步，就剪一朵稍大的红花，给他加油鼓劲。这既是给宝宝的精神奖品，又锻炼了他手指粘贴的精细动作，岂不是一举两得？

节假日保持良好进食习惯

宝宝在幼儿园好不容易养成的进食习惯，在家里应该得到巩固和强化，要按时进食，不能忽早忽晚，克服双休日进餐时间随意和吃过多零食的情况，以免孩子上幼儿园不适应，出现“5+2=0”的现象。

不要频繁地拿吃饭许诺孩子

为了让宝宝多吃一口饭，全家人投其所好，有些父母总是许诺“吃了这口饭，就给你买玩具”，使宝宝下意识地将“吃饭”作为一种要挟家长的手段，养成任性、娇纵的性格。结果，孩子可能吃了不少饭，性格脾气却变得不可爱了，这种现象在不少家庭都存在。即便孩子渐渐长大，能自觉吃饭了，早期养成的不良心理和习惯可能依然存在。所以，培养孩子健康的吃饭饮水心理对孩子很重要，需要引起父母的重视。

预防和矫正宝宝挑食的习惯

如果在医院检查没有生理原因，父母采用正确的养育方式可以矫正孩子偏食的毛病。例如，对孩子厌恶的食品，可以在孩子的舌尖上点一点，一点点让他熟悉味道；还可以把这些食品剁烂，和在包子馅和饺子馅里，孩子就会逐渐接受这种味道，而不要仅尝试一两次后就放弃。

孩子挑食不吃蔬菜怎么办

婕婕长得白白净净，性格也惹人喜爱，但就是不爱吃蔬菜。妈妈给她夹点儿蔬菜，她会一点儿不剩地“物归原主”；如果妈妈强迫她吃蔬菜，她就拒绝吃饭，结果全家人一顿饭都会吃得很不愉快；让她讲吃蔬菜的道理，她说起来仿佛比谁都清楚。在幼儿园里，老师也反映婕婕偏食，鸡蛋和肉吃得好，西红柿也能吃一点儿，但是拒绝绿色蔬菜，老师请妈妈配合教育孩子多吃蔬菜身体好。这种情况已经很长时间了，妈妈一点儿办法也没有，后来妈妈只好和老师说：“孩子不爱吃蔬菜就算了，她喜欢吃水果，不也一样补充维生素嘛！总是强迫她吃蔬菜不见效，还影响吃饭情绪，别丢了这头，也丢了那头。孩子只要把饭吃好，不生病就行了。”

孩子为什么不喜欢吃蔬菜

科学调查表明，儿童不喜欢吃蔬菜是一个在世界范围内都普遍存在的问题，研究还发现至少有3大因素导致这种现象。

人类进化选择的结果

科学家们借助达尔文进化论，得出结论：儿童不爱吃蔬菜是人类自然进化选择的一种自我保护行为。科学家发现，自然界中许多杂食的鸟都喂幼鸟肉食，而不喂植物，其中的原因之一是很多植物都会含毒，而绝大多数动物不含毒。在人类与植物毒素的长期抗争中，人类的肝脏功能不断进化，能够应对许多植物毒素。但宝宝的肝脏功能尚不完善，对成人可以抗衡的许多毒素不具有抵抗力，宝宝为保护自己的安全，就本能地拒绝蔬菜。

孩子的味觉敏感度高

与成人相比，宝宝的味蕾密度较大，对同样味道的食物味觉敏感度较高，喜欢吃味道平和的食物，排斥具有特殊气味的食物，例如芹菜、韭菜、茴香、大葱、蒜苗、辣椒、胡萝卜、姜等。这些在成人看来很提味的蔬菜，宝宝却适应不了。

孩子有过不舒适的体验

有的父母做饭时，蔬菜做得不合宝宝口味，后来也没有改善烹调方式，结果宝宝吃了一次就厌恶了。许多蔬菜是多纤维的，如果纤维过长过粗，孩子因食道发育纤细、咀嚼技巧不足，在吞咽的时候很容易被蔬菜卡着，不管是吞下去还是吐出来，都会使他感觉很难受，眼泪汪汪的。“吃一堑长一智”，以后他就对蔬菜“严加防范”了。

入园小贴士

水果口味香甜，宝宝爱吃，家长觉得宝宝不吃蔬菜，多吃水果就行了。其实水果不能替代蔬菜的营养价值。蔬菜的种类繁多，有叶菜、根菜、茎菜、瓜类、豆类、茄果类等，水果品种再丰富，大部分也只是植物的果实类，所以大多数水果的营养价值不如日常的蔬菜。过多摄入果糖也会给宝宝带来消化上的负担，使宝宝的口味更加单一地依赖甜味，降低了他对酸、咸、苦、辣等多种口味的适应性，影响他构建未来的食物平衡结构。可见，以水果替代蔬菜是本末倒置的做法，长久下去，很难满足孩子的营养需要。

吃蔬菜对宝宝的健康意义重大

蔬菜的营养价值对孩子的身体发育和健康成长来说，具有无可替代的意义。蔬菜含有多种维生素、矿物质和食物纤维，在人体生理活动中起重要作用。例如，维生素C能防治坏血病，维生素A可保持视力，防止干眼病及夜盲症。蔬菜中含有钙、铁、铜等矿物质，其中钙可防治佝偻病，是宝宝骨骼和牙齿发育的主要物质；铁和铜能促进血色素的合成，防止宝宝食欲缺乏、贫血，促进生长发育。蔬菜中含有丰富的纤维素，有助于宝宝消化吸收食物，促进代谢废物排出，并防止便秘。

蔬菜营养摄入的多少还影响孩子的心理健康。新加坡儿科专家研究发现，不喜欢吃蔬菜的孩子容易出现牙齿不好及情绪不稳定的问题，因为牙齿好坏关系到咀嚼功能，而咀嚼可以缓和紧张、焦虑。美国的一位研究食谱与性格成形的专家布朗发现，蔬菜鲜脆、辛烈、清苦的诸般滋味与幼儿形成很强的环境适应能力有着密切关联。宝宝接受的食物类型越多，体验到的口感与滋味也越丰富，其成长以后性格的包容度就越大。

培养孩子喜欢吃蔬菜的3大良策

吃蔬菜很重要，但宝宝又不爱吃，所以培养孩子喜欢吃蔬菜的习惯，就特别要求家长讲究良好的策略和方法。

培养孩子对蔬菜的审美情感

★ 带宝宝欣赏色彩鲜艳的蔬菜挂图或图片，让他对蔬菜的外形和色泽产生美感。鼓励宝宝画蔬菜，用各色彩笔涂色，并张贴在家中显眼的地方，增强他的成就感。

★ 带宝宝关爱生态环境中蔬菜的生命。孩子见到的餐桌上的蔬菜，是没有生命和动感的植物，带孩子到菜园里观察蔬菜，为蔬菜浇水和除虫，孩子会因为自己投入了关爱而喜欢上蔬菜。有一个宝宝一直不爱吃蔬菜，有一段时间跟爷爷生活在一起，爷爷闲着的时候就种点儿蔬菜。他学着爷爷的样子照顾蔬菜的成长，当蔬菜能吃的时候，他大口大口地吃着自己的劳动果实，快乐极了。后来蔬菜就成了他的“朋友”，而不是“敌人”了。

★ 带宝宝去采摘蔬菜，让他与蔬菜亲密接触。找一个农家小院，带宝宝亲自、主动地参与采摘，然后亲子共同清洗蔬菜，如果宝宝能拿好小刀，可以在父母的看护下切菜，这些活动都会极大地增进宝宝与蔬菜的感情。等到吃饭的时候，与孩子玩游戏：“这根黄瓜是你摘、你洗、你切的，吃起来一定味道不一样！”宝宝被家长的语言打动，会有所行动的。

强化孩子对蔬菜的价值认识

★ 宝宝没有不喜欢听故事的，故事可以用来娱乐，也可以用来教育。如果有现成的故事更好，没有现成的故事，爸爸妈妈就灵机一动，给孩子编一些含有蔬菜营养知识的故事，让故事中孩子喜欢的小猫、小狗、小白兔都认识到吃蔬菜的意义，孩子就会向这些小动物学习吃蔬菜。

★ 父母要真心地赞美并品尝蔬菜，提升蔬菜在宝宝价值观念中的地位。蔬菜的营养价值高，但是“口碑”并不响亮。很少听人把蔬菜与大补、滋补、高级、珍贵、稀有等评价结合在一起，它常常穿着清淡、新鲜的外衣。但是，父母对蔬菜的态度、评价和偏爱会极大地影响孩子的兴趣，所以父母要在餐桌上、在孩子面前对蔬菜赞不绝口，毫无偏爱地享用蔬菜美食，孩子会被爸爸妈妈的言行深深地感染。

★ 增强同伴的影响力。如果大人和孩子做同样一件事，孩子更愿意模仿同龄人。两位妈妈是好朋友，她们的孩子也一样大，可是一个爱吃蔬菜，一个不爱吃。后来，其中一个妈妈就想到一个办法，把爱吃蔬菜的小朋友用摄像机拍下来，让另一个小朋友看他津津有味的吃相，结果对两个孩子都有促进作用。

刀工和烹调方式要适合孩子

★ 有些蔬菜纤维粗长，例如芹菜、菠菜、白菜，父母要把它们切得碎一些，利于孩子咀嚼和吞咽，不让他产生“卡着”的不良体验。

★ 蔬菜的味道要中和，不能过咸、过辣、过酸，这些适合成人的口味，但对孩子的味蕾刺激很大，影响他的食欲。

★ 做成色彩斑斓的什锦米饭。把肉、胡萝卜、青椒切成丁，把青菜、蘑菇切成丝，再添加绿豌豆和黄玉米，炒好之后，和在蒸熟的米饭里。这样吃起来既利于孩子咀嚼和消化，斑斓的色彩还对孩子的眼球有强烈的刺激作用，孩子吃蔬菜和米饭的兴趣都将大大提高。

★ 把蔬菜由少到多地“藏起来”给孩子吃。如果孩子喜欢吃包子、饺子和馅饼，可以把少量的蔬菜“藏”在里面，让孩子慢慢适应，以后再逐渐增多。不要一开始就急着让蔬菜独立出现，这样反而欲速则不达。

孩子意识不到要多喝水怎么办

赫赫本来每天的大便时间都在早上9点左右，上幼儿园之后就不正常了。有时是晚上，有时隔一天才大便一次。赫赫的爸爸与老师交流了这个问题，老师说赫赫在幼儿园里很少喝水，总是要饮料，但幼儿园教育应该培养宝宝乐意喝白开水的好习惯。赫赫确实从小就不爱喝水，爷爷奶奶经常给他喝饮料，或者给他做鲜榨果汁、冲泡固体饮料。现在怎样培养宝宝乐意喝白开水呢？

白开水的保健功能不能被饮料取代

水是人体不可缺少的物质。水的生理功能是多方面的，它是全身组织和体液的主要成分。年龄越小，体内水的比例越高，新生儿约占80%，婴儿约占70%，幼儿约占65%。水能够调节体温，人通过排汗保持体温恒定；水能促进肌体的新陈代谢，充当各种物质吸收、运输及排泄的载体。

儿童新陈代谢旺盛，水分蒸发得多，所以宝宝年龄越小，需水量越大。气候气温、饮食状况和体力活动都影响宝宝对水的需求量，所以宝宝需要每天喝适量的水。但不是水喝得越多越好，如果超过了正常需要量，会增加宝宝尿量的排泄，也增加了心脏和肾脏的负担，产生不良影响。一般情况下，1岁以

入园小贴士

大家都公认牛奶和果汁的营养价值高，于是很多父母就把白开水放在一边。甚至有的父母认为，只有小康水平以下的家庭才会让孩子喝白开水，而且喝牛奶一定要进口的才够档次和安全。岂不知，只有白开水才是最好的饮料！牛奶和果汁应该是辅助饮品。

下的宝宝每天每千克体重需水量为110毫升～155毫升，1～3岁宝宝为100毫升～150毫升，4～6岁宝宝为90毫升～110毫升。

家长不能让宝宝任意喝饮料，更不能以饮料代替水来喝。含糖过多的饮料，以及含有丰富维生素和无机盐的果汁，不仅不易为人体细胞吸收，还要在体内消耗一些水分，致使饮后更加口渴，使宝宝形成渴了喝、喝完还渴的恶性循环。饮料中的过量色素极易引起宝宝食欲下降和消化不良，并且是引起儿童多动症的原因之一。饮料中的防腐剂如果过量摄入，将会造成骨细胞特别是软骨细胞生长延迟，从而导致儿童身材矮小。大量喝饮料是导致儿童过胖或过瘦的主要原因之一，过多饮用饮料还可能引发儿童的多种疾病。

促进孩子喝水的7大良策

家长要重视提醒孩子喝水

宝宝通常不会主动喝水，偶尔在很渴的情况下才会要水喝，但实际上这时宝宝已经缺水了。所以，家长要重视提醒宝宝喝水，尤其是早晨起床时喝水有助健康。在夏天要随时给宝宝喝水，如果宝宝运动量较大或者情绪比较兴奋，也需要在安静下来以后及时补充水分。如果宝宝非常干渴时，别立即喝过多的水，否则会造成胃难以适应，引发不良后果。进餐前和进餐时也不宜喝水，这样会冲淡消化液，不利于食物的消化吸收，长此以往对身体不利。

有时宝宝很渴，但是因为贪玩，一两小时都不愿意停下来喝水，妈妈要暂时中止宝宝的游戏，要求他喝完水再接着玩，而不要随意迁就宝宝。

消除喝水会尿裤子、尿床的心理负担

有的宝宝在家里喝水，但是到了幼儿园变得不太喜欢喝水了，其中一个原因是怕尿裤子、怕尿床。宝宝渐渐有了自尊心，担心尿裤子、尿床会被小朋友嘲笑，或者受到老师和家长的批评。老师和家长要尊重宝宝还不能随意控制大小便的生理特点，并爱护宝宝的自尊心，帮助宝宝放松心情，告诉他

尽管放心睡觉，老师和妈妈会叫他起床的。即使宝宝尿裤子、尿床了，也不要大声说这件事，而是用轻松的语气和神情告诉宝宝："没关系，老师（妈妈）替你保密。"同时注意睡前半小时就不要让宝宝多喝水了。

带孩子一起挑选他喜欢的水壶

水壶和水杯的大小要适合宝宝使用，颜色和形状要带宝宝一起挑选。宝宝亲自参与挑选活动，会大大增强他喝水的兴趣。如果方便的话，可以让宝宝多挑选几个不同颜色和形状的水杯，让宝宝轮流使用，这会让宝宝觉得喝水是自己的事情，而不是妈妈的命令，增强了主动喝水的体验。

指导孩子观察自己是否缺水

水喝得少，宝宝的尿会少，尿色变黄。出现这种情况，老师或妈妈可指导宝宝观察自己的尿色，告诉他尿黄说明自己缺水了，"这是坏尿"，应该喝水了。如果尿色是透明的，告诉宝宝"这是好尿"，表扬宝宝喝水好，是个好孩子。还可以指导宝宝感受缺水时排泄大便比较困难，屁股痒了也不舒服，结合宝宝的亲身体验，告诉他"喝水，屁屁舒服""缺水，屁屁不舒服"。

指导孩子观察物体吸水现象

宝宝的好奇心强，喜欢观察生活中的科学现象。把生活需要与科学观察结合起来，能提高宝宝对喝水的好奇心和兴趣。可以用简单的语言给宝宝讲"不但宝宝需要喝水，动物、植物也需要喝水"，并带领宝宝亲自观察小猫小狗、花花草草等动植物喝水的现象。还可以做实验，把"喝水"的花草与"不喝水"的花草分别放在两个容器里，过一两天，让宝宝比较两个容器的花草有什么不同，家长再给他讲："喝水的花草健康、有精神，不喝水的花草生病了、没精神。"这会激发宝宝的联想，有助于他理解喝水与健康之间的关系。妈妈用宝宝喜欢的语言表达方式为宝宝总结："小猫喝水，小狗喝水，小花喝水，小草喝水，宝宝也喝水。"这也是宝宝喜欢的类比思维方式，有助于宝宝体会喝水是一件很普遍、很自然的事情。

小心孩子口渴有“骗局”

不少宝宝会有选择性地说自己是否口渴，见了饮料说“渴了”，见了白开水说“不渴”，结果粗心的爸爸妈妈没有识破宝宝的这个小骗局。例如，宝宝离园回家时，有时他并不渴，看见路旁商店卖的饮料，或者看见其他小朋友喝饮料，忍不住甜品的诱惑，会说：“妈妈，宝宝渴。”而且会表现出很渴的样子。妈妈心疼孩子，缺什么也不能缺水呀！于是，宝宝畅饮一通。

避免孩子对喝水产生逆反心理

有的家长平时不注意培养宝宝喝水的好习惯，一遇到“上火”才让他大量喝水，口气强硬地迫使他短时间内大量喝水。如果宝宝喝得少或者不喝，就批评、呵斥他，或者拿着水杯、水壶强行灌水，结果宝宝无法获得喝水的快感，反而对喝水产生惧怕、厌恶的情绪。家长要改变这些简单粗暴的教育方法，采取生动有趣的办法培养宝宝喝水的意识。例如，在水杯里放上几片香蕉、苹果、柠檬、西瓜或者几粒樱桃、草莓，在视觉上提高白开水的吸引力，但是注意别让宝宝喝水时被水果呛着了。家长也要养成定时喝白开水的习惯，让宝宝看着自己喝白开水，并流露出清爽、酣畅的神情，用愉快的情绪带动宝宝喝水。

孩子不在幼儿园上厕所怎么办

龙龙上幼儿园已经2个月了，在幼儿园吃得好、睡得好、玩得好，可就是不喜欢在幼儿园上厕所。每天晚上妈妈接他回家的第一件事就是给他准备好坐便盆，让他大便。妈妈担心，龙龙是不是在幼儿园就想大便，但是一直憋到回家才大便，这样时间长了对他的身体发育肯定不好。龙龙妈妈就把自己的顾虑告诉了幼儿园老师，老师说："有的宝宝就认自己的坐便盆，你把他的坐便盆拿到幼儿园来，我一天3次提醒他大便，看看他有没有变化。"龙龙的坐便盆被拿到幼儿园后，经过老师的提醒，他第二天下午就大便了。接着，老师又跟龙龙的妈妈进一步沟通，共同想办法让龙龙不再依赖家里的坐便盆，而能使用幼儿园的坐便器。

孩子不喜欢在园如厕的原因

害怕马桶冲水的声音

普通家庭的马桶都是成人使用的大马桶，幼儿园一般是专门供幼儿使用的低矮马桶。于是在很多家庭里，家长都为宝宝准备了一个坐盆，方便宝宝大小便。宝宝刚上幼儿园，对新坐便还不太适应，能够坐稳马桶就得训练几次，同时马桶的冲水声又比较响，还能看见水旋转着流走了，已经有想象力的宝宝担心自己会掉进马桶，或者被水冲走了，所以他迟迟不敢尝试这个新事物。这是宝宝好奇探究和自我保护的表现，家长要理解和接纳宝宝的心理发展特点，然后想办法积极引导。

依赖性的如厕习惯由来已久

有的家长在培养宝宝独立如厕方面放手比较晚。有的宝宝来幼儿园的时候还用尿不湿，有的则是刚刚取下尿不湿，这样宝宝就没有形成到固定地点如厕的意识，主动向老师说自己想如厕的意识更缺乏。有的宝宝则不敢一个人如厕，需要大人在旁边陪着，如果他发现老师不像妈妈那样从头到尾陪着，他可能就不喜欢在幼儿园上厕所了。有的宝宝在家里如厕是家长抱着，自己不会蹲便或者坐便，这种依赖性比较让幼儿园老师为难，因为一个班里有十几个宝宝，老师对孩子的生活照顾任务很重，如果某一个孩子太占老师手，会影响他们关照其他宝宝的生活需要。这些宝宝在家里的如厕方式产生了惯性，影响他在幼儿园里的适应性。如果家长早一点儿锻炼孩子独立如厕，宝宝的适应能力就将大大提高。

怕别人看见的害羞压力

有的宝宝天生就比较胆怯害羞，但有的宝宝害羞与家长的后天评价和养育方式有关。有的宝宝倒是愿意自己如厕，而幼儿园常常是几个小朋友一起上厕所，他却不愿意让其他小朋友进去，害怕被别人看见，这实际上也是宝宝不能独立如厕的表现。有的家长为了安全起见，让孩子与外界接触得少，孩子的戒备心理太重，就会排斥与其他小朋友共处。有的家长当着宝宝的面说："这孩子敏感、胆小，特别害羞。"这使孩子本来无意识的胆小行为强化为有意识的害羞心理。有的家长性子比较急，吃饭、睡觉、如厕的时候总爱催促宝宝，也会让宝宝不自信，进而感到害羞。

曾经有过不良的如厕体验

当宝宝想大便的时候没能及时跟老师说，或者把大便排到便池以外了，有个别幼儿园老师缺乏足够的职业经验，对孩子说话的态度比较严肃甚至生硬，会给宝宝造成一定的心理压力。这些不良的如厕体验阻碍了宝宝在幼儿园轻松愉快排便的感受。

缓解如厕压力的6大良策

选择最佳时期训练孩子使用便器

过早或者过晚使用便器对宝宝都不合适。过早使用便器的宝宝因为腹部和腿部肌肉发育不完善，下蹲和起身的平衡能力较弱，有可能存在一些安全隐患，容易使宝宝对便器产生恐惧和厌恶；过晚使用便器则影响他的适应性和自理能力的发展。

入园小贴士 

1~1岁半的宝宝还不能充分控制自己的排泄，他不知道自己什么时候排泄，也不知道什么时候已经排泄完，常常见他正在游戏活动或者站着、坐着、走路的时候，就排泄了，全然不知排泄与自己的关系。这时候，爱干净整洁的妈妈不要急着训练宝宝坐便。接近2岁左右，宝宝的腹部肌肉比以前结实了，排泄意识也发展了，妈妈再循序渐进地训练宝宝坐便。

在角色扮演中培养孩子如厕的兴趣和信心

拿出宝宝喜欢玩的布熊、布狗、布娃娃等，用积木搭一个小便器，教宝宝学着妈妈的样子，鼓励这些布偶使用便器："宝宝长大了，听话了，可以自己上厕所了——大便完了，宝宝再接着玩。"这样既告诉宝宝便器是干什么用的，又让宝宝明白使用便器是长大的标志，还可以模拟训练宝宝使用便器的方法，让他在游戏中对如厕产生兴趣和信心。

做相应的运动游戏增强体质

与宝宝一起玩"走独木桥"或者"金鸡单脚独立"的游戏，训练他的平衡能力；也可以一起玩"下蹲起身"的游戏，看谁连续做的次数多；还可以一起玩运动量较大的追逐嬉戏等跑跳游戏，促进他肠胃蠕动的能量，提高吸收消化的能力——这些都奠定了宝宝顺利排泄大便的生理基础。

接纳孩子的“厕所休闲文化”

很多中小学生，包括一些成人，都喜欢在厕所里看书，有些男性喜欢在厕所吸烟，形成独特的“厕所休闲文化”。调查发现，幼儿也有这一现象，不少宝宝喜欢在厕所里自由交谈。佳佳和丽丽喜欢一起上厕所，她们的话题涉及自己观察到的方方面面。“昨天爸爸给我买了一个新玩具。”“好玩吗？”“好玩，转圈的时候特别好看。”“可以给我玩玩吗？”“可以。你别玩坏了。”“好。你什么时候给我？”“明天。你家还有什么好玩的吗？”“我问我妈妈吧。”宝宝在厕所里非常放松，生理排泄的快感与心理交流的快感融合在一起，形成特殊的休闲效果。

有一个宝宝在家里大便时还编了一则厕所童话故事，他跟妈妈说：“你知道为什么一屙屎肚子就疼吗？我知道。快屙屎的时候，屁眼对肚子说：‘快让臭臭出来。’肚子说：‘我就不！’屁眼说：‘你再不让臭臭出来，我就把你的肚子搞疼！’肚子说：‘好吧好吧，我让臭臭出来。’你看，现在臭臭出来了，我的肚子就不疼了吧！”宝宝的故事编得多么出色啊！可是不懂宝宝这一心理特点的家长可能会阻止宝宝：“臭！闭上嘴！别说话！”这样就把排泄只当成一种生理需要，而不是愉快的身心体验了。

处于生理周期的妈妈需要一些技巧

一般情况下，妈妈不愿意太早让宝宝对女性的生理周期好奇，可是有的宝宝喜欢黏着妈妈，妈妈在厕所里，他就得陪着，怎么办呢？唯一的也是最坏的方式就是粗暴地赶宝宝出去。其实，妈妈应该想一些比较巧妙的办法让宝宝离开。例如，给他放一段他最喜欢看的动画片，或者给他一个好吃的零食，或者干脆事先跟宝宝商量好，妈妈今天不舒服，想一个人上厕所，乖宝宝听妈妈的话不站在厕所里。只要妈妈动脑筋，办法总会有的。

与老师平和沟通解决问题的办法

龙龙的妈妈遇到问题与老师平和沟通，而不是无端地猜疑，结果宝宝的问题很快得到解决。可有的妈妈则是性情中人，宝宝一出现问题就激动，与老师交流的时候透露出情绪化的心理。例如，有的妈妈对老师说：“多关心我家宝宝，别让他总是憋着。”家长说这种话会让老师困惑：“难道我没有关心你家宝宝吗？难道我让他总是憋着吗？”这种无边际的猜疑耽误了有效沟通时间，当然也耽误了解决宝宝问题的时间。

孩子不能按时起床怎么办

自从佑佑上幼儿园以后，早上起床成为佑佑家一天最紧张也是最不愉快的时刻。佑佑不愿意起床，妈妈把迷迷糊糊的佑佑拽起来，穿衣服、梳辫子、洗脸、上厕所，还好幼儿园有早饭，但佑佑磨磨蹭蹭将近一小时，有时路上再堵车，赶到幼儿园的时候，很多小朋友已经吃完早饭了，而且妈妈上班也迟到了。妈妈因此批评佑佑，佑佑还是快不了，把她批评哭了，妈妈还得做安抚工作，早上反而变得更加忙乱。怎样帮助宝宝每天快快乐乐起床、入园不迟到呢？

叫醒孩子起床有学问

如果孩子每天能睡到自然醒，那是再好不过了的。但是，宝宝上幼儿园以后，他就得按时起床，新的作息规律对宝宝原先形成的生物钟是一次挑战，他会感觉很不适应，因此出现赖床、贪睡现象，加上有的宝宝不想上幼儿园，所以早上起床磨磨蹭蹭。然而，“一日之计在于晨”。宝宝早上的情绪和精神状态会对他一天的入园生活、学习和活动有很大的影响，所以妈妈帮助宝宝快快乐乐地起床很重要。

起床需要从深睡进入浅睡、再进入觉醒3个阶段，宝宝的睡眠比大人深沉，因而从深睡到觉醒的过渡时间也比大人长。大人高强度、高频率地喊叫宝宝起床，会造成宝宝难以适应、周身发懒、情绪烦躁，所以家长要给宝宝一定的缓冲时间，提高叫醒的技术，帮助宝宝的大脑从沉睡中醒来，快快乐乐地起床。

快乐起床的8大良策

播放固定的叫早音乐

让宝宝自己选一首或几首他喜欢的音乐作为固定的叫早音乐，并告诉他："这个音乐是专门叫宝宝起床的，听了这个音乐就该起床上幼儿园了。"提前15分钟播放，每隔5分钟加大一点儿音量，同时打开窗帘或开一盏小灯，一边附耳轻声地叫宝宝的名字。久而久之，宝宝会对这个音乐产生起床的条件反射。家长根据宝宝的觉醒状况，可在15分钟基础之上延长或者缩短时间。

给孩子做"被动早操"

如果宝宝赖床，妈妈既不要拉拽，也不要摇头、拍脸，活动他的手腕和脚踝是比较有益和有效的。妈妈边轻轻地叫宝宝，边旋转他的手腕，先向内旋转10次，再向外旋转10次，接着分别旋转另一只手腕、双脚相同的方向与次数。旋转关节可使血液循环顺畅，帮助宝宝的头脑自然清醒。在早上不易着凉的夏秋两季里，轻轻地按摩宝宝的脊椎两边，也容易让宝宝轻松觉醒。

轻轻地挠挠痒痒肉

大多数宝宝都有痒痒肉，例如手心、脚心或者腋窝，这是宝宝敏感、容易兴奋的部位。妈妈轻轻地挠宝宝的痒痒肉，也有助于宝宝的觉醒。

利用卡通偶像激励孩子起床

3岁的宝宝具有泛灵论的思维特点，他会觉得万事万物都有意愿、生命，所以拿他喜欢的卡通偶像激励起床，也是有效的办法。很多宝宝都喜欢天线宝宝，妈妈就用它与宝宝比赛，看谁起床快，看谁先到幼儿园。宝宝处在浅睡状态的时候，妈妈可轻轻地在宝宝耳边说："天线宝宝已经醒了，你再不起床就要落后了，落后就得当小弟弟，你不愿意快点儿起床当小哥哥吗？"

早睡才能早起

早睡决定早起，宝宝的睡眠时间得到满足，他才能轻松起床。但是，很多宝宝陪爸爸妈妈玩到很晚才睡觉，造成第二天的贪睡。所以，爸爸妈妈要节制晚上看电视的时间或者娱乐、加班的时间，为宝宝营造安心睡眠的环境，做早睡早起的好榜样。同时，睡前运动量过大或者在情绪不好的情况下睡觉，会影响宝宝的睡眠质量，这样早睡也不会轻松早起。

节假日保持规律的作息

有的宝宝并非每天都赖床，而是在星期一或者节假日之后上幼儿园的第一天最爱赖床，原因在于双休日和节假日没有保持规律的作息时间，这种情况在父母平时不带宝宝的家庭更加普遍。因为爸爸妈妈平常没有时间接送宝宝，也没有时间陪宝宝玩，所以节假日就疯玩一通。等到上幼儿园的这一天，宝宝适应不了生活气氛的突然变化，抵触情绪强，不愿意起床。可见，爸爸妈妈要至少提前半天结束节假日的气氛，将假期的心情收好，再去调整孩子的心态，与宝宝一起安安静静地读读书，散散步，做些运动量和兴奋度小的活动，让孩子懂得假期已过去，为宝宝第二天入园做好心理准备。

坚持每天送孩子上幼儿园

如果宝宝不能坚持天天上幼儿园，他就会觉得每天可上也可不上幼儿园，所以每天早上可以按时起床，也可以不按时起床。尤其有老人或者阿姨帮助带宝宝的家庭，家长不要由着宝宝的性子，想上幼儿园就上，不想上就不上；或者由着家长的性子，方便就送宝宝上幼儿园，不方便就不送。只要宝宝身体健康，就像大人上班的考勤一样，鼓励宝宝天天入园。

教育孩子入园不迟到

不迟到的人不但时间观念强，而且责任心也强。迟到属于抽象的时间概念，小宝宝还不理解晚于8点就是迟到，但是他知道其他小朋友都到了，早饭也吃完了，这时候才上幼儿园就是晚了，就是迟到了。家长要告诉宝宝：“不迟到的宝宝是妈妈和老师喜欢的宝宝，应该争取做一个天天不迟到的宝宝。”久而久之，这样能提高宝宝快乐起床的意识与动机。

孩子不适应在幼儿园睡觉怎么办

恬恬最近一段时间在幼儿园午睡的时候总是尿床。晚上，奶奶去接恬恬，老师轻声地告诉奶奶："恬恬中午尿床了，裤子已经换下来洗干净了，现在还没有干，拿回家再晾晾吧。"奶奶一听，嗓门就大了："这孩子怎么了？在家里从来都不尿床！以后中午你就别让她睡觉了。"老师劝奶奶："您让孩子放心地睡吧，我们会经常叫她的，别这样对孩子说话！晚上让恬恬早点儿睡觉。"奶奶说："不行，她每天等她妈妈回家后才睡觉，早上还赖床。"

因为奶奶不让恬恬睡午觉，所以不管老师怎么安慰恬恬，她都不再睡午觉，静静地躺在自己的小床上，就是不闭眼睛，20分钟左右就要上一次厕所，其实也没太多的尿。恬恬尿床现象确实消失了，但是恬恬不敢在幼儿园睡午觉的"心病"一直存在。

儿童睡觉的年龄特点

"睡一个好觉，胜似吃补药。"人的一生有三分之一的时间是在睡眠中度过的，睡眠不是简单的被动休息，健康的睡眠习惯对人的身体有积极的促进作用，对处于成长发育旺盛阶段的孩子更加重要。例如，睡前刷牙是预防和矫正龋齿必不可少的卫生习惯；刷牙之前喝一杯牛奶促进骨骼的生长，有利于孩子长高；睡姿影响孩子的五官相貌；安全舒适的睡眠维护孩子的心理健康；睡眠时间和灯光照明影响孩子的发育……这些睡眠的生活"小节"，都影响着宝宝以后的发展"大局"。

睡眠时间

一般来说，健康的新生婴儿只要吃饱喝足，他们能酣然入睡20小时左右，有的孩子也可能睡眠时间稍短一些。随着婴儿逐渐长大，睡觉时间就会逐渐缩短，醒来的时间也会日趋规律。3岁以后的孩子睡眠时间应该有12小时的基本保障。

睡眠姿势

睡眠姿势与形体发育密切相关。研究和观察发现，长期仰卧睡觉的孩子，五官端正；长期侧卧或者俯卧睡觉的孩子，头形和脸颊多多少少都有些变形，因为孩子骨骼柔嫩，易受外力作用影响。所以，孩子睡着以后，大人应该把孩子的身体和头部摆成仰卧睡姿。

睡眠环境

幼儿的睡眠环境不像大人那么苛求安静，他们能适应不产生噪声结果的响动而深睡。英国科学家曾做过测试和实验，发现洗衣机、吸尘器使用时发出的声响，通过孩子的耳朵传入大脑听觉中枢产生有节奏的生物电波，其作用类似催眠曲，有助于孩子酣然入睡。所以，为了保持孩子的这种适应性，大人不必在孩子睡着的时候不敢说话和走路。

室内灯光

美国和英国的研究发现，孩子睡觉会自行制造一种名为褪黑素的物质，它与预防癌症有关。这种激素分泌最多的时期在1～5岁之间。晚间开灯睡觉会减少制造这种激素的正常功能，增加患癌机会。

在园午睡

午睡时间短暂，但它对宝宝的意义不容忽视。宝宝的大脑皮层易兴奋，也容易疲劳，在园活动半天后，大脑皮层产生疲劳，需要休息，才能有充沛的精力完成下午的活动。同时，宝宝的身体正在发育，睡眠时他的脑垂体会分泌生长激素，帮助儿童长身体，还能补充有的宝宝夜间睡眠的不足部分，增强肌体的防护功能。

培养轻松睡两觉习惯的5大良策

矫正晚睡晚起的不良习惯

有些孩子一到晚上精力特别好，不愿意睡觉，亲子之间为睡觉讨价还价。因为第二天大人要上班，孩子要上幼儿园，需要早起，这种不利于健康的睡眠习惯需要矫正。

具体来讲，家长要做到如下几点。

首先，大人要坚定按时睡觉的态度，不要被孩子磨得逐渐动摇，推迟睡觉时间。

其次，到时间就对孩子说："请你做好准备，现在离上床睡觉还有半小时。"每天都这样提醒孩子，培养他的时间观念。

最后，让孩子睡觉前产生安全感和轻松愉快感。睡前不要训斥孩子，尤其不能用"大老虎""大灰狼""小偷"等胡编乱造的吓人故事来逼迫孩子睡觉。孩子喜欢睡前听故事，每天给他讲一两个故事，但是不能多，否则孩子越听越兴奋；也有的孩子喜欢听音乐，每天固定听几首乐曲，也可起到催眠作用。

睡觉前不宜兴奋

据调查，现在不少宝宝也有"夜生活"，特点是夜里精神好、睡得晚，白天则睡得香、起床晚，这样直接造成宝宝在幼儿园不午睡。这种情况主要与大人的生活作息习惯密切相关。到了晚上，爸爸妈妈都回来了，家里变得热热闹闹，活动也丰富多彩，爸爸妈妈也乐意陪孩子多玩一会儿，于是很晚才睡觉，第二天宝宝无法按时起床。这种习惯不利于宝宝的健康。晚上下班回来，爸爸妈妈与宝宝可以玩一些活动量小的游戏。如果加班回家晚了，不要跟着自己的父爱母爱感觉走，由着性子跟宝宝疯玩一场，一旦宝宝感觉到晚睡还有这么一个“游戏大餐”犒赏，他就要主动调整自己来配合大人的“夜生活”了。回家晚的家长首要任务是帮助宝宝温馨入睡。

孩子不宜睡在两个大人中间

左边是妈妈，右边是爸爸，孩子睡在中间，给人以幸福温馨的三口之家印象，但是这样睡对孩子的健康有害。孩子睡在中间，成人呼出的“废气”双管齐下，给孩子造成一个缺氧而高二氧化碳的“污染”环境，孩子容易出现睡眠不安的现象。另外，有的成人睡觉比较沉，翻身的时候存在挤压孩子的隐患。有的父母可能是怕孩子夜里蹬被子而让孩子睡在中间，盖得太厚、室温太高，睡前吃得过饱和过度玩闹，都是造成孩子蹬被子的因素。成人应该从改善因素着手，或者自制睡袋，而不宜把孩子夹在父母中间睡觉。

培养独立睡觉的能力

有位爸爸把孩子送到幼儿园时给老师交代说：“我这孩子挺好的，没有什么太大的毛病，就是睡觉的时候得借老师一只耳朵。因为他在家里睡觉之前，总是得玩弄他妈妈的耳朵才能睡觉。”老师幽默地说：“我们3个人只有6只耳朵，可这里有二三十个孩子，我们不能给他一只耳朵。”所以，让孩子逐渐学会自己睡觉是孩子适应幼儿园生活很重要的一步。宝宝一开始不适应的时候，可以让他抱一个自己喜欢的玩具，逐渐培养孩子独立睡觉的习惯。

尿床不是“奇耻大辱”

一般情况下，宝宝3岁以后就不会轻易尿床了。但有时宝宝睡前玩得疲劳了，或者睡前喝水喝汤了，又或者最近一段身体不舒服，还会出现尿床的情况。不管是什么原因导致的尿床，家长都不要像恬恬的奶奶那样批评宝宝，伤害其幼小的自尊心，让他蒙受尿床的“奇耻大辱”。家长要和老师一起安慰宝宝：“放心睡吧，大人会叫你起床的，即使尿床也没有关系，我们替你保密。”

孩子生病与上幼儿园有什么关系

冬冬1岁半以后，几乎过一个多月就会发烧、住院。冬冬一吃药就反胃，只好依赖打针。但冬冬手臂上的肉比较厚，打点滴的时候不好找注射血管，只好有时从头皮上注射，有时采用肌肉注射。不管怎样，都需要父母绑架着他，使他动弹不得，才能进行打针治疗。每次一家人都折腾得满头大汗，内衣湿透。

看着孩子这么受罪，爸爸妈妈的内疚感也很强烈：主要是做父母的太没有经验了、太粗心了，都怪自己不会做一个好爸爸、好妈妈。于是，冬冬得病后的待遇也很丰厚，爸爸妈妈带着他到玩具店，手指什么买什么。平时吃多吃少、什么时候吃都由着孩子，怎么睡觉、什么时候睡觉也由着孩子。冬冬的脾气还特别大，很容易就生气，一生气就非得把家里人折腾得都求饶。

冬冬上幼儿园以后，身体还真的强壮了，不经常生病，也愿意来幼儿园。冬冬聪明，学习好，就是脾气太难缠了，有时他跟小朋友玩得很好，可是突然就可能推别人一下，抓别人一把，踩别人一脚。爸爸妈妈担心：孩子的身体没毛病了，不会是性格又出问题了吧？

疾病会影响宝宝的心理健康

宝宝生病作为家庭生活中的一件大事，家长的情绪、态度和行为会使宝宝强烈地感受到自己的存在意义，建构一个印象特别深刻的“镜像自我”，即宝宝把家长当成自己的镜子，从他们的反应和言行中形成对自己的评价和认识。研究表明，婴儿2岁以后就会出现镜像自我，3～4岁是宝宝镜像自我稳定形成阶段，他们主要通过亲身经历、重要他人、家庭环境等渠道获得

“我”的地位和意义。因此，3岁前是儿童形成自我、奠定性格萌芽的关键期。而3岁前又恰好是宝宝疾病的多发期，疾病作为幼儿的亲身经历，从家长非常时期的教养方式获得了性格形成的重要素材。

性格是一个人对客观现实的稳固态度和惯常的行为方式，是人与人、人与环境相互作用的结果。虽然先天气质对人的性格有一定的影响，但是性格主要是在后天形成的。孩子的性格就是在一件件生活事件中形成的，其中疾病作为孩子生活事件中举足轻重的一件大事，对孩子性格的影响很大。有病的人未必就是性格消极，没病的人未必就是性格积极，关键是他人和自己对待疾病的态度，形成孩子的基本观念和行为方式。

入园小贴士

虽然疾病是人力无法抗拒的，但是疾病对人的心理和性格方面的消极影响则是可以尽力避免的。如果父母与孩子携手走出疾病笼罩的心理阴影，那么健康、快乐和效能感依旧与岁月同行，孩子也能在一次次大大小小的疾病经历中变得懂事，进而形成勇敢、坚强、乐观的性格。

生病期间心理健康教育的4大良策

幼儿园集体生活锻炼孩子的适应性

孩子刚上幼儿园容易生病，除了宝宝长期以来就体弱多病的生理因素以外，主要是心理上不适应造成的。另一个主要原因是集体生活中的孩子产生交叉感染造成的。怎么办呢？总不能一有小朋友生病就把孩子接回家吧？如果宝宝生病了，就把孩子接回家积极治疗，痊愈以后还应该坚持送他上幼儿园，这是一个增强孩子的适应性和抵抗力的过程。只是宝宝重回幼儿园的时候，家长要跟老师密切沟通，让他知道孩子最近的情况，并加强保育工作。

疾病期间的心理维护三部曲

★ 病前别让紧张情绪吓着孩子。新手爸妈可能宝宝一病，就显得手忙脚乱，所以要主动训练自己处变不惊的心理素质。宝宝不会对爸爸妈妈的话条分缕析，但是他们特别善于解读父母的情绪和家庭的氛围，信息含量越综合，他领会得越透彻。当发现孩子生病的时候，父母要把自己想象为大夫，该检查就检查，该住院就住院，把焦虑、担忧和紧张掩藏在心里，不让孩子受这种情绪的感染。

★ 病中教育孩子勇敢面对困难。很多父母说："孩子病了以后，好像长大懂事了。"正如老人说的："生病的孩子长见识。"这是因为父母比较理性地教育孩子："要做一个勇敢的孩子！爸爸妈妈喜欢勇敢的孩子！"孩子在大人的鼓励下，战胜疾病带来的身体痛苦和心理压力，确实是训练他勇敢、坚强性格的好时机。在健康状态的生活事件中，还真是很难找到这么好的素材来培养孩子勇敢、坚强、毅力等性格品质。可是，我们常常发现有的父母在孩子接受治疗的时候悲悲戚戚，眼泪在眼眶里打转。爸爸妈妈不勇敢，孩子怎么可能"青出于蓝而胜于蓝"呢?

★ 病后与孩子一起恢复平常心。孩子生病时，父母心疼孩子源于自然的爱子之心，但是在病愈后，父母要主动调整自己，走出疾病笼罩的阴影。一方面对孩子的生活照顾还要细心一些，更重要的是渐渐消除孩子在生病期间的脆弱情绪，恢复孩子阳光快乐的一面，把疾病转化为孩子形成积极性格因素的契机!

父母对生病的孩子保持平常心

大多数家庭在孩子经过一场场疾病后会走向阳光和健康，但也有的父母像冬冬的爸爸妈妈那样，在疾病面前自己首先变成了弱者，替孩子"负罪"，失去了平常健康的心态，给孩子的性格打上一些特殊的烙印：疾病是一个砝码，可以换来我想得到的一切，尤其是有需要就能满足的优越感。因此，我们常听见有的父母说："孩子刚刚大病一场，现在变得特别娇气，有点儿要求不满足，就哭得像个泪人似的。”有的父母说：“孩子生完病，脾气特别大，不像以前那样乖，总想迫使大人让着他。”可见，如果孩子在生病期间和痊愈以后，父母对孩子过分保护和过分迁就，疾病反而成了孩子脾气转变的诱因，里边很可能渗透一些消极性格因素。

走出“白色恐怖”，感激“白衣天使”

大多数宝宝都害怕吃药和打针，于是有的父母觉得抓住孩子的弱点了，就拿“再不听话，就带你到医生那里去打针”等说法吓唬孩子，达到一时制止孩子调皮捣蛋的效果。有的孩子还形成“白色恐怖”，见到医生就躲，对医生、护士连起码的礼貌用语都不愿意表达。这种简单的教育方法可能一时奏效，但是随着孩子的成长，抵抗力的增强，这种方法就过期失效了，而且这种方法还会妨碍孩子正确认识疾病和医护工作者。疾病是孩子自然正常的人生经历，坦然面对才是；医生、护士是帮助孩子走出疾病困扰的人，要教育孩子学会感激才对。如果家长把疾病的意义往高处提升，就是对孩子生活观的教育。

带孩子进行身体锻炼

蒙蒙是一个长得虎头虎脑的小男孩，爸爸妈妈非常疼爱这个宝贝儿子，希望儿子能够更加具有男孩子气概。蒙蒙从小到大喜静不喜动，让他跟小伙伴一起踢球吧，他说："脚疼。"远远地看着别人踢还行，就是不愿意参与。平时出门在外，蒙蒙喜欢让爸爸妈妈抱着或者背着，喜欢坐车，走一会儿他就嫌累。这让爸爸很纳闷，他发现儿子并非没有运动能力，就是没有养成喜欢运动和锻炼的习惯。

有一天，蒙蒙看电视上的天气预报，好奇地问海南岛是什么地方，爸爸说那里是一个有海洋和沙滩的地方，特别好玩，蒙蒙便要求爸爸带他去。等到元旦，父子俩从北京飞到三亚，没想到蒙蒙在沙滩上跑了整整一天都不喊累，体能相当充沛。还有一次是蒙蒙4岁时，一家三口去爬黄山，爸爸妈妈担心儿子不愿意走路，就要坐缆车，可蒙蒙不愿意。意想不到的事情发生了，这一家三口竟然上下黄山全是走的山路，中间只有很短的路程，爸爸妈妈觉得游客太多，怕不安全，主动要求背蒙蒙。可是，回家以后，蒙蒙一切照旧，让他走个平衡木都不愿意，更不用说跟爸爸妈妈一起跑跑步了。这到底是怎么回事呢？怎么样才能让这个"懒"儿子喜欢运动锻炼呢？

运动锻炼的价值不可替代

运动锻炼能够促进孩子的身体发育，增强孩子的体质，充分显示出儿童旺盛的生命力和天真活泼的精神状态。不仅如此，运动锻炼还积极地促进着孩子的智力提升、自我意识和心理健康。

★运动锻炼丰富孩子的感觉和知觉，尤其发展他的空间知觉，这是孩子探索世界和抽象思维的基础。

★运动锻炼让孩子更加明确自我的存在与能力，影响着他的自我认识和评价，使他对自己与他人、自己与环境之间的关系更加娴熟。

★运动锻炼开阔孩子的眼界，容易树立起自信和在同伴中的威信，有利于积极心态的建构。

从反面说，有的孩子后来被检测出患有感觉统合失调，主要原因就是早期童年生活缺乏足够的运动和锻炼导致的。可以说，运动锻炼在孩子一生中的重要价值是其他任何事情都不可代替的。

运动锻炼的年龄特点

宝宝的运动锻炼需要经由一个自发性到自主性的发展过程，而这一过程需要老师和家长的积极推进与帮助，否则宝宝就会长期停留在自发性的发展阶段。

自发性是孩子身体发育到一定程度对运动的自然需要。一两岁的宝宝处于动作发展迅速增长时期，受这种生命成长内在动力的驱使，孩子总想自己多运动、多动手，这样才能满足机体生长的需要。就像有些十几岁的孩子非得出去打打球、做一些剧烈运动释放一下能量才浑身舒服一样，孩子一两岁的时候也会出现类似情况。很多父母都纳闷，孩子不会走的时候总想下地走，等真正走好了，他就不走了，总是缠着爸爸妈妈抱，就是这个道理。可见，宝宝一两岁时什么事都希望自己做是一个自然和自发的过程。

等宝宝过了动作发展迅速增长期以后，他就开始变得“懒惰”起来，很多事情自己会做也不愿意做，这就预示着孩子运动锻炼的发展将要进入自主性阶段。但是，自主性不像自发性是自然到来的，自主性需要成人的培养和教育。这就说明孩子要养成运动锻炼的好习惯，不能只具备生理基础，还要有相应的心理基础，主要指对运动锻炼的积极情绪、兴趣与好奇，以及运动锻炼给他们带来的成就感、同伴关系及社会性满足，这样运动锻炼才会真正成为孩子的需要与动力。

促进孩子运动锻炼的5大良策

树立“不生病≠运动体能好”的观念

运动体能主要是指人在身体活动时表现出来的能力，包括身体素质和身体基本活动两个方面。运动体能发展的过程是促进人体形态结构和生理机能协调发展的重要因素，它的含义远远超过不生病的意义。不生病的孩子经过持久的运动锻炼，才能使人的体育潜能得到充分的挖掘与提升，所以家长不但要保护宝宝身体健康，更要鼓励宝宝加强运动。

合理安排运动量

根据孩子的年龄和身体素质状况，选择合适的运动量。如果运动量太小，身体锻炼的效果不大；而运动量过大，则身体健康会受到不良影响。开始运动的时候，可以运动量小一些，慢慢把握孩子的体能特点，日后逐渐延长。

选择适宜的运动项目

要由少到多、由简入繁、由易到难地逐步增加锻炼项目，并兼顾宝宝的身体得到全面锻炼，多种项目结合进行。选择项目时还要尊重宝宝的选择，待有了一定的基础，再逐步向前推进。

运动锻炼游戏化

家长不要把运动锻炼当成单调的技能训练，像运动员那样枯燥、严肃，这样调动不了宝宝的运动积极性。把单一的运动锻炼游戏化才能吸引宝宝的兴趣，他才会跟父母积极配合。为此，父母要常常创设一些情境和编故事，吸引宝宝在游戏中放松地锻炼。像走平衡木这种运动，单纯地走来走去调动不了孩子的积极性，父母可以使之游戏化。不妨编一个故事，告诉孩子有一封重要的信需要他送，但是路上有一条河，河上有一座独木桥，如果他能够拿着信过桥送到对岸，就有一个惊喜等待着他。然后，父母打开信，把事先在信中准备好的惊喜念给他听。

单纯的跑步也会让宝宝感觉单调，可以事先在跑步的终点处放一个玩具，然后父母可以编故事："你愿意当一只可爱的小白兔吗？在路的那头有好多大萝卜，咱们一起比赛拔萝卜，看谁先拔到大萝卜。跑喽——"边说"小白兔""大萝卜"边跟孩子一起跑，跑到对面再转回来，宝宝累了就休息一会儿，再玩其他运动游戏。带宝宝到一些休闲娱乐场合玩那些大型器械也是促进孩子身体运动的好办法，但要注意为宝宝做好周边的安全保护。

运动锻炼生活化

一些运动项目虽然需要专门的时间和场地，但是还有很多运动可以在日常生活中进行，尤其对宝宝来说，运动不仅指身体大肌肉运动，还包括手指等小肌肉运动，而小肌肉精细动作最适合在生活中训练。很多日常生活细节，大人不要包办代替，不要怕孩子做不好，只要放手让孩子尝试，都是锻炼的好机会。例如，为宝宝提供自己走步、跑步、上下楼梯的机会，而不要动辄以车代步、大人抱着走，以此锻炼宝宝的肺活量和耐受性；手推车、小包包都可以让宝宝自己推、抱、拿，锻炼宝宝的平衡性和协调性。

附：宝宝的运动

宝宝运动以身体练习为主，诸如爬、跑、跳、投、压、郊游、拍球、跳绳、骑车、游泳、体操等项目。不同项目可以产生不同的锻炼效果。家长要以孩子的生理特点为基础，身体素质哪方面欠缺就多练哪方面，需要提高速度可选择跑、骑车等项目，需要增强耐力可选择游泳、郊游、跳绳等项目，需要增加力量可选择跳、投等项目，需要提高身体灵敏性和协调性可选择跳舞、荡秋千、拍球等项目，需要提高柔韧性可选择体操、按压等项目。

让孩子保持口腔卫生

灿灿已经能够蹒跚走路，像只企鹅一样非常可爱，但是有一点让妈妈很难堪，那就是灿灿走在路上经常拣小东西往嘴里塞，动作还特别快，大人稍不留神她就吃到嘴里了，又脏又危险。宝宝不缺吃不缺喝，整天吃得饱饱的，这是什么原因造成的？怎样让宝宝改掉这个毛病？

灿灿还有一个问题就是太调皮了，让她拿杯子喝水，她不感兴趣，到洗澡时，却拿起舀水的杯子喝洗澡水，一边喝还一边笑，不让她喝就哭闹，洗个澡就乱得一团糟。怎么让宝宝懂得讲卫生呢？

口腔卫生的年龄特点

俗话说："病从口入。"尤其是对还没有卫生意识的宝宝来说，保持口腔卫生是保护身体健康的第一扇门。学前儿童口腔卫生要着重解决两个关键问题：吃食物而不吃异物，漱口刷牙以预防龋齿。

呼吸和进食是口腔的两大基本功能，但是婴幼儿多多少少都给口腔增加了一些不适宜的"功能"：吃手或者其他东西，用舌头到处舔，用牙齿啃咬玩具等。2岁以后可以渐渐培养孩子独立漱口、刷牙，但是孩子可能不太愿意，或者咬牙杯和牙刷，吃牙膏。这些现象都会对口腔卫生与健康产生负面影响。

吸吮是婴儿的一种本能生理反应，他有可能吸吮触及唇边的任何物质，例如手指。这主要由两个因素导致:一个是生理因素，缺乏微量元素锌的宝宝易患皮肤行为综合征，喜欢吮吸手指或咬手指甲；一个是心理因素，处于饥饿状态的孩子常常通过吮手指暂时自慰。随着孩子身心发育渐趋成熟，吸吮手指渐渐转化为心理因素导致的自慰行为，使宝宝获得安全感，暂时摆脱焦虑和紧张的心理。孩子3岁以后吸吮手指的现象大量减少，只有4%的4岁幼儿还保持这种习惯，到了6～11岁还有2%的儿童比较严重，可能或轻或重地存在心理障碍。

龋齿俗称蛀牙，调查表明，我国儿童龋齿发病率很高，严重危害着儿童的口腔卫生与健康。幼儿牙齿生长迅速，发育又很稚嫩，需要良好的护理，但是幼儿喜欢吃零食和甜食，漱口刷牙的技巧要经过学习才能掌握，因此牙齿保健尤其要得到成人的关注和引导。

帮助宝宝护理口腔卫生的5大良策

矫正宝宝吸吮手指的行为

根据宝宝的情况可以采取以下多种方法：

★饥饿感会引发孩子吸吮手指，让孩子一次吃饱，不要吃得半饱不饱。

★注意保持平和的态度，不要训斥，尤其在公共场合，要维护好孩子的自尊心。

★采取积极热情的方式帮助孩子摆脱心理焦虑。当发现孩子因紧张而吸吮手指的时候，对他说："和妈妈拥抱拥抱吧，妈妈喜欢你。"这样既占着他的手，又给了他心理安慰。如果方便的话，顺手递给他一个玩具，也能起到同样的效果。

★试试奖励法。把孩子喜欢的小玩具或者游戏作为奖励，告诉孩子："今天如果你不吸吮手指，妈妈就给你一个小奖励。"

★用行为主义心理学原理进行矫正，大多数成功的做法都采用厌恶刺激法，即当孩子吸吮手指的时候，在手指上涂抹辣、酸、苦等滋味的食品。别小看了宝宝"吸取教训"的能力，用不了几次，他就不吮手指了。

★敏锐地发现孩子的需要，并及时给予回应，这是从心理层面上解决问题。例如，孩子离开亲近的人产生焦虑，有可能吸吮手指，父母要付出一定的时间和精力陪孩子享受亲子快乐时光。

关注长牙时期宝宝吸下嘴唇的行为

为了排解长牙带来的刺激，孩子可能会自发地形成一些不良习惯，例如吐舌、咬唇、吮指、咬物、用口呼吸、偏侧咀嚼等。老吸下嘴唇可引起上前牙向前突出，下前牙向后倾斜和下颌的后缩，或者类似“地包天”的下颌前伸畸形。此时，可以给孩子引起厌恶口感的刺激，例如，当孩子咬下嘴唇时，在下嘴唇下面涂一点儿微辣的食物或一点儿酸柠檬，他感到不舒服，就不咬下嘴唇了。但是，请注意把握好尺度，保护好孩子的皮肤安全。

用木糖醇满足孩子的甜味口感

世界卫生组织认可木糖醇是一种安全的甜味剂，具有预防龋齿的作用。各国牙医学会推荐使用木糖醇含量占糖分一半以上的产品以预防龋齿。芬兰积极推广木糖醇，5岁以下儿童没有龋齿的超过70%。

一日三餐后漱口，早晚刷牙

漱口刷牙等生活环节的含义，成人与孩子有不同的理解与操作方式。成人认为这些都是用来保健、卫生和维护身体发育的，但是孩子以为这是游戏与玩耍的一种方式和内容。父母要在了解与尊重孩子这一心理特点的基础之上催促孩子：“你是不是觉得水（杯子、牙刷或牙膏）很好玩，那咱们先刷完牙再玩，好吗？”或者用一个较有吸引力的游戏催促孩子：“如果你能尽快刷完牙，妈妈就陪你玩一个游戏。”这样调动宝宝刷牙的积极性和兴趣，同时注意培养相应的技能。宝宝刷得不好，家长不要对孩子发脾气，先观察他在哪一点做得不到位，再手把手地教他，耐心细致地指导孩子做好这些生活自我服务的事情。

预防宝宝吃进异物

如果家长发现宝宝有随便往嘴里塞异物的习惯，平时要盯紧点儿，发现问题赶紧把孩子手中的物品取出，避免出现不卫生或者出现危险。注意把家里的药物、硬币、扣子或其他危险的生活用品放在他不易够着的地方，同时让他适当咀嚼一些稍微硬点儿的食物，例如水果、烤面包等，满足他口腔咀嚼的本能需要，促进其颌骨的健康发育。

针对像灿灿这样的宝宝，把用于喝水的水杯当作舀水的玩具，能喝的水不喝，不能喝的水却笑着喝。家长首先要理解这是活泼可爱的孩子常玩的把戏，并在教育中尊重宝宝的这一天性，既满足他玩“拿杯子喝水”的游戏，又让他渐渐习惯正经喝水的方式。例如，洗澡的时候不再提供水杯，提供皮球、水鸭子这样的玩具；如果孩子非要水杯不可，就给他提供两个水杯，或者提供一个水杯和一个水壶，示范并吸引他从一个水杯倒向另一个水杯（或者水壶）的玩法，这样能充分满足宝宝玩水的需要。

需要认真喝水的时候，孩子可能正在或将要做某种游戏或玩玩具，可以此为交换条件，完成拿杯子喝水的动作再继续玩。当然，最初不宜提太高的要求，他只要能自己拿杯子喝一两口水就要表扬他，以后可以慢慢增多。

入园小贴士

要注意正确使用含氟牙膏。生活在高氟地区的儿童不需要使用含氟牙膏。儿童牙膏含氟量要比成人低，不宜与成人混用牙膏。刚开始刷牙的两三岁孩子不宜选用含氟牙膏。五六岁的孩子使用含氟牙膏时，一般挤到牙刷上1厘米以内、豌豆大小即可，刷完后把牙膏漱干净，不要吞下去。

让孩子学会整理东西

薛女士很爱整洁，家里的东西摆放得井井有条。但是，现在她有点儿招架不住了，因为儿子不再像一两岁的时候老老实实、安安静静的，叫他干什么就干什么。他现在活动能量大了，在家里上爬下钻，找到什么东西就玩什么，玩完之后也不收拾。地上、床上、桌上，到处都是书和纸片，笔和笔帽经常分家，组装玩具卸了以后也不装好，回家换拖鞋以后随便把鞋一甩，结果东一只西一只的……

薛女士收拾的速度赶不上儿子破坏的速度，她总是提醒儿子："快点儿收拾收拾，家里被你弄得乱七八糟！"这样说多了不但不见效，儿子还嫌她啰唆："你真是个唠叨妈妈，我不爱听，真烦！"

薛女士不知道自己该怎么办才能让孩子养成喜欢收拾整理的生活习惯。

收拾整理的习惯为孩子带来3大好处

★ 收拾整理的行为反映宝宝的自我管理能力，有利于帮助宝宝形成有条不紊的风格，提高学习效率，预防和矫正拖拖拉拉、丢三落四的坏习惯。

★ 收拾整理的习惯可以增强孩子的责任感。孩子做完自己的事情以后，还要为别人的方便考虑，有责任把场地打扫干净，把物品摆放整齐，否则就有可能妨碍别人做事，这是一个人有责任心的体现。

★ 收拾整理的习惯能够优化孩子的印象整饰，提高孩子的自信心。印象整饰是指一个人以一定方式去影响别人对自己印象的过程，使别人形成的有关自己的印象更加符合自己的期望。每个孩子都希望给别人留下好印象，尤其是在幼儿园，收拾整理玩具的孩子常常得到老师的表扬，这无形中优化了孩子在集体中的形象，提高他的自信和威信，有利于孩子形成积极的、良好的自我意识。

收拾整理行为的发展特点

收拾整理的行为起源于孩子对秩序感的认识和体验，而孩子对这种秩序感有天生的喜好。意大利教育家蒙台梭利对此有深入的研究，她说：“在儿童生命的某一个时期，快乐就在于在适当的场所找到物品。”这个时期大约在儿童出生后第一年就出现了。

蒙台梭利举例说明：一天，一位妇女抱着一个大约6个月的小女孩走回家，妇女顺手把遮阳伞放在桌子上，女孩开始变得焦躁不安起来。妇女以为孩子要这把伞，就拿起伞来微笑着给她，孩子继续尖叫，妇女用其他办法安抚她都没有用。妇女突然意识到原来伞还在桌子上，就把它收好放在另一个房间里，小女孩立刻安静下来。

蒙台梭利解释道，使女孩不安的原因是伞放在桌子上，一件东西放错了地方就严重地打乱了这个小孩关于一些东西应该如何安放的记忆模式。可见，孩子对秩序感的热爱有一种强烈的本能。

培养孩子收拾整理习惯的7大良策

积极培养孩子收拾整理的意识

早在孩子2岁的时候，他就有收拾整理的愿望了，父母可以抓住敏感期及时强化和培养他收拾整理的意识。但是，很多父母认为教孩子收拾整理反而令自己更加费心劳神，还不如自己动手，一会儿就利落完事了，省心省力。于是，父母不但为孩子包办代替，可能还打击了孩子动手的积极性，宝宝维护秩序的天然兴趣因而被压抑和破坏了。

逐步培养孩子收拾整理的技能

由于宝宝控制肌肉运动的能力有一个从不协调到协调的发展过程，收拾玩具、叠衣铺被、吃饭、擦桌、洗袜子手绢等事情，孩子一开始可能做得“一塌糊涂”。但是，大人不要嫌弃宝宝“碍事”或者“笨手笨脚”，只要他自己愿意做，就让他做，哪怕事后你还得重新收拾整理，你也要在旁边耐心地指导一些技巧，慢慢提高宝宝手、眼、脑的协调能力。总有一天，孩子在父母的指导下将形成熟练的收拾整理习惯。

记录和表扬孩子出现的收拾整理行为

画一张表格，在孩子做到自己收拾整理的事情画上标记或者粘一张小贴画，积累到一定次数就满足孩子一个愿望，或者给个奖励。这种量化管理方式有利于培养孩子良好的行为习惯。

为孩子示范一半，另一半留给他自己做

收拾整理需要把握好事物之间的空间关系、时间关系或其他逻辑关系，孩子由于经验不足可能做得不恰当，父母可示范其中的关键环节，以便孩子模仿，其他环节则启发孩子自己动脑筋。不要觉得他想得慢，要给他留出一定的时间动脑筋和尝试。

用具体、准确的语言指导孩子

幼儿的思维具有具体形象性，他们对抽象概括性的语言和现象常常不能完全理解，与父母的本意有一定距离。比如，如果孩子画了一半、玩具收拾了一半，就改玩游戏，父母总是教育孩子：“做事要有始有终，不能半途而废。”孩子的理解则是：“我一会儿还要画画，我一会儿还要玩玩具，我是有始有终的，没有半途而废。”因此，毫不奇怪，孩子的反驳理由常常是：“我一会儿还要玩呢！”所以，家长与其反复向孩子传达这样模糊的信息，不如变成对具体情境进行评价，督促孩子把事情做完。比如，对孩子没有画完的画，可以说：“哎呀，好遗憾哟，这只小猫没有小鱼吃，它会饿坏

的。”“森林里的大树怎么只有这么几棵呀，小鸟晚上就回不了家了！”诸如此类的评点要比“上纲上线”的定性评价有效得多。

父母不能用自己的整洁观强迫孩子

多纳塔·艾申波茜博士在其名著《小脑袋大世界》中表述过这样一个观点：“能与持有不同整洁观的人共同生活也是一种生存能力。当成年人向孩子讲述自己的整洁观时，一定要记住：自己的出发点是表述愿望，而不是颁布法律。”这就启发父母要在一定程度上尊重儿童的整洁观，不能一味地以成人和个人喜好为标准去判断和要求他们。孩子毕竟有孩子的特点，不能像要求成人那样要求孩子，要在培养和教育孩子的时候，给他们留出一定的空间和自由。

小心“超限效应”给宝宝带来逆反心理

有句俗话：“好菜连吃三天惹人厌，好戏连演三天惹人烦。”同一刺激对人的作用时间过长、强度过大、频率太多，会使神经细胞处于抑制状态，让人产生极不耐烦的心理体验，心理学称之为“超限效应”。

啰唆、唠叨会使孩子产生超限效应，可说一遍孩子不听怎么办？不让重复，怎么管教孩子？确实，很多教育要求都不会产生“言必行、行必果”的立竿见影效果，免不了有婆婆妈妈的一面。然而，教育的反复性不等于单调的重复啰唆，它需要父母有处理问题的教育智慧。也就是说，我们可以根据情境状况，采用多种方法、通过多种途径实现同一个目标和要求，这样就减少、避免了孩子的超限逆反心理。

一般情况下，我们会直来直去地向孩子提要求，虽然他已经明白爸爸妈妈的要求，但因为小孩子的长时记忆能力有限，自我调节能力有限，他们常常会“忘记”爸爸妈妈的话。我们可以根据幼儿具有把一切物质都看成是有生命的，即“泛灵”的特点，借助孩子喜欢的动画、神话或童话故事形象，寄予我们的希望和要求。

有一个美术动画片《一半儿》，说的是一个孩子做事总是做一半就放弃了，动画片里就把这个孩子变成只有一半的身体。孩子看了这个动画片以后，印象深刻，每当玩完玩具不收拾或收拾一半的时候，父母就可以提醒他：“宝宝没有把事情做完就走了，宝宝要变成‘一半儿’喽。”孩子马上会整合这个动画片的含义，修正自己的行为。动画片、神话和童话故事不但趣味横生，而且教育内涵丰富，父母可与孩子一起观看、阅读，适当的时候可以“引经据典”，变着花样给孩子提要求。

附：为什么有的孩子后来变得总是破坏秩序

孩子的很多本能都是这样改变的：偶然的好行为得不到鼓励，偶然的坏行为却得到默许和支持，于是好习惯就自然丢失了，坏习惯就自然形成了。收拾整理的习惯也是一样。一两岁的孩子喜欢整洁和秩序，但是还没有收拾整理的能力；两三岁以后有了这样的能力，但因为缺乏经验导致常常心有余而力不足，特别需要父母的指导。这时，父母却包办代替或者听之任之了，于是孩子很快就适应了杂乱无章的环境。

增强孩子的自我保护意识

飞飞自小很少生病，身体长得结结实实，但飞飞的妈妈张女士却没有感到轻松，她说自己整天都提心吊胆的，因为飞飞“你不让他干什么，他偏干什么，而且都是危险系数比较大的动作”。例如，飞飞几乎没有好好下过楼，不是一下子蹦几个台阶，就是沿着扶手当滑梯滑下去。只要是走在光滑的瓷砖地面上，他几乎没有规规矩矩走过路，总是膝盖跪着滑过去。你让他递个东西吧，他不是走近送过来，而是抛或者投过来……简直拿他没有办法！张女士很不满意的还有一点，那就是爸爸、爷爷、奶奶的态度更可气。爸爸很少在家，偶尔回家就和儿子疯玩，看见儿子像玩杂技一样的动作，爸爸特别欣赏。爷爷奶奶虽然不像爸爸那么明显地赏识飞飞的“冒险”，但是他们的态度是“否定中的肯定”，一边说“孙子，危险”，一边还笑呵呵的。张女士则常常厉声训斥儿子，但是不知道为什么孩子根本不听妈妈的。最后，张女士补充一句：“其实，儿子其他方面都挺好的，他没有惹过什么大事，自己倒也没出过什么真正的危险，我做妈妈的只是担心而已。”

孩子自我保护意识与能力发展的年龄特点

自我保护是孩子生存和健康成长的前提，是建构孩子人生幸福与成功的底座。但是，研究统计结果发现，在生活水平和医疗条件逐步改善的现代社会，意外伤害是影响孩子生命安全和健康的第一大“杀手”。这除了需要社会对孩子加强保护以外，还需要培养孩子的自我保护意识与能力。所以，父母要像重视开发宝宝的智力和学习能力一样，重视宝宝自我保护意识与能力的培养。

要想使孩子有自我保护的意识，他的认识水平必须跟得上，即孩子要有能力预见事物的发展后果及自己的行为与后果之间的关系，这样他才会有意识地自我保护。而婴幼儿对事物的预见能力非常弱，常常是只看眼前、不计后果，这是他们生活经验较少所致。因此，孩子的自我保护习惯随着年龄和阅历的差异而有所不同。

2~3岁幼儿自我保护发展水平

★ 宝宝可以初步感知嗓子、牙齿、眼睛、耳朵等器官的作用，知道要保护它们，不挖鼻孔，不往鼻孔和耳朵里塞东西；

★ 知道规避危险，如不去危险的地方，不动危险用品（火、电源、煤气灶、开水壶等）；

★ 知道不把不能吃和不洁食物放进嘴里，例如不吞咽扣子、硬币等；

★ 在成人的提醒下知道遵守规则；

★ 在成人的启发下能简单表达自己身体不适的感受；

★ 认识红绿灯并知道它们的含义；

★ 知道不吃陌生人的东西，不跟陌生人走；

★ 学会有秩序地上下楼，不推、不挤、不蹦。

4~5岁幼儿自我保护发展水平

★ 宝宝可以认识人体主要外部器官，了解其功能，并知道一些简单的保护方法；

★ 能够主动向成人表达自己身体不适的感受；

★ 初步形成防止电、火、水、煤气、药物伤害的意识；

★ 发生走散、着火、溺水等事故时知道求助呼救；知道常用活动器材的正确使用方法，可以做到不做危险动作；

★ 陌生人敲门知道怎样应对；

★ 知道一些主要的交通标识，懂得乘车安全，在成人提醒下遵守交通规则，不在马路上玩，不独自过马路；

★ 能记住家庭的住址、电话和长辈的名字。

6～7岁幼儿自我保护发展水平

★ 宝宝能够养成保护五官的良好卫生习惯，尤其是牙齿和眼睛；
★ 懂得有关易发事故的简易自救方法；
★ 认识人体主要内部器官及其功能，知道一些简单的保护方法；
★ 能提醒同伴不做危险动作；
★ 认识安全标识并能做出相应的行动；
★ 初步学会一些紧急情况下的应变方法；
★ 学会安全使用一些劳动工具和生活用具，如小铲子、水果刀、剪刀等；
★ 参加预防火灾演习，学会寻找安全地带。

培养孩子自我保护意识与能力的7大良策

不同年龄段幼儿的自我保护教育各有侧重

幼儿年龄不同，他们的生活范围和形式也不同，自我保护教育内容随之紧密贴近。以上各个年龄段的幼儿自我保护发展水平是在正常教育环境下能够达到的，可以作为父母对孩子进行自我保护教育内容的参照。

自我保护教育在各个年龄段交叉进行

虽然不同年龄段的自我保护教育侧重有所不同，但彼此之间还是有很多交叉内容的，因为幼儿的身心发育尚不成熟，长时记忆能力有限，随机应变能力也有待锻炼，因此需要反复进行教育。不同年龄段的教育内容常常交叉进行，使孩子在螺旋式的巩固和提高中增强安全意识和自我保护能力。

与良好的生活习惯紧密结合

生活中的许多环节都可以及时渗透安全教育，例如根据天气变化增减衣服能保护身体，热汤、热水吹一吹再喝能避免烫伤，吃鱼和骨头时要小心被卡住，吃饭喝水的时候不嬉戏说笑以免呛着，不把身体探出阳台或者车窗以免摔着或剐蹭……孩子学习这些平时的生活小节，既培养了良好的生活习惯，又起到了自我保护的作用。

让孩子火眼金睛找安全隐患

带着宝宝学当“安全检查员”或者“安全小记者”，检查家里、社区或者街道上存在哪些安全隐患，把它们画下来、拍下来，都是加深孩子安全意识的好办法，同时也对孩子自我保护有促进作用。在大院里，有一位妈妈骑自行车带着一个小女孩。小女孩不是老老实实地坐在而是站在后座上，妈妈不但没阻止，还乐呵呵地。如果这时遇到情况妈妈突然紧急刹车，孩子是很危险的。于是，另一个小朋友把母子俩拍了下来，并洗出照片托人送给这个小女孩，结果不仅拍照的小朋友受益，这对母女也很受教育。

不能因自我保护而过分限制孩子的发展

外界存在着一些对孩子发展不利的因素，有的父母采用因噎废食的做法，尽量减少孩子的活动时间，或让孩子待在家里与电视为伍，束缚孩子好动、好奇的天性。但成人的保护毕竟是有限的，应该提高宝宝的自我保护能力，正确估价孩子身心发展的可塑性，培养幼儿自我保护的意识和行为习惯。平常孩子能做的事就让他自已做，父母不要包办代替。孩子的生活实践能力提高了，能强化孩子的自我保护能力。

通过看电视、看书、讲故事学习自我保护

孩子的自我保护教育受到社会的普遍重视，相关书籍和电视片制作了许多生动形象的安全教育内容，父母可与孩子一起阅读观看，并交流讨论，逐渐培养孩子的自我保护意识。

不要暗中欣赏孩子有惊无险的行为

张女士所说飞飞的情况与美国儿童心理咨询专家塞尼克所遇到的一个小男孩迈克相似，我们从中可以受到启发。迈克从一处到另一处不是好好地

走，而是攀爬、绕弯或者猛冲。他经常与母亲打斗，会突袭人家的院子，打开人家的水龙头，让厨房和地下室水流成河。父母的教育手段在他面前已经山穷水尽——友好交谈、分析道理、寻找榜样、打他屁股，均告失败。

塞尼克矫正孩子的理论是精神分析心理学，他认为孩子是家庭问题的表现者、承担者。在会谈中，他发现迈克母亲对迈克的冒险流露出潜在的愉悦与欣赏。不会游泳的迈克曾经有一次掉进池塘里，全家人都紧张极了，而母亲却说迈克足智多谋，尽管按规定他需要父母带领才能进到池塘，但是他竟然能说服保安进去了。在叙述儿子有惊无险的其他事件时，一种纯粹愉快的微笑浮现在她的脸颊，并以极其微妙的方式与途径传递给了迈克。聪明的迈克也察觉到自己的冒险行为能得到母亲的赏识。看来，母亲对迈克表面上很担心，心底又是愉悦的。最后迈克母亲接受了治疗师的解释，并在后来的场合中有效地控制自己，从而有助于矫正迈克的自我表现欲望和出轨行为。

与此类似，飞飞总爱冒险，与爸爸、爷爷、奶奶的欣赏密切相关。另外，张女士认为儿子没有惹过什么大事，也没有出过什么真正的危险，自己只是担心而已，并没有采取有效的措施引导儿子注意自我保护。实际上，妈妈的担心和爸爸、爷爷、奶奶的欣赏一样，让飞飞感到自豪和自信。可见，要加强飞飞的自我保护意识，家人首先要统一认识，然后在态度上采取忽略不理睬的方式，不让孩子觉得冒险能博得大人的注意力；同时以正规方式满足孩子爱运动的需要，例如飞飞喜欢“滑”和“蹦”，就让他在专门的运动场地和器械上做这样的锻炼，平时则规范地下楼和走路，否则就禁止一次孩子某项喜欢的游戏，孩子改正了再恢复游戏。

在生活中开发孩子的智力

春天来了，茸茸的小草像一张绿色的地毯铺在小区的花园里。只见鸣鸣拿着一个锅盖在花园里尽情地玩着。他一会儿把锅盖当车轮在地上滚呀滚；一会儿把锅盖倒放在地上，用小脚踩一踩；一会儿又用小手在锅盖上拍一拍。有人好奇地问鸣鸣的妈妈："你怎么让宝宝玩这个？为什么不拿玩具出来玩呢？"鸣鸣妈妈说："我家宝宝就喜欢玩生活用品，家里有很多现成的玩具，他不喜欢玩，就喜欢玩遥控器、相机、手机、眼镜、化妆品。如果给他模型玩具，他很快就能发现是假的，然后就不玩了。"

针对鸣鸣的这种情况，妈妈、爸爸和奶奶产生了不同的意见。妈妈说："应该支持宝宝的探索欲望，他爱玩什么就让他玩什么。"爸爸说："如果宝宝把相机玩坏了，相当于花掉一个月的工资，不能这样。"奶奶说："宝宝小时候糟践东西，长大了会遭报应，要教育他爱惜物品。"妈妈、爸爸和奶奶说得都有道理，那是否应该让宝宝玩生活用品？为什么宝宝喜欢玩生活用品？

孩子喜欢玩生活用品的原因

在现实生活中，有不少孩子都像鸣鸣一样喜欢玩生活用品，尤其是厨房里的锅碗瓢盆，药箱里的药瓶和药丸，针线盒里的线卷、扣子和细针……家里大大小小、形状各异的生活用品都强烈地吸引着孩子的眼球和好奇心，成了他反复把玩的宝贝。出现这种现象的原因与孩子的心理特征以及生活用品的本身特点密切相关。

真实的生活用品能与孩子产生互动性，增强成就感

玩具市场有不少仿真生活用品，例如遥控器、相机、手机等，但它们只是形状和大小上仿真，在功能上不可能仿真，所以聪明的宝宝很快就发现了两者的区别。真实物品能与宝宝产生互动性，他一摁遥控器，电视机的开关和频道就发生变化；一摁相机，相机的镜头就会弹出来，拍出照片。真实机器对宝宝的动作产生这些回应，大大增强了宝宝的兴趣和成就感。

生活用品的材质与形状丰富，能满足孩子的探索与操作欲望

玩具大多数是塑料、木质和布质的，形状也比较规则和圆滑。而生活用品的材质非常丰富，除了塑料、木质和布质的以外，还有铁、钢、瓷、陶、皮、玻璃等多种材质，形状和大小更是五花八门。宝宝在抚摩、敲打、把玩的时候会产生各种不同的声音、力度、强度和手感，能满足低龄宝宝强烈的探索与操作欲望，促进宝宝的感官发育。

生活用品为孩子模仿成人提供了直接途径

一般情况下，成人不会玩宝宝的玩具，也不会在实际生活中用它们做事，所以仿真玩具成了宝宝的专属伙伴。而生活用品就不一样了，成人在生活中经常操作它们，宝宝发现这些用品的本领真大，能在妈妈的手中干这干那，况且小宝宝特别喜欢模仿妈妈，于是生活用品便成了宝宝手中非常有动感的玩具。

生活用品对孩子的角色意识要求低，适合孩子的发展水平

很多生活用品其实已经被开发成仿真玩具，例如厨房里的锅碗瓢盆玩具、医院的药箱药品和听诊器等玩具。但是，这些生活用品类玩具对宝宝的角色意识和社会水平要求比较高，它们需要宝宝有一定的生活经验、想象力和角色表演意识，才能把这些玩具玩起来，不适合低龄宝宝的发展水平。所以，不少宝宝对假生活玩具感兴趣的时间很短，却对真生活用品情有独钟。

使用生活用品益智的4大良策

生活用品是很好的益智玩具，有许多适合孩子年龄的特点和开发潜能的功能。但是，生活用品毕竟不是专门为孩子开发设计的，所以当孩子把生活用品当玩具的时候，家长要用心关注和引导。

健康与安全最重要

有些生活用品有比较尖锐的棱角，有的不卫生并带有辐射，对宝宝存在安全与健康隐患。家长要对宝宝玩生活用品有选择性，谨防宝宝被划伤或者发生吃、咬、啃、舔等行为。

此外，家长还要增强预见性，这一点国外的某些做法比较好。例如，我国一个著名的冰箱企业想成为美国一个跨国集团的生产厂商，但经过调查，该企业的产品出现很多不符合质量标准的地方，其中一个问题就是冰箱的外包装塑料袋没有两个孔。这是从孩子的安全角度考虑的，因为一般客户把冰箱买回家，往往会把外包装塑料袋扔在一边，而小孩子特别喜欢钻进塑料袋里玩，如果塑料袋上没有小孔的话，很有可能造成孩子窒息。在外包装塑料袋上打两个孔，就是为了避免这种情况发生。可见，美国具有崇尚孩子玩自然的生活用品的社会传统，所以社会和企业也特别关注家用产品的各个细节对孩子的安全性。这个事例是对广大家长具有启发意义的提示。

处理好珍惜物品与把玩之间的关系

不当家不知柴米贵，宝宝当然不知道玩具和生活用品都是家长用辛苦工作的报酬换来的，他只顾满足自己操作和玩耍的愿望，不管也不明白自己的行为将会导致毁坏与浪费。所以，家长培养宝宝从小爱惜物品的意识还是非常有必要的，这就需要家长处理好品德教育与智力开发之间的关系。像手机、相机之类的物品，谨防宝宝摔坏或者掉在水里，家长要边用语言提醒边做好保护，给宝宝积极的影响。像眼镜之类的物品不能任由宝宝掰折了，可以找一些替代物品，诸如弹簧和放大镜，也可以满足宝宝的探索欲望。

如果宝宝一味地用磕、碰、摔等粗暴动作操作，家长需要示范和指导比较安全和文明的操作方式。如果宝宝还是不配合，则可以把这些用品收起来，暂时不让他把玩了。

支持孩子运用多种感官把玩生活用品

在健康与安全的前提下，鼓励宝宝用自己的方式把玩生活用品，有利于培养宝宝勤于动手动脑的好习惯。因为生活用品具有方便人们操作的特点，它的结构与设计符合人体工程学原理。宝宝常常顺应物品本身的特点突发奇想地摆弄，开放的妈妈会很享受宝宝的这种状态，而不是急于干预宝宝应该这样玩，不应该那样玩。

此外，还要为宝宝选择自由的把玩空间，就像鸣鸣妈妈让宝宝拿着锅盖在草地上玩，不但健康安全，还能充分满足宝宝滚、踩、拍等多种操作方式，同时避免了产生的噪声影响楼下邻居的生活。

把生活用品和玩具结合起来玩

有的妈妈不同意鸣鸣妈妈的说法，既然有现成的高科技玩具，就应该让宝宝玩，而不应该玩简单的生活用品，这样宝宝的起点更高。要说两者各有奇妙，相互不可取代，这是正确的，但是要说高科技玩具能帮助宝宝站在高起点，两者却没有必然的联系。高科技的电动玩具虽然比较安全，富有童趣，但是它比较昂贵，宝宝的操作和参与空间比较少，所以很多高科技玩具不能长时间吸引宝宝，很快就被宝宝玩腻了。而生活用品就不一样了，宝宝会玩很长时间，如果玩腻了，家长就物归原处，恢复它的本来用途，也不会造成浪费。

第四章

建立正确的家园合作关系

老师为什么总是报喜不报忧

每次到幼儿园接宝宝回家的时候，齐女士都问老师宝宝表现得怎么样，老师总是说“挺好的”。齐女士还跟老师说宝宝有什么不对的地方，该批评的就批评，老师笑着点头。一个学期下来，齐女士确实没有听老师告过一次宝宝的状。但是，春节在家的时候，齐女士发现宝宝有许多小毛病，例如，对爷爷奶奶说话不礼貌，在外面问叔叔阿姨要东西吃，到其他小朋友家里霸占人家的玩具不让同伴玩，等等。这些毛病是从哪里来的？难道老师总是报喜不报忧？

老师报喜不报忧的原因

孩子的客观因素

家庭和幼儿园是两个截然不同的生活环境，在老师的教育和同伴的影响下，有的宝宝在幼儿园确实比在家里表现好，尤其是在独立生活和游戏活动方面，宝宝常常显得更加能干和会玩，可是一回到家里，宝宝就恢复依赖和磨人的状态了。这是两种不同的教育环境造成的。

家长发现这种情况以后，可以与老师及时沟通，调整自己和其他家人对孩子的教养态度和方式，使孩子在幼儿园的好表现在家中也得到延伸和巩固。

老师的主观因素

现在提倡以正面教育为主，所以对于宝宝在成长中遇到的正常问题，老师往往从正面进行理解和引导。再说老师也见得多了，知道宝宝自我成长的力量会使宝宝自我矫正，因而老师对待宝宝的问题，态度比较从容。这些职业思维特点使得老师可能出现“报喜”多于“报忧”的状况。

家长的微妙因素

这是当今许多老师报喜不报忧最微妙的原因。每个家长大多只有一个宝宝，幼儿园是宝宝走出家庭大门的第一步，所以家长对离家在外的孩子充满了关爱，对老师和幼儿园的状况也有一个渐渐了解和信任的过程。在这个过程中，有的家长对老师的爱心和教育方法存有疑虑，于是选择了向幼儿园领导反映情况或者与其他家长交流的方式，这些都会被老师理解为“告状”，影响他在幼儿园和家长群体中的威信。出于自我保护的本能，有的老师就出现了报喜不报忧的情况。

喜忧只报一半会产生一半的教育

“少小若天成，老大自然成”，幼儿的大脑和身体发育有许多关键期，有些问题需要早发现早教育，为宝宝打造最好的启蒙开端。可是，喜忧只报一半会产生一半的教育，使家长和老师错过一些关键信息和教育时机，进而影响宝宝的健康成长。所以，家园关系透明一些，宝宝各方面的状况都能得到及时发现和及时指导，促进家长和幼儿园通力合作，宝宝的发展一定从中大大受益。

让老师报喜又报忧的6大沟通策略

不要接了孩子就走，抽时间跟老师多聊几句

常看见有的妈妈和爸爸来接宝宝的时候，跟老师说声“再见”就走；或者有的家庭总是保姆来接宝宝，一个学期也难得见爸爸妈妈接几次孩子，保姆的交流水平和主动性又有限，这两种情况都会导致老师没有机会把孩子的问题及时、有效地反映给家长。

所以，如果爸爸妈妈很忙，可以想办法单独安排一次与老师充分交流的时间，以便详细了解孩子的在园情况。还有一个办法是主动培养保姆跟老师交流的积极性，增强她暂时作为代理看护者的责任意识。有的家长采取发手机短信的方式跟老师做简短但又频繁的交流，效果也不错。

不要泛泛而问，要说细节和故事

家长到幼儿园接孩子，常听见有的爸爸妈妈说：“宝宝怎么样呀？”“宝宝没什么问题吧？”话题还没有展开，就拉着宝宝走了。如果要了解宝宝真实而丰富的信息，家长就得把话题展开，随机抓取一些有价值的细节，跟老师探讨进一步的教育问题。

例如，宝宝的交友问题在家里不容易出现，因为大人都让着孩子，可在幼儿园里，伙伴之间是平等的。因此，在幼儿园，孩子是否容易引起冲突？他面对冲突的应对策略是什么？在哪些方面还需要进一步指导？这些情况，家长不细致交流是不知道的，不知道的信息容易导致教育关注的盲点，教育关注的盲点导致孩子的发展不能得到及时的帮助和指导。所以，与老师进行事无巨细的交流，说说孩子在日常生活中的故事，会促进家园双方捕捉教育的关键点。

客观、坦诚地看待自己的孩子

家长要做到这一点，说起来容易，做起来难。但它又很重要，让老师真实地感觉到你不是一个护短的人，是让老师“报喜”又“报忧”的关键策略。

据调查，有的老师对家长的口头承诺并不完全信任，他发现真要是遇到问题了，个别家长可能不依不饶。所以，个别不安全的经历和体验使老师产生一个心理，那便是还要观察一段时间，只有当他觉得家长确实比较客观、坦诚，他才会有报喜又报忧的心理安全感。

入园小贴士

每个家长都最爱自己的宝宝，也觉得自己的宝宝是最完美的，但是不要因此护短，即使不同意老师的看法，也要给老师反映问题的机会。

“喜”不忘情，“忧”不紧张

听说自家宝宝好，家长都高兴，但是有的家长由此得出宝宝“一好百好”的结论；听说宝宝哪方面发展稍慢了点儿，有的家长就着急，过度紧张，对宝宝要求严厉起来。其实，童年时期的发展变数最大，暂时领先的宝宝不久就可能失去明显的优势，暂时落后的宝宝不久就可能与同龄宝宝持平。

谨慎采取“告状”策略

就像中小学生最怕老师“告状”一样，老师也最忌讳家长“告状”。除非教师出现严重的师德缺失或责任事故，对普通的问题，家长直接跟老师沟通是比较有效、比较和谐的解决办法。因为你的建议和批评如果是通过其他渠道间接地传输给老师，老师会觉得你不信任他，反过来他也降低了对你的信任度，这些微妙的不良感受会影响老师报喜又报忧的心理安全感。

利用“喜讯”给宝宝成长空间

个别家长有“优点不说跑不了，缺点不说不得了”的观念，这对于自我认识比较客观和成熟的大孩子来说有一定道理，但是不适用于婴幼儿。

有一位老师表扬宝宝:“今天很勤快，帮老师收拾玩具。”家长却当着宝宝的面说：“在家里是个小懒虫，吃饭还要人喂！”宝宝那本来熠熠闪光的大眼睛瞬间就失去光彩，低下了头，可家长还在说：“别总是听老师说好的，你改掉坏毛病才是个好孩子！”老师表扬的确实只是宝宝的一次好行为，但是对于婴幼儿来说，表扬和报喜讯的主要目的是给宝宝提出继续努力的目标和方向，激起他的信心和希望。所以，对老师表扬宝宝“言过其实”之处，家长不必“揭穿”，宝宝更适宜接受正面要求而不是反面激将。

入园小贴士

不管家长听到老师“报喜”还是“报忧”，大可不必太忘情、太紧张，平静地面对宝宝发展中的问题，以理性的态度促进宝宝的健康发展，这才是良好的启蒙教育。家长有这种平和的心态，老师才会放心地与你交流。

不要让老师对孩子过度保护

上幼儿园之后，丽丽的体质强多了，但是在班上还是属于生病较多的孩子。因此，妈妈特别关注丽丽的身体健康，丽丽没病的时候天天吃营养品和补品，有病的时候就得吃药了，班级的医药袋里总有丽丽的东西。老师跟家长说要多带丽丽出去锻炼，不能总是依赖“吃”来增强体质。

放暑假了，丽丽的家长都比较忙，没有时间在家里带孩子，于是报了幼儿园的暑假班。班级的孩子很少，老师可以对孩子照顾得比较周到，家长也挺放心的。可是，有一天，丽丽在班里看书，坐的时候没坐稳，摔倒在地板上，胳膊骨折了。丽丽的妈妈既心疼又气愤，先是责问老师为什么没有看好孩子，后来又告到园长那里。老师和园长表示道歉，幼儿园还付了医疗费，但是丽丽的妈妈认为孩子所受的罪和家长的担心焦虑远远超过这些，于是进一步向上级部门状告幼儿园老师不负责任。上级部门经过严谨的调查分析，判定丽丽摔伤属于意外伤害，带班教师不属于责任过错。

1个月以后，丽丽胳膊上的石膏拆掉了，并渐渐恢复了健康。家长要求给丽丽调班，新老师接纳了她。然而，新班级的几个老师一致把丽丽当成特殊保护对象对待：丽丽在户外一跑，老师就要求她不要跑快了；做活动的时候，尽量把丽丽安排在万无一失的地方；如果赶上其中一个老教师带班的时候，老教师干脆就牵着丽丽，说：“我带孩子一辈子没出过什么事，现在还有半年就退休了，我可得好好看着她，别让她出了意外，我吃不了兜着走！”只要能腾出手，这个老教师就坐在旁边搂着丽丽，以免她摔倒了。

当丽丽在幼儿园受到比以前更加细微的关照时，家长是不是可以放心了呢？或许家长觉得老师对体弱的孩子就应该这样。其实，人的体质是越保护越弱，越锻炼越强，过度保护的结果只能是让孩子更加娇柔和脆弱。丽丽享受了过度保护的特殊待遇，被保护伞静静地罩着，这会使丽丽经受锻炼的机会减少，其体质和身心发育速度反而下降了。

老师的责任压力越大，过度保护越强

我们援引这个案例的目的不是要评论其本身的是非和公正，也无意为某一方辩解，而是想客观地分析教师的责任压力问题以及它对宝宝教育的不利影响。

从教师的角度来说，他们原本不想这样。丽丽的第一个老师已经跟家长交流过："要多带丽丽出去锻炼，不能总是依赖'吃'来增强体质。"后来丽丽出现意外伤害，家长的态度比较激动和坚决，教师的心理压力很大，责任意识过重，这会使教师对孩子的教育定位很容易转化为"不求有功，但求无过"，平时对孩子的积极引导和放手锻炼就会变为消极保护和畏缩不前。

教师都知道并认可教育部《幼儿园教育指导纲要》的要求："避免过度保护和包办代替。"但是，产生责任压力的老师就会出现认知僵化和情绪紧张，她会想："出了事情，谁负责任？"这是教师不自觉的心理反应。这样的老师要在一段时间内经过职业道德和业务能力的调整和适应，才能恢复正常的心理

入园小贴士

家长的观念、态度和行为与教师发生互动后，会影响和改变教师的心理状态，如果超出教师正常的心理负荷，就会形成教师的责任压力源。责任压力一旦产生，教师在情绪、认知和行为上都会不自觉地做出适应性的反应：情绪压力反应，如紧张、焦虑、倦怠、沮丧、悲观等；认知压力反应，如感觉迟钝、注意力狭窄、思维僵化等；行为压力反应，如刻板、重复、缩手缩脚或者攻击性强。当教师处于这种状态的时候，就会对自己的整体观念和行为产生怀疑，退缩到较为保守的教育方式中。

状态，这期间宝宝得到放手锻炼的机会就会减少。

过度保护对孩子不利

家长和老师保护宝宝的初衷是让他成长顺利、少走弯路，但过度保护却适得其反，它是束缚宝宝学习自理和独立的主要障碍。现在，许多宝宝夏天在有空调的房间里活动，冬天在有暖气的屋子里游戏，出门有爸爸妈妈开车接送，风吹不着，日晒不着，雨淋不着，成了典型的温室里的花朵，而“恒温儿童”的最大弱点是难以适应温度的变化，换季时特别容易得病。得病之后家长则更加严密地保护孩子，形成“保护——生病——再保护——再生病”这样的循环。

众所周知，邻国日本养育宝宝的方式截然不同，让宝宝经受风吹日晒成为日本社会普遍接受的文化观念。他们认为宝宝取暖和保持热量主要不是靠衣服，而是靠运动和锻炼。例如，日本很多幼儿园让幼儿赤裸着上身在院子里跑，寒冷的冬季也有这样的冬训，下雨天让孩子不打雨伞不穿雨衣，在户外持续活动；学习打扫干净院子是大班孩子必须达标的毕业课程。

与此相比，过度保护成了我国社会普遍存在的习惯和观念，也成为当今幼儿园教育改革遇到的现实问题。幼儿教师渴望更新观念，当他们有所作为的时候，家长要理解、认可和支持，这样才能家园共育一个健康强壮、独立自主的宝宝。而当教师发现家长对自己不信任，他就只好先对宝宝加强保护以换取家长的信任；家长越不信任，老师的压力越大，越容易对宝宝过度保护。如果家园携手过度保护宝宝，对宝宝的健康成长是不利的。

走出使老师责任压力过强的4大误区

一个班级的教师要带几十个孩子，大多数家长并没有构成教师的责任压力源，只有少数家长会出现这种情况。家长的哪些观念、态度和行为会让老师感到责任压力呢？

误区1：执意强调孩子的特殊性

有的家长认为只有自己对孩子的情况最了解，于是在接送孩子期间，会向老师交代很多自己在家带养孩子的细节之处，并要求老师在幼儿园也这么做。其实，宝宝在幼儿园和在家里的活动方式差别很大，教师会根据具体情况调整对宝宝的生活照顾情况。如果宝宝没有特殊需要，家长尽可放心宝宝有能力适应幼儿园的生活方式。有时候，我们发现个别宝宝出了汗还穿得厚厚的，问老师为什么不给他脱衣服，老师说家长反复交代："除了睡觉，不能给他脱衣服。"可见，保守的养育方式让宝宝在开放的集体环境中也没有享受到发展的机会。

误区2：直接向园长反映情况

有的家长发现与老师沟通不顺利后，就避开与带班教师充分交流，而直接向园长反映情况，以提高影响的力度。实际上，只要关乎孩子健康与发展的具体细节，还是要通过带班老师操作。如果园长传达家长的意见，带班教师会将它作为自己工作上出了问题看待，造成心理压力与紧张。因此，常常听见有的老师跟家长说："有什么问题，您直接跟我说，说什么我都不在意，我希望咱们充分沟通，把孩子教育好。"当然，很多事情仅靠一两次沟通未必能达成共识，那就需要再多沟通几次，共同摸索出相互关切但又不施加压力的策略。

误区3：影响其他家长的态度与判断

有一位年轻教师说出自己的苦恼：某一个家长不信任她，认为她太年轻，还没有生孩子做妈妈，怎么能带好这么多孩子？这个家长还跟其他家长商量，能不能一起跟园长说说给这个班换个老教师。有的家长接受了她的观念，而有的家长认为年轻教师比老教师活泼，不用换老师。虽然最后并没有换老师，但这个年轻教师很郁闷，自己已经有8年的幼教经历，年龄也快30岁了，只是长相显年轻一些，却落个家长不信任。于是在每次开学的头一两个月里，她都想办法做很多细致的工作，让家长相信她照顾孩子是有经验和可靠的。等这项工作理顺之后，她才放手给孩子们设计一些比较开放、更具有发展意义的活动。其实，如果没有责任压力，她会把自己的教学尽早做到这一步。

误区4：旁听、窥看和拍摄

我们常常会发现，有的家长送了孩子还不走，躲在门外听一会儿，自己的孩子哭了就马上进来；有的家长躲在大树后面或者房屋侧面悄悄地张望孩子，甚至带上照相机、摄像机拍下来。也许家长只是出于舍不得的心理，未必就是不信任老师。但是，家长的这些实际行为已经使教师处在被监视的环境，使他失去了自然、放松的工作心境，产生一定的责任压力。

女教师与男子汉教育

白先生在一次家长会上给老师提了一个问题：自己平时工作比较忙，总是在外面跑业务，儿子主要由妻子和岳母带着。现在上了幼儿园，全是女教师，被女性包围的儿子怎样成长为男子汉？白先生的问题赢得在场其他爸爸的呼应，大家一致关心这个教育问题：女教师和妈妈们采取什么教育方式才能把儿子培养为男子汉？

男子汉并非天生，而是教育出来的

男孩成为男子汉，实际上就是宝贝儿子逐渐获得社会化的性别角色。孩子从出生直至生命的全程，都是不断学习和完善自己的性别角色过程，因此可以说，性别角色教育从宝宝0岁就开始了。

培养男孩成为男子汉的过程，就是不断向他传授男孩的性别角色标准，告诉他这个社会公认的适合于男性的行为方式、性格特征、思维方式和价值观等。宝宝会渐渐认同并内化这些性别标准，长大后，他将顺利地适应社会的要求，追求和享受幸福成功的人生。

正常情况下，2岁的宝宝就能准确地意识到自己是男孩还是女孩，但是否喜欢和接纳自己的性别，并按照性别角色标准采取合适的行为方式，则需要家长和老师进行良好的教育。虽然每个成人的生活经验和感情经历不同，对异性有不同的喜好、感受和认识，但是正确的性别教育要客观冷静，不宜感情用事，不带个人偏好。而且培养男子汉非常需要家园共育，女教师和妈妈都要重视并相互配合进行性别角色教育。

被女性包围的男孩未必就女性化

入园小贴士

3岁前的宝宝，不管是女孩还是男孩，需要更多的生活照顾和卫生保健，在这方面女性更加热心和擅长，因而妈妈、阿姨、奶奶和姥姥成了看护宝宝的主力军。宝宝上幼儿园以后，承担孩子保教的主力军仍然是女教师。但是，影响男孩能否成为男子汉的决定因素，并不是教养人自身的性别，而是教养人实施怎样的性别教育。只要妈妈和女教师向男孩进行正确的男子汉教育，那么被女性包围的男孩就不会女性化。

教育分为“显教育”和“潜教育”两种形式，“显教育”有明确的教育意识、目的、内容和形式；“潜教育”是教育者无意识地对孩子渗透的教育，静态的教育物质环境和心理环境是对孩子具有潜移默化影响的“潜教育”。幼儿园女教师是接受过专业培训的教育工作者，对幼儿的性别教育是没有偏见的，进行的是“中性教育”，引导孩子形成人类传承下来的、没有性别差异的、基本的优秀品质。当然，教师会根据中国或者地方的传统文化习俗而教育宝宝“男孩应该……”“女孩应该……”可见，女教师和妈妈要从“显教育”和“潜教育”这两个角度，反思和矫正自己对宝宝的性别教育。

培养男子汉的5大教育策略

别把宝宝的性别标签贴错了

3岁前宝宝的主要性别标签是穿衣打扮、玩具选择和游戏方式。男孩应该穿男孩的衣服，女孩应该穿女孩的衣服，这一点是毋庸置疑的。当然，从外表相貌看，皮肤细腻光滑的小宝宝不容易区分出男女性别，再加上有的妈妈喜欢样式和色彩都很丰富的公主服装，或者妈妈对女孩形象情有独钟，有的妈妈就根据自己的喜好把儿子打扮成女儿的样子，以为这只是好玩而已。

其实，这个年龄的宝宝就是通过外形来发展性别角色的，你作假他却当真，这样就妨碍了宝宝的性别意识发展。在玩具游戏方式上，成人要接纳和支持男孩通常的选择和方式。

熏陶做男子汉的向往之情

宝宝的自然生长速度差异很大，有的小宝宝很快就有了虎头虎脑的男孩样，动作发展也比较快，而有的小宝宝就迟缓一些。但是，做父母的也不能被动等待，得先让孩子的意识超前，不断向他灌输男子汉意识，让他知道给自己主动贴男子汉标签。

一个小宝宝特别爱哭，父母就给他灌输男子汉的行为模式："男儿有泪不轻弹，你总是哭，哪里还像个男孩子呀？"最初几次，他边说边哭："我不当男人，我是女人！"但"男人不轻易掉眼泪"的价值观其实已在他心里印刻，他只是控制不住自己。后来他把男人的哭法演绎得更加"合理化"了。有一次他患龋齿，牙疼得厉害，他大声地哭起来，爸爸说："我知道你牙疼，你能不能小声地哭？就像这样，哼——哼——"他大声地抗议："小声哭是女人，我不当女人！"可见，宝宝还是有进步的，至少有了当男人的积极性和主动性。当然，父母不要太心急，让宝宝有动力的同时不要感觉压力太大。

培养男子汉的礼貌礼仪

妈妈要不断从各个方面帮助宝宝提升男子汉气概。例如，跟他讲一讲什么是女士优先的绅士风度，并且在吃饭的时候，帮助他刻意等待女士先吃第一口；进家门的时候，有意不让爸爸先进，而让妈妈先进。这些礼貌和礼仪虽然是学习尊重他人的表面行为，但它渗透了对他人的体谅和关怀，宝宝长期不懈地坚持下去，就能获得一张具有绅士身份的男子汉"名片"。另外，让宝宝知道男女不同但男女平等，不要鼓励宝宝欺负女孩子，培养他的爱心。

培养男子汉的动感形象

做男子汉既要有"文道"，还要有"武道"。如果说绅士风度属于"文道”的话，那么“运动”就应该属于“武道”了。也许宝宝的身体发育有限，他在运动技能上并不是很突出，但是父母要培养他热爱运动锻炼。

例如，父母事先在孩子对面放点儿玩具，然后编故事：“你愿意当一只可爱的小白兔吗？在路的那头有好多大萝卜，咱们一起比赛拔萝卜，看谁先拔到大萝卜。跑喽——”父母边说“小白兔”“大萝卜”，边跟孩子一起跑，跑到对面再转回来，孩子累了就休息一会儿，再玩其他运动游戏。带孩子到一些休闲娱乐场合玩那些大型器械，也是促进孩子身体运动的好办法，只是要注意为孩子做好安全保护。

入园小贴士

对于不爱运动的宝宝，妈妈要动脑筋把运动锻炼游戏化和生活化，吸引宝宝参加运动的兴趣。不要把运动锻炼当成单调的技能训练，像训练运动员那样枯燥、严肃，这样根本调动不了孩子的积极性。

避免渲染女性心理和女性意识

妈妈对小虫子等动物和黑暗不要表现得过分紧张，这对小宝宝具有很强的感染力和传染性。女性毫无顾虑地表现出胆小紧张的样子，经由孩子的观察、学习和模仿，男孩也有可能比较夸张地表现自己的情绪，这就与勇敢不胆怯的男子汉形象颠倒了。

另外，长期以来，人们认为男性擅长理性思维，女性擅长形象思维。当男孩对一些自然科学现象感兴趣并求助妈妈的时候，有的妈妈却对此不感兴趣，不能给宝宝提供及时的鼓励、支持和帮助，以至于宝宝坐失发展的机会。所以，妈妈要克服自己的不足，与儿子一起欣赏与研究瓶瓶罐罐或者飞禽走兽，和他一起爱科学、“玩”科学、学科学。

消除孩子对老师的偏见

佳佳很少在家里喝水。一天，老师向家长反映："佳佳最近喝水有进步，是个好孩子！"奶奶就问佳佳："你怎么喜欢喝水了？"佳佳回答："老师'治'我了。"奶奶接着问："老师怎么'治'你了？"佳佳说："老师不让我玩玩具。"老师听了以后，心里非常委屈：天气干燥，每个宝宝都应该有一定的饮水量，佳佳怎么会把老师对她的关心爱护理解为"治"呢？至于不让她玩玩具，更不知道从何说起。这么小的孩子怎么会对老师有那么深的偏见，以至于感觉老师会"治"她？

宝宝对老师产生偏见的两个来源

宝宝对老师有偏见，会影响良性师幼关系的形成。宝宝的偏见一方面来自"成人之见"，另一方面来自主观的"个人之见"。帮助宝宝消除对老师的偏见，有利于提高他的生活感受质量，维护身心健康发展。

来自"成人之见"的偏见

既然"夫同言而信，信其所亲"，爸爸妈妈、爷爷奶奶自然是宝宝最亲密的人。家长说什么，宝宝最相信。宝宝认识现象、分析问题的方法与结论对成人的依赖性很强，尤其是对老师还没有完全建立信任感和权威感的宝宝，对自己家人的话更是深信不疑。宝宝的很多"说法"都是成人的翻版，所以有些话，家长不宜当着宝宝的面直接说。因为宝宝不可能理解家长分析问题的具体情境和方法，而是直接牢记了最后的观点，并简单、刻板地套用在一切情形中。

佳佳把老到世故的"治"字用在老师身上，显然是对"成人之见"耳熟能详的结果。宝宝印记了来自成人的偏见，有时是家长说话不讲场合，无意中传播给了宝宝；有时是家长有意让孩子获得自己的观点，形成“一致对外”的格局。不管怎样，这些都会妨碍宝宝正确地观察和分析问题。

宝宝对老师产生偏见后，至少会在以下4个方面产生危害：

★ 产生阻抗情绪，不愿意配合老师组织的保教活动。

★ 容易产生自卑，认为老师不喜欢自己，在幼儿园缺乏自信和勇气。

★ 潜藏家园矛盾。家长听了孩子用偏见“翻译”过的故事，对老师的误会在所难免。

★ 妨碍教师对宝宝的真正理解。偏见是隐藏着的心理活动，并支配着外在的行为，因而外人不易解读。教师解读不了有偏见的宝宝，很多情况下就不能真正理解和帮助宝宝。

来自“个人之见”的偏见

我们成人有了熟练的“透过现象看本质”的抽象思维能力，而宝宝处于“现象就是本质”的直觉行动思维和具体形象思维发展阶段，他们常常从一件特殊的事情推出一个普遍的结论。因此，宝宝的个人之见五花八门，充满了可爱的谬误与偏见。

有人问一个小男孩：“你长大了娶媳妇吗？”“不娶。”“为什么？”“背不动。”“背不动？”“猪八戒背媳妇！”原来，可爱的宝宝看了猪八戒背媳妇的动画片，就认为娶媳妇还得背，既然这么累，索性就不娶了。这就是宝宝个人之见的形成方法：一件事决定一个概念，虽然其事实基础是真实的，但是它的概括意义是有偏差的。

为了更好地了解和帮助孩子，一位老师开展了一次交谈活动：“谁喜欢

入园小贴士

虽然宝宝有那么多的“个人偏见”，可家长一般都不会误解，也不会当真，而视之为有趣的儿戏。但是，当宝宝因某一件事情对老师产生了偏见，家长就不可能是儿戏的态度了，而且因为宝宝心无城府，家长就更加相信宝宝不会无中生有地“瞎说”了。实际上，宝宝得出的结论常常是片面的和表面的。家长要注意认识宝宝的这一思维特点，正确分析宝宝的说法。

老师？谁不喜欢老师？为什么呀？”一个胆大的宝宝先说：“老师，我不喜欢你，你说话不算数！你说发给我们小贴画，但你总是忘——”接着，其他宝宝都争相发言了，表达自己对老师的不满：“老师，你总是叫错我的名字！”“老师，你总是离我们太远。”孩子们都是说出一件件实实在在的事例，证明自己不喜欢老师的缘由。这位老师非常坦然地接受了孩子们面对面的批评，进一步在改进工作中接纳和尊重孩子的心理需求，渐渐缩短师幼之间的距离，宝宝们适应幼儿园的速度大大加快。

这几个宝宝反映的事实是确凿的，但是由此得出老师不喜欢孩子的结论却是错误的。幸亏这位老师及时了解了孩子们的想法，在实际工作中加以更正，宝宝的信任和自信随之增强。如果宝宝向家长说“我不喜欢老师”，家长并不进一步调查支持这个结论背后的某一件“小事”，家长就有可能认为是“老师不喜欢我的孩子”或者“老师对我的孩子不好”，才导致孩子不喜欢老师的。

消解孩子对老师产生偏见的3大良策

理性认识和了解幼儿园丰富的生活实情

孩子们在幼儿园的生活为教师耳熟能详，但是对家长来说是陌生的，对幼稚的孩子来说容易引起他们的误解。例如，佳佳说：“老师不让我玩玩具。”这种情况在幼儿园是有可能经常发生的，但老师并不是“治”孩子。实际情况可能是该吃饭了，老师要求孩子们收玩具，佳佳还想玩；也可能是佳佳想玩别的小朋友正在玩的玩具，发现老师没有帮助她；或者可能是其他原因妨碍佳佳玩玩具。孩子还不能完全理解老师的引导和教育，把自己愿望不能实现的结果归咎于老师“治”她。因此，家长需要主动向老师了解幼儿园的生活教育。如果在这一环节缺少平静的沟通和交流，可能会加深家园之间的误会。

采用“解释说法”与“追问事实”的策略

如果能澄清宝宝的个人之见，就能清晰地了解他的心理活动，增强为之提供帮助和解决问题的针对性；同时也使家园关系更加清澈，提高家园沟通的透明度。针对宝宝的年龄特点，家长可以采用“解释说法”与“追问事实”的策略，过滤出宝宝的个人之见。

★“解释说法”即用大人的话重复宝宝的意思，以便确认幼儿的心理活动是否得到了大人的准确理解。例如，如果宝宝说“老师不喜欢我”，家长就换一些同义词或近义词重复他的含义：“老师对你不亲吗？”还可以用一个肯定词进一步确认：“老师对你坏，是吗？”如果他点头，说明大人的理解与孩子的想法是一致的；如果他摇头，说明大人的理解与孩子的真实想法还有距离，需要进一步交流，以便重新理解孩子的意思。

★“追问事实”是理解了孩子的想法之后，接着确认他的想法是否正确，通过追问，调查清楚事件发生的6大要素——时间、地点、人物、原因、经过和结果，家长就能判断幼儿遇到的具体困难是什么了。针对佳佳说老师“治”她喝水的事情，家长可以进一步追问：“你什么时候喝的水？”“你喝水的时候，还有哪些小朋友一起喝？”“你想喝水吗？”“你不喝水的时候，老师怎么说？其他小朋友不喝水的时候，老师怎么说？”把这些细节问得一清二楚，家长就很容易辨别出幼儿是“个人偏见”还是“真知灼见”了，然后家园之间可以进一步相互沟通。

避免情绪化的教育态度和观念

有的家长对幼儿思维特点的认识还不够准确，容易产生情绪化的教育态度和观念，在事实没有澄清之前就可能向宝宝传达消极的观点，使宝宝获得先入为主的偏见。这样的家长可以做如下改进：

★ 对老师有意见，可以找个时间和地点，单独与老师交谈，避免孩子在场。

★ 听说和发现宝宝在幼儿园可能遭受了不公平待遇后，先不要急于在孩子面前发泄情绪、表达观点，而是把注意力放在妥善解决问题上。

★ 如果有一个家庭成员在孩子面前对老师有微词，要主动请他“暂停”，找一个孩子不在场的时候再谈。

家长潜意识里的两个“不等式”

新学期招生开始了，家长排起长长的队伍等候交钱。有一个家长的手机响了，是公司有急事催他赶快回单位，于是他就跑到队伍前面，跟收款的老师解释了一下。老师问排在跟前的家长愿意不愿意让他加塞，这位家长同意了，可是后面的两个家长不愿意了，质问收款的老师：“你们为什么不公平呀？”老师解释：“这位家长有特殊情况，单位有急事！”“谁没有特殊情况？谁没急事？”“确实有急事就是急事，但如果说都有急事，不就乱套了吗？”“谁乱套了？是你们没规矩！”“你才没规矩！其他家长不都规矩地排队吗？”“你们这些哄孩子的有水平吗？才能教多少知识！你们就以为自己了不起了？”“你说的这些是哪儿跟哪儿呀？你看不上就别报名！”眼看着火药味越来越浓，有几个家长劝道：“算了，都少说两句。”

看了这起家园矛盾的案例，一般认为是家长不遵守规则和说话不礼貌造成的，而且也暴露了家长心目中对幼儿园教师的定位偏差。很多家园矛盾都隐藏着这个深层次的起因，直接影响家长与幼儿教师交流互动的质量。

家长潜意识中的两个“不等式”

在教师的内涵上：幼儿园老师≤教师

在幼儿园调查几个家长：“您认为幼儿园老师是做什么的？”家长主要有以下几个说法：“帮家长看孩子的。”“哄孩子高兴的呗。”“主要是照顾孩子，也教一点儿知识。”“培养和教育孩子。”接着调查家长：“您认为把幼儿园老师称为阿姨合适吗？”家长回答：“挺合适的。”

在小学调查几个家长：“您认为小学老师是做什么的？”家长的回答比较一致：“教孩子学知识、学本领。”“教孩子学会学习。”接着调查家长：“您认为把小学老师称为阿姨合适吗？”家长异口同声地表达一个意思：“不合适。”“不行，这样不太尊敬老师。”

可见，小学老师一致被认为是100%的教师，幼儿园老师只有70%的“含金量”。因为大约35%的家长将幼儿园老师“掺和”为保姆和阿姨，把孩子看好别出事，自己能安心上班就行了；还有35%“掺和”为孩子的大朋友，既照顾好孩子别出事，还要陪孩子玩出快乐与高兴；只有30%的家长是把幼儿园老师看成专门从事教育的教师，对孩子的启蒙教育很重要。

在人们的心目中，教师属于知识分子阶层，而保姆、阿姨或者陪孩子玩都是简单的体力劳动，如果家里有富余的人手，完全可以代替这些角色。因而，“幼儿园老师≤教师”成了不少家长对幼儿园教师的一个偏见。其实，致力于追求现代优质幼儿教育的许多幼儿园已经不是这种状况了。

在知识阅历上：幼儿园老师≤家长

由于国家继续教育的发展，家长的学历层次越来越高，他们的教育理论反思水平随之提高，但是由于幼儿教育体制和历史文化的原因，幼儿教师的学历进修和提升速度远不如社会其他行业发展得快。这样，高学历的光环效应就使幼儿教师的形象显得“相形见绌”，一些家长的潜意识就是：“你虽然是孩子的老师，我要尊重你，但是我的学历比你高，你看问题未必有我高明。”受这种心理的无形牵引，这些高学历家长产生了微妙的清高态度，对幼儿教师形成一种暗暗的压力。一位青年幼儿教师苦恼地说：“我们班有几个家长太难对付了，你说一句，他能说上十句，还一套一套的，我不知道怎么说、怎样做才能取得他们的信任。”这使家园沟通存在一个无形的障碍。

消除“不等式”的两大良策

在以上两个不等式的作用下，“你们这些哄孩子的有水平吗”之类的话在家园矛盾“热战”中就很容易脱口而出。即便没有遭受“热战”，也极易出现“他说他的，你说你的”等心理冷战，最终都将减弱家园沟通的水平与合作共育的力量，有时还出现家园对孩子要求不一致的情况，减慢了孩子健康成长的速度。只有家长消除潜意识中“不等式”的消极影响，家园合作共育的天空才能更广阔，孩子的快乐成长舞台才能更加宽广。

家长资源在幼儿园得到延伸，将发挥更大的教育力量

有一个爸爸是学工程的，经常会做一些建筑模型，他常常带一些材料回家，希望女儿摆弄这些东西，发展思维和手指的灵活性。可是女儿偏偏不喜欢，宁肯搭拼简单的积木，妈妈说可能是女孩子不擅长空间思维的缘故。有一天，幼儿园老师说班级正在组织有关房子的主题活动，想请这位爸爸到班里演示一次搭建筑模型的过程，培养孩子的兴趣和观察力。爸爸欣然答应了。没想到他的到来不但开阔了孩子们的眼界，收获最大的还是自家女儿。平时熟视无睹、司空见惯的建筑工作经过一次幼儿园的“亮相”，女儿发现爸爸以及爸爸的工作原来是个“宝”。从这以后，女儿就有了自己的“理想”：长大了要当建筑师！爸爸特别高兴，妈妈认为“女孩子不擅长空间思维”的性别偏见也没有了。

入园小贴士

幼儿教师固然有学历的局限，然而长期的工作经历使他们对幼儿的发展特点有着具体而细微的观察和分析，这些是不从事幼教事业的高学历家长不可能具有的。因此，高学历家长走出光环效应的误区，以平和的态度与老师进行充分沟通，自己的教育观念和行为才会更加精确和科学，对孩子的指导才会更加到位。

孩子就是这样，如果他发现自己的家长跟老师多说话，多参与班集体的活动，多为班集体做事，他就特别自信和自豪；反之，如果他发现家长跟老师合

不来，在班集体老不露面，一丝孤独和失意就会侵袭他的心灵。

把教师威信带到家里，可以加强家长的教育力量

不像医学治疗或者电子信息等行业有那么多不易被外人所知晓的技术密码，教育的专业特点是比较容易入门，它的做法和评价很透明，谁都会有所观察和思考，这是影响幼儿教师在家长心目中威信和地位的一个重要因素。但是，家长的教育理论普遍并不主要来源于系统学习和专业培训，而是通过看电视、阅读书籍报刊和自己的经历体验获得的，这种方式使人悟出的“新观点”虽然很多，但缺乏系统分析和内在联系。另外，初为父母的人在指导孩子方面也欠缺一些技能和小窍门。

从教育的角度来说，亲密无间的亲子关系既有有利之处，也有不利之处，其中不利之处就是孩子把家长的脾气和特点摸得透透的，有时候家长说什么，他就是不听，依然我行我素。怎么办呢？不少家长都用过这个策略：“老师说……我们要听老师的话。”一般情况下，教师在孩子心目中是很有威信的，家长这样“假传圣旨”，既说服了孩子，又巩固了教师的威信，可谓一举两得。当然，如果家长处于跟老师暗中“较劲”的情况，自然不屑于利用幼儿教师这个资源的优势，对孩子的管教就只能“孤军奋战”了，闲置了本来可以助你一臂之力的教育力量。

幼儿园的条条框框与孩子的个性不矛盾

老师对棒棒的妈妈说："棒棒上幼儿园以后，情绪适应得很好，但不喜欢配合老师活动。例如，户外活动的时候，棒棒满院子跑，很危险，不跟老师和其他小朋友一起做游戏；粘贴画画也是一样，自己想怎么做就怎么做，不愿意听从老师的指导。"老师希望家长能够教育宝宝热爱集体活动，可是棒棒妈妈说："我家宝宝在家里就是随便玩，幼儿园的条条框框会限制宝宝的个性发展，老师，你不用管那么严。"

"个别性"和"共同性"——个性飞扬需要两只"翅膀"

在追求创新和卓越的当代社会，有个性化思维和做法的人，更有可能在纷纭的竞争中开辟独创性，人云亦云、亦步亦趋很难创造新天地，这种观点是正确的，所以我们现在注重尊重和培养孩子的个性也是正确的。但是，成熟的个性不仅有"个别性"，还要有"共同性"。

我们通常理解的个性就是与众不同，其实它既有积极含义，也有消极含义。在工作、学习和生活等方面突破常规并具有提高效率的"与众不同"是积极意义的个性，比较固执、不接纳常情常例并给别人和自己都带来不便的"与众不同"则是消极意义的个性。

每个人都毫无例外地有自己的个性特点，但是如果过分强调自己的个别性，不愿意为了别人而调整自己的情绪、喜好和行为方式，缺乏与人相处的共同性，就会影响自己的人际关系质量，最后也会影响效率。所以，成熟的个性既有"个别性"，也有"共同性"，是孩子个性飞扬的两只"翅膀"。

在现实生活中，这两类情况都很普遍。可见，我们所说的培养孩子的个性是指前者，而不是后者。但是，观察发现，如果家长没有仔细区分积极意义的个性和消极意义的个性，就会在教育孩子的时候，把两者混为一谈，这样反而不利于培养孩子的个性，甚至向消极方面引导。

个性发展特点

三四岁宝宝的思维特点是以自我为中心，这就是说宝宝的个别性发展突出，共同性发展水平还有待提高。宝宝从开始学会说“我”到两三岁出现口头禅“不”，都是他们发展自我、发展个性的表现，这说明宝宝开始初步知道自己是与别人的想法和做法不同的，但是反过来他就不能总是正确把握，他常常误以为自己可以与别人不同，别人却应该与自己相同。因此，不少家长发现宝宝脾气很倔，遇到冲突的时候，家长听他的话还行，让他听家长的话就很不容易。

鉴于宝宝的这种成长规律，我们一方面要尊重宝宝发展个别性的需要，另一方面要培养他的共同性，让他渐渐明白这个世界的游戏规则是大家通过协商而共同制定的，如果不遵守共同的游戏规则，最终的结果就是谁都玩得不开心。

入园小贴士

对于宝宝来说，学习与游戏规则打交道的第一所学校就是幼儿园。在家里一般都是大人让着宝宝，大家都在宝宝的条条框框里活动，可是宝宝走出家门，这种情况就不存在了。宝宝在幼儿园里要互相谦让，尊重对方的个性，这样宝宝的快乐就升华了，他不但享受了按照自己的方式制造的小快乐，也学会和享受了按照共同的方式与大家一起制造的大快乐。所以，宝宝要学习和遵守家庭以外的规则，否则宝宝处处碰壁，心情会多么沮丧！

在集体环境中发展孩子个性的4大良策

不对幼儿园的条条框框一概否定

幼儿园为宝宝预备了生活、学习和游戏3大类活动，由于每个教师对教育的理解与操作不同，为宝宝所在班级制定的规则也不同，家长不要一概否定这些条条框框，而是理性地过滤出可能限制宝宝个性发展的条条框框，愉快接受将促进宝宝个性发展的条条框框。

★ 一般情况下，应该引导宝宝尊重集体生活的作息规则，这样才能保证宝宝参与集体教育时精力充沛、效率优异，而且有规律的生活也促进宝宝的身心发育。

★ 在学习和游戏的时候，应该教育宝宝遵守一些基本的纪律要求，掌握正确方法与其他宝宝相处，不打扰别人。但是，在学习方式和表现方式上应该鼓励宝宝发展个别性。例如：画画涂色的时候，不要以成人的标准限制他；摆弄玩具的时候，不随便插手宝宝的创意；在保证安全的情况下，鼓励宝宝按照自己的方式运动锻炼。需要注意的是，为宝宝拆除一切条条框框的限制也是错误的。

不让孩子直接参与对条条框框的否定

现代不少家长有高学历、高素质，喜欢学习和钻研幼儿教育，对什么是最优秀的幼儿园教育也有自己的理解。而现代幼儿园教育也不是十全十美的，所以有的家长很敏感地察觉幼儿园的种种不尽如人意之处，希望某些条条框框能够得到调整，使宝宝的个性更好地发展。但是，因为幼儿园教育面向的是群体，而不是个体，所以幼儿园调整任何条条框框，都得全盘考虑各个相关因素，这样对家长的建议就有可能不全部采纳，或者采纳后不是立竿见影。这

> **入园小贴士**
>
> 条条框框都是面向大局而定的，家长应该跟老师或幼儿园管理者反映情况、提供建议，而不要让宝宝首先尝试突破规则。从教育的角度来说，这对宝宝有消极影响。

时家长要注意，别让宝宝直接参与对条条框框的否定。

有一个宝宝喜欢玩幼儿园户外场地的“城堡”，因为幼儿园有多个班级，于是园里安排宝宝所在的班级每周上午玩“城堡”，下午就把“城堡”让给其他班级。但是，宝宝不愿意，下午还是往“城堡”跑，老师拉他回班，他就不高兴。家长知道后带着宝宝找老师：“我家宝宝只喜欢城堡，你就让他去吧，否则他就不愿意出来玩了。”结果第二天，宝宝真的出现不让玩“城堡”就不出来的现象。本来孩子的问题还没有这么严重，现在显然是受了家长的暗示。类似这样的事情，家长表面上是在支持宝宝的个性特点，实际上干扰了宝宝个性发展的正确方向，容易使宝宝形成“不满足我的意愿我就加倍逆反”的消极个性。

培养孩子愉快地适应规则

孩子上幼儿园，是父母第一次与正规教育机构打交道，也是他第一次走向社会、适应集体生活，这中间会产生许多矛盾。其中的主要矛盾是宝宝在家庭和幼儿园要遵守的规则不同，而规则的不同直接影响幼儿的情绪和适应性，尤其是那些在家中很少有规则限制的宝宝，适应幼儿园的困难更大。

积极参与集体生活能更好地发展个性

不要以为集体生活是磨个性之棱角的，其实集体生活能够发展宝宝的共同性，共同性促进宝宝在集体环境中更好地学习、生活和交往，为锻炼宝宝出类拔萃的个性提供了丰富多彩的舞台。所以，家长鼓励宝宝积极地参与和适应集体生活，是宝宝发展优良个性的必要途径。

入园小贴士

家庭作为私人的自由天地，对成人和宝宝的意义是不一样的。成人知道进家门怎样放松自由，出家门怎样约束自己，而宝宝不会这样成熟地转换。所以，家长不要把自己从职场退回家庭的自由渴望套用在宝宝身上，应该把家庭当成宝宝学习社会的第一课堂，培养他礼貌、合作、不打扰别人等良好行为规则。

第五章

家园合作，提升孩子的能力

引导孩子集中注意力

王女士的儿子已经4岁半了，理解能力很好，但周围的很多小朋友都能写数字、绘画，他却不行，因为他没有耐心学写字和画画。以前上小班时，妈妈就发现儿子注意力不集中。上了中班以后，老师讲的东西越来越多了，他注意力不集中的缺点更明显了，老师交代的事情总是记不住。跟小朋友玩的时候也不集中注意力，当别的孩子玩兴正浓时，他已经失去了兴趣，可是他自己也不知道下一步想要做什么，只好干坐着。

注意力对孩子意义非凡

王女士的烦恼说明家长意识到了注意力对孩子健康成长的重要意义。大量的学习心理学研究发现，孩子的注意力障碍是造成学习障碍的主要心理原因之一，它将导致孩子智力正常但学习成绩落后。所以，重视从小培养孩子的注意力，对他的未来具有预防学习困难的意义。

培养注意力的“五项全能”

注意力包括以下5个方面的内容：注意的稳定性、注意的广度、注意的转移能力、注意的选择性、注意的意识性。只有这“五项全能”都得到发展，宝宝才能形成良好的注意力。

注意的时间久一点儿

这是指注意的稳定性，是对同一对象所能坚持的注意时间。时间持续越长，注意力的稳定性越强。一般情况下，3岁幼儿能集中注意3～5分钟，4岁幼儿能集中注意10分钟左右，5～6岁幼儿能集中注意15分钟，6～7岁幼儿能集中注意20～25分钟。可见，时间长短是影响孩子注意力的一个重要方面。

★ 方法1：以孩子的初始记录为基础，每次延长一点点。给孩子讲一个故事，看他的注意力能集中几分钟，作为初始状况记录下来。下一次讲故事时延长一两分钟，如果他能坚持听下去，就给他一个小奖励（如一张小贴画）。这种情况稳定以后，父母接着适当延长时间。在做游戏、画画等其他情景中也可以这样训练孩子。

★ 方法2：不要随便打扰孩子的游戏。当孩子正在专注地玩耍和游戏时，是他们自主发展注意力的过程，成人要把它当成严肃的工作而尊重，不要轻易地打断孩子。例如，孩子玩沙、玩水、玩土通常很专注，大人只要在旁边做必要的健康与安全帮助就行了，不要因怕不卫生而打断和阻止他，随他玩个够。当孩子正在专注地把玩一个小物件时，大人只在一边观察即可，没有必要插话或插手分散孩子的注意力。得到父母充分尊重的孩子，注意力将会得到良好的发展。

注意的范围宽一点儿

这是指注意的广度，是在同一时间里所能把握的注意对象的数量，数量越多，孩子注意的范围越宽广。如果孩子的注意范围狭窄，就只能注意某一事物，不能再注意与之相关的其他事物。

★ 方法1：让孩子玩“记物品”的游戏。在孩子的面前放6件玩具和生活用品（根据孩子的情况最初也可以少放一些），例如笔、书、手绢、勺子、杯子、手机，让孩子边看边说桌子上有什么物品，然后让他闭上眼睛想一想，刚才看见了多少物品，以后可以逐渐增加物品数量。经常玩这样的游戏，可以拓展孩子的注意范围。

★ 方法2：给孩子买一些关于“找不同”的书。家长可以在书店购买内容关于“找不同”的书，例如，一幅图片上有太阳、小鸟、小河、柳树和鸭子，另一幅图片类似，河里却多出了一条鱼。让孩子仔细看完前一幅图片，再看后一幅图片，问他与前一幅图片有哪些不同，但不准翻书。这对孩子的注意力和记忆力都是良好的训练。

注意的调节快一点儿

这是指注意的转移，是根据任务和要求主动、及时地转移注意对象的能力。它不同于注意的分散，注意的分散是随意离开任务和要求，属于不良的行为习惯。孩子专注地完成一件事情固然是可贵的，但是生活中许多事情需要一件接着一件地完成，这需要孩子的注意力有较好的转移调节水平。父母和老师在一定时间内布置任务的多少和这些任务之间的联系性，都会对孩子产生影响。当孩子不能按成人的要求去做时，有两种可能:一种可能是孩子在注意的转移上有困难，即俗语所说的“脑子还没有转过弯来”；另一种可能则表明孩子比较有主见，喜欢尝试自己所想的事情。如果是前者，就需要家长的专门训练；后者则是需要家长保护的品质。

★ 方法：用好表达顺序的关键词，指导孩子陆续完成几个简单的任务。例如，回家的时候，妈妈提醒宝宝：“先脱皮鞋换上拖鞋，再把皮鞋放在鞋架上。”吃完晚饭，爸爸要读报纸，还想看看孩子的作品，就可以对孩子说：“宝宝，先帮爸爸把桌子上的报纸拿过来，然后把你今天在幼儿园的画拿过来，让爸爸看看。谢谢宝宝！”

注意的兴趣浓一点儿

这是指注意的选择性，是对自己感兴趣的事物能够集中注意力，较少受外界干扰，对不太感兴趣的事物则容易思想分散。每个人都有自己注意力集中的兴奋点，孩子也不例外。父母要善于观察孩子的注意力在哪方面具有选择性。

★ 方法：成人适当地参与孩子的游戏。人的耐性强弱和注意力长短与人对事物感兴趣的程度息息相关，而感兴趣与否在于他对事物是否还有新发现。当孩子对玩具不再感兴趣，是因为他玩不出新花样了，需要父母及时地参与进来，与他一起变着花样玩，吸引他的兴趣和注意力。另外，父母还可以观察孩子最爱玩的是什么游戏，并积极地参与进来，想方设法延长游戏时间，加强孩子神经中枢的兴奋与抑制机制，促进孩子的生理机能发育。

注意的意志强一点儿

这是指注意的意识性，分为有意性与无意性。有意注意是有目的、有任务、需要努力而达到的注意，无意注意是不需要努力和意志而轻松产生的注意，幼儿的注意力以无意注意为主。这就启发父母一方面不宜总是对孩子提太高的要求，另一方面还要培养孩子的努力与意志。

★ 方法1：提供的玩具数量要适中。并不是玩具越多越好，如果宝宝眼前的玩具过多，容易造成他的视觉混乱，不便于他确认自己喜欢的目标，降低了他的有意注意水平。他可能各个玩具都抓抓摸摸，但持续时间不长。可见，父母不能光买玩具，还要学会投放玩具。父母可以把玩具适当分类，有些玩具暂时收藏起来，过一段时间再拿出来。这样孩子会专心地玩眼前的玩具，以前的玩具以后再拿出来也有新鲜感了。

★ 方法2：用夸张的表情和动作带动孩子的有意注意。写写画画是幼儿的一项基本学习技能，有的孩子畏惧新技能的学习，不愿意付出努力，家长可用夸张的表情和动作带动孩子的兴奋点与积极性。例如，父母边写边唱，还摇着头，一副自得其乐的样子，渐渐地孩子将被带入情景，他的努力与意志也随之渐渐增强。

培养孩子的想象力

爷爷来幼儿园接洋洋回家，洋洋还想在幼儿园玩一会儿。幼儿园依墙摆放了很多展板，上面贴的是小朋友的绘画作品。爷爷拉着洋洋的手看画展，指着其中一幅画说："这是bird，这是tree，这是apple。"洋洋没有用心听，爷爷还没说完，他就撒腿跑了。

可以看出，表面上爷爷抓住了教育时机，实际上却丧失了另一个更有价值的教育时机。假如爷爷引导洋洋在"小鸟""大树"和"苹果"之间产生联想，让洋洋的想象飞扬起来，洋洋很有可能会创编出美丽、神奇的童话故事，故事里潜藏着孩子对事物的理解和追求，对自己心声和同伴关系的表达，还有对绘画作品的评价……这样，展板上的一幅幅作品成了丰富多彩的教材，而且顺手拈来，自然而然，非常贴近孩子的实际生活。

知识≠想象力

想象力和知识之间既有联系又有矛盾。如果把人一生在各个方面的发展比喻为收获一个沉甸甸的容器的话，那么童年的任务应该是做这个容器，而不是急着往里面装东西。也就是说，用好奇心、兴趣、想象力把容器的空间撑得大大的，然后上了小学、初中、高中，孩子的逻辑思维能力发展了，他就可以尽可能多地摘取知识的硕果收藏在容器里，以备后用。否则，早早地把孩子限制在学"死知识"上，就等于早早地把容器定型了，孩子的想象力、潜能和发展后劲都将受到限制。这样的教育将弄巧成拙，可能会把孩子的想象力培养没了。

想象力发展的年龄特点

想象是在原有形象的基础之上，经过加工、改造、重新组合形成新形象的心理过程。孩子不到1岁就有了想象力的萌芽。在整个童年阶段，想象力的水平和特点不断发生变化，因此它与成人成熟的想象力有不同的特征。

特征一：以无意想象为主，想象的主题容易变化

想象分为有意想象和无意想象：有意想象是有目的和有意图的想象；无意想象是指没有目的和意图的想象，容易从一个主题转到另一个主题，不能控制自己沿着一个目标深入地进行想象。1～5岁的幼儿多是无意想象。

例如，宝宝正在搭积木，一会儿说自己搭的是大桥，一会儿又说是房子，一会儿又说是其他。他不是先想象后操作，而是先操作后想象，大脑的想象活动落后于身体的活动。家长要支持孩子想象出更多的形象，开拓孩子的思路，为发展孩子更高水平的想象力积累素材。

入园小贴士

家长应该根据孩子的意图区别对待孩子的“谎言”。如果孩子主观上没有欺骗别人、损人利己的意图，家长就不要一味地批评孩子说假话或者吹牛，而应该与孩子进一步交流什么是事实，应该怎么做。

特征二：以再造想象为主，生硬的模仿行为较多

想象分为再造想象和创造想象。想象出来的新形象与原形象比较接近，就是再造想象；新形象创新的成分比较多，就是创造想象。1～5岁的孩子主要是再造想象，如他模仿成人开车、搭车等；6～7岁的孩子开始发展创造想象，他们能对头脑中已经有的形象进行加工，画出新型的宇宙飞船，自己创编出新故事和新表演。所以，家长不要批评孩子只是简单地模仿，经过生硬模仿这一阶段，孩子会熟悉事物的特征，为他创造新形象打下认知基础。

特征三：空想成分比较多，并与现实世界相混淆

成熟的想象超越现实，但又不过分离谱。但是，孩子的想象比较夸张，

空想的成分比较多。例如，两个孩子比谁的爸爸高，一个孩子说：“我的爸爸跟天一样高。”另外，孩子还常常把想象与现实混为一谈。例如，一个孩子从家里带来一把新玩具手枪，另一个孩子很喜欢，他先是说自己家里也有，然后放学又把这把新手枪拿回自己家。这种情况最初都是因为孩子把想象与现实相混淆导致的，他喜欢什么、想象什么，就把它当成自己拥有的现实存在了。

培养想象力的5大良策

积累丰富的生活经验

孩子的想象力需要大量的原始形象为基础，也就是说，孩子要有丰富的形象记忆，这样他才能从记忆库里提取相应的形象进行想象。所以，家长要充分调动孩子的听觉、视觉、嗅觉、触觉、味觉、运动觉，积累丰富的生活经验。带孩子走出单元楼房，与各种人物和事物接触，多看、多听、多动手，帮助孩子收集和储存大量的素材，为孩子的想象力“飞起来”打好基础。

培养孩子的兴趣

良好的想象力离不开浓厚的兴趣，因为孩子对感兴趣的事物才会有专注性；有了专注性，孩子才会努力沿着一个目标有意识地想象和创新，也就是逐步由无意想象发展到有意想象，不断提高想象的水平。但是，孩子的兴趣不稳定，常常有变化，所以家长要抓住孩子感兴趣的事物，及时培养孩子的想象力。例如，家长正在用电饭煲做饭，孩子对冒出来的蒸汽感兴趣，家长既可以给孩子讲解蒸汽的特点，还可以启发孩子思维：“看这蒸汽像什么？”观察孩子有什么反应，然后家长说出自己的看法：“它像孙悟空腾云驾雾。”因此，孩子在生活中的兴趣随时可见，想象力的培养机会也随时可有。

理解和宽容孩子的错误

孩子的想象力具有脱离现实的夸张性，显得不合常理，因而常被家长误会。美国知名主持人林克莱特一天访问一名小朋友，问他说：“你长大后想当什么呀？”小朋友天真地回答：“我要当飞机的驾驶员！”林克莱特接着问：“如果有一天你的飞机所有引擎都熄火了，你会怎么办？”小朋友想了想说：“我会先告诉坐在飞机上的人绑好安全带，然后我挂上降落伞跳出去。”当现场的观众笑得东倒西歪时，孩子的两行热泪夺眶而出。林克莱特问他：“为什么要这么做？”小孩的答案透露出一个孩子真挚的想法：“我要去拿燃料，我还要回来！”

入园小贴士

孩子在认真地表达自己远大的理想和未来的幻想时，大人的怀疑与哄然大笑让孩子觉得自己很渺小，自己不被信任，这对他幼小的心灵是一个很大的打击。因此，成人应该尊重孩子想象力的特点，理解和宽容孩子的错误。

给孩子提供开放性的玩具和材料

玩具是孩子不可缺少的童年伙伴，市场上有的玩具利于培养孩子的想象力与创新思维能力，但是有的则缺少这种功能。尤其是电子自动玩具，孩子只需要遥控器或者按钮就能操作，不能给孩子足够的空间让他动脑筋思考，时间一长，孩子就玩腻了，玩具变成装饰品甚至破旧垃圾。

给孩子带来较多启发性的玩具具有结构松散的特点，需要孩子动手动脑才能操作，例如积木、拼图、水、土、沙、石子、树叶、树枝等。孩子常常会把生活用品当玩具，例如锅碗瓢盆、床单枕头等，能够玩出很多创意。家长不要因此责怪孩子，这一过程有利于培养孩子的想象力。

尊重孩子的自由活动方式

发挥想象力离不开孩子自由的活动时间、空间与活动方式，可是很多家长经常好心帮助孩子，实质上却干涉了他的自由与想象空间。例如，家长让孩子照着示范图拼摆积木，孩子想要随意搭建，家长不让；或者孩子正在琢磨的时候，家长在旁边指手画脚，否定孩子看似简单实则有创意的方式。这都是限制孩子发挥想象力的做法。

当然，放手孩子的思维也不是家长不管不问、随孩子的便，家长应该学会在旁边观察孩子，当孩子需要家长帮助和支持的时候，家长再适时介入。

培养孩子的观察能力

林林小时候有个毛病，喜欢捡地上的石子、树枝等小东西，然后就往嘴里塞，很不卫生。现在林林3岁了，明白了一些道理，不再嚼脏东西，但是喜欢收集“破烂和垃圾”，如地上的树叶、木棍、小纸片等。家里的牙膏盒子、饮料瓶子他也舍不得扔，都要放在玩具箱里，弄得家里乱糟糟的，也玩不出什么名堂来。但是，如果把它们扔掉，林林就不愿意，非要找回来不可。这是为什么呢？该怎样办呢？

孩子天生就爱观察大自然

宝宝是自然之子，大自然的一切事物对宝宝来说都是新颖的、好奇的。从出生的那一刻起直至整个童年，宝宝都利用自己的各种感官去观察大自然，从中发展的就是自然观察智能。这是以一种大自然的各种生命或非生命形式为特殊观察对象的智能，主要指敏感地分辨动植物和自然现象的能力，探索和把握自然物的内在规律，以及对事物和现象的内在联系进行思考和判断的能力。自然观察智能在发明家、生物学家、物理学家、化学家、地理学家、博物学家、考古学家、收藏家身上以及园林园艺领域表现得比较突出。最初，人类靠这种能力从大自然中获得了生存资源，现在，人类自然观察智能的发展水平更高了，这促进人与自然之间的关系更加和谐。

宝宝的自然观察智能对其一生的发展都具有非常重要的意义。自然观察智能使宝宝的眼睛更加善于捕捉，双手更加善于探索，心灵更加善于感悟，思维更加善于创新。所以，我们要积极地创造条件，使宝宝成为聪明伶俐的自然观察爱好者。

培养自然观察智能的7大良策

调动多种感官进行观察

成人的观察主要是用眼睛去观看，但是观察的含义远不止这一点，应该理解为用眼、耳、鼻、舌、手、脚等全身多种感官去看、听、嗅、尝、操作周围的事物，对于宝宝尤其如此。宝宝出生以后，首先喜欢用嘴巴“观察”自然，所以宝宝喜欢抓着物品就往嘴里塞，从中感知事物的软硬、酸甜等特性。妈妈不要责怪宝宝不讲卫生，而是应为宝宝的嘴巴探索做好卫生消毒工作。如果有些东西比较脏，妈妈可以温和地给他讲道理，并引导他用手捏一捏或团一团，用脚踩一踩或踢一踢等其他身体方式，满足宝宝渴望观察了解自然的需要。

为孩子提供适当的观察工具

直接用身体器官观察大自然是有限的，所以人类发明了放大镜和望远镜以扩展眼睛的功能，发明听诊器以扩展耳朵的功能，发明遥控器和各种容器以扩展手的功能，发明车轮和各种交通工具以扩展脚的功能。可见，在适当的时候，妈妈为宝宝提供适当的观察工具，才能更好地支持和鼓励宝宝的观察欲望。例如，当宝宝观察水池中的鱼，想近距离地看鱼又够不着鱼的时候，妈妈可以拿来小渔网帮助宝宝，观察结束以后引导宝宝说：“谢谢小渔网，是你帮助了我！”这样一方面可以使宝宝认识到在观察中工具的重要作用，另一方面培养宝宝对于大自然是人类朋友的感恩之心。

广泛地浏览和体验大自然的奇妙

人类的观察分为有意观察和无意观察两种，有意观察是有目的、有计划地观察周围环境、事物和现象的过程。宝宝还做不到这一点，他以无意观察为主，笼统地感知周围事物是什么或者怎么样，但这些感性认识的积累对他以后形成逻辑思维水平比较高的自然观察智能奠定了坚实的基础。所以，妈妈不但要带宝宝了解高速公路、高楼大厦和汽车飞机，还要了解乡间小路、村落农舍和溪流泉水。不要以为宝宝记不住或者不懂事，观察是思维的窗户，他的眼界有多宽，体验有多深，以后他的思维空间就有多大。

根据资源的不同使观察有所侧重

大自然的一切都是值得观察的，但是对于每个家庭来说，方便观察的大自然资源和方便父母指导的自然知识是有限的，所以家长可以根据资源的不同，使观察有所侧重。如果附近有花园，就挖掘植物的观察智能价值；如果附近有动物园，就挖掘动物的观察智能价值。

林奈是瑞典著名的植物学家，是世界上第一个把植物知识系统化的人，被誉为18世纪最伟大的科学家之一。他的成就与有所侧重的早期自然观察智能的发展是分不开的。林奈的父亲对园艺非常爱好，这对林奈产生了重要影响，他从父亲那里知道了很多植物，并采集植物标本。这使他的植物观察智能得到深度开发，最终促进他在植物学研究中取得巨大的成绩。

提高“破烂和垃圾”的智能发展价值

如果在盒子侧面挖两个门，再在盒子下面安装4个瓶盖做成车轮，那么妈妈和宝宝就一起对盒子这种自然物进行了智能加工。然后，将作品摆在显眼的位置展示出来，一段时间之后，“自制汽车”变脏了，就与宝宝商量是否要撤下来。如果宝宝舍不得的话，就与他商量是否可以重新做一个干净的汽车调换它。如果宝宝用石子摆成各种图形，不方便保存，妈妈可以用相机拍下来，作为宝宝的作品收藏起来。这样，这些零散的自然物就发挥了更大的智能开发价值。

入园小贴士

很多妈妈都有类似的烦恼，宝宝把石子、树枝、树叶、木棍、盒子、瓶子等“破烂和垃圾”当成宝物，堆积在家里，乱糟糟的，让爱整洁的妈妈看着就窝心。实际上，宝宝并不是在添乱，关键是妈妈要帮助宝宝变废为宝，并养成玩后收拾的好习惯。

让孩子充分享受他能驾驭的自然观察对象

孩子的年龄幼小，纵然他对世间万物都有兴趣，但是他能充分驾驭的观察对象还是有限的。以下这些可能是大部分家长曾经享受过的自然物，我们要让宝宝充分体验其中的观察乐趣。

★ 一类是水、土、沙、泥等无固定形状的自然材料，宝宝可以用眼、手、脚和身体去自由操纵，极大地激发他的探索欲望；

★ 一类是天空、云彩、风、雨、雪、阴、晴等宏观自然现象，宝宝虽然不可操作，但是大自然的力量使他的各种感官能够得到充分的体验，妈妈可以再加强主动引导，让他有意识地观察和感受；

★ 还有一类是蚂蚁、昆虫、小鸟、小鸡等小动物和花花草草等小植物，宝宝能近距离地接触它们，密切地关注它们的成长与变化。

按照不同点、相同点、相似点的顺序提高观察水平

宝宝的自然观察能力有一个自然发展顺序，首先能较好地把握事物之间的不同点，然后是事物之间的相同点，最后是相似点，因为相似点实际上反映事物之间既有相同点又有不同点，观察与思维水平相对比较高。因此，妈妈要尊重宝宝的自然规律去观察和引导他，有意识地让宝宝比较事物之间的差异和相同之处，加深宝宝对自然事物的印象，提高比较分类能力。宝宝一开始说不出来也没有关系，可能他还没有习惯这样的观察与思维方式，时间久了，他就会接受妈妈的引导，观察思考的主动性就逐渐提高了。

入园小贴士

如果妈妈想培养宝宝的细致观察能力，可以定期为一些动植物拍照片，然后回顾它们的生命历程，宝宝的长时记忆能力和观察理解能力一定能得到良好的训练。

锻炼孩子的口语表达能力

常女士说：我的儿子太能说了，见了人也不管别人听不听，就说个没完。如果别人不听，他就使劲拽着人家的衣服，强迫人家听他讲。一个男孩子这么唠叨，长大多有损气质呀！

还有一个问题是，这孩子不太虚心，自己说话的时候非得让别人听不可，而别人跟他说话的时候，他只听一半就抢着说他明白了、知道了，而实际上只是一知半解，甚至有可能根本就没有听进去。

该怎样做才能帮助宝宝改掉这种说话方式的毛病呢？

口语表达能力发展里程碑

★ 发音阶段。1～3个月幼儿的发音是本能行为，可以发出一张口气流就冲出来的音：如 a ，e，ai，ei，ou，nei等。4～8个月出现连续音节，如“ma –ma ” “ba –ba ” “ ge– ge”等。9～12个月的宝宝开始模仿发音，如mao mao（帽帽），deng deng （灯灯）等。

★ 单词句阶段。1～1岁半的宝宝说话积极性还不高，只在高兴或有所求助的时候才主动说话，具有以词代句、一词多义和单音重叠的特点。例如“猫猫”可能代表一句话“我看见了猫”，还可能指带毛的物品。

★ 双词句阶段。1岁半～2岁的宝宝说话的积极性突然高涨起来，语言表达能力迅速提高，出现电报式语言，例如“妈妈，车车”这可能表示“妈妈，你看汽车来了”。

★ 完整句阶段。2～3岁是宝宝口语发展最为迅速的时期，3岁能掌握1000个左右的词，能说完整的简单句，并出现一些不太复杂的复合句。

★ 4岁宝宝的语言发展走出简单句阶段，但是还不能完全理解结构复杂的句子，例如被动句“小梅被小强打哭了”，他会理解为小强哭了，小梅打小强。

★ 5岁宝宝的口语表达能力基本顺利过关，喜欢听儿童文学艺术作品，可以学会复述、续编、仿编和创编故事。

★ 6岁宝宝可以发展连贯而清楚的讲述能力，在引导下他可以围绕一个主题把话题表达充分，恰当地使用因果、转折、假设关系的连接词。当他想表达某个意思而又不知道用什么词汇和概念的时候，家长要教给他一个正确而简洁的表达方式。

提高口语表达能力的6大良策

幼儿期是口语发展的关键期，培养良好的口语表达能力能造福孩子的一生。口语的发生和发展使孩子开始形成以词为中介的高级心理机能，他的观察、注意、记忆、意志、社会性情感和思维等能力都将伴随口语的发展而发展。这正如美国教育家怀特所说：“语言绝对是发展智力和社交能力的核心因素。”

培养孩子说话的兴趣，鼓励他大胆说话

有的父母反映宝宝性格内向，特别不爱说话，你问他什么他都不说。一方面可能是天生比较安静内秀的原因，另一方面可能是他的语言正在发展中。但只要父母精心培养和训练，宝宝会有变化。

第一，不管他回答不回答问题，家长都要经常主动地与他交流。宝宝虽然还不擅长说话，但是很擅长“听话”，他不但能理解家长的话，而且还能记在脑子里，就差清楚地表达出来的能力了。但这一步需要宝宝相应的语言器官发育完善才能达到，所以父母不要着急，做好该做的事情就没错。

第二，抓宝宝的兴趣点，激发他的表达欲望。有的宝宝特别喜欢汽车或者娃娃，父母就常常拿汽车和娃娃做交流主题，出门的时候有意表扬宝宝在这方面的特长，激发他露一手的表现欲望，刺激他口头表达的动力。

第三，不要当着宝宝的面说他“内向、不爱说话”。给宝宝的性格特点过早下结论，不利于他的主动发展。

关注孩子用肢体语言补充口语表达能力不足的现象

有的宝宝在外面玩耍，总是用肢体语言与其他小朋友打交道，例如用手推别人。因为他的口语表达能力还没有发育完善，往往不能准确地表达自己的愿望，而是常常以动作代替语言，很容易引发误会。这时需要父母给宝宝正面示范口语表达方式：“丁丁，咱们一起玩吧。”

当然，也可能宝宝曾经有过遭受侵犯进而丧失玩具的不良体验，现在遇到同龄伙伴却不能正确识别对方的用意，于是把他们当作“假想敌”，不自觉地采取过度防范措施，先出手推人。父母可做类似的引导：“佳佳是想跟你交朋友，你们一起玩吧。”

矫正孩子讲脏话

有时宝宝从幼儿园里捎带回家几句脏话，让父母很吃惊。父母要在宝宝语言迅速发展的时期，教宝宝学说文明话语。

首先，认真地告诉宝宝说脏话是错误的。同时跟幼儿园老师沟通，请他留意班里是否出现同伴在一起说脏话的现象，发现了要及时纠正。

还有一个比较有效的办法是编一个童话故事，让宝宝凭借动物形象记住说脏话的坏处。例如，小猫、小狗和小白兔是好朋友，可是有一天小猫学会了骂人，小狗说：“难听死了！难听死了！我不跟你做朋友了。”小猫说：“你不跟我做朋友，我就找小白兔玩。”正跟小白兔玩着，小猫说出一句脏话，小白兔说：“说脏话的宝宝不是乖宝宝，我不跟你玩。”小猫没有朋友了，感觉很孤独，后来它改掉了说脏话的毛病，小狗和小白兔又与它做朋友了。讲完故事再与宝宝一起画画，边画边说，宝宝的印象就特别深刻。

正确对待突然出现的“口吃”现象

宝宝突然有些口吃，排除语言发展先天不足因素以后，极有可能是他模仿别人或者急于表达自己又有些吃力的结果。不管怎样，父母都不要训斥宝宝，越训斥他越紧张，口吃可能越严重。冷静地听他讲完，然后请他尽量流畅地再说一遍，或者示范给他比较简洁的表达方式，帮助他克服口头表达的困难。

如果发现他是在模仿某个宝宝或者大人，家长要明确地告诉他："他那么说不对，不要学他。"

另外，带宝宝一起诵读朗朗上口的儿歌，唱一些流畅的歌曲，都是从正面矫正宝宝口吃的好办法。

宝宝口吃还有一个心理因素是害怕与胆怯造成的。观察宝宝是否对某个环境或事物不太适应，尽快恢复宝宝的信心，口吃也将随之消失。

巧妙对待非常喜欢狡辩的孩子

有的孩子口头表达能力比较强，善于给自己找理由，喜欢狡辩。父母需要比较巧妙的教育策略。

★ 对于正确的教育要求，避免使用疑问句，因为宝宝的第一反应就是拒绝；也不要用带有商量的口气，而是用明确清晰的肯定句。

★ 如果征求他的意见，先提供否定词，再提供肯定词，例如："我们要见一个阿姨，你是不叫'阿姨好'还是叫'阿姨好'？"他常常会顺应后者。

★ 知道宝宝比较"逆反"，要提前预防，告诉他这种情况应该怎么做。

★ 避免用一种很欣赏宝宝"狡辩"的语气说话，例如："你的小嘴还挺能说！""嘀，有主意的小家伙！"这时要当着宝宝的面把正确的意思"翻译"给他："阿姨说你叫了'阿姨好'就是好宝宝！"

让孩子不但会说话，还要会对话

口语表达能力表现在两个方面：说话和对话，两者有一定的区别。"说话"是单声道的，把自己想表达的内容组织起来，并传递给对方就可以了；但是"对话"是双声道的，要根据对方的应答和反应，组织和调整自己的语言，使得双方把交流持续下去。否则，一方只顾"说话"，却不注意"对话"，会让对方变得渐渐疲倦起来。

为了让宝宝学会“对话”，父母首先不能厉声打断宝宝：“别说了，烦死人了。”这样会打击他说话的积极性，然后培养他学会倾听。跟宝宝说话的时候，看着他，语速放慢。如果他中间插话，家长提醒他：“妈妈说完，你再说。”讲故事的时候也是这样。与别人交流的时候，家长也常常这么提醒他，时间长了，宝宝就会渐渐好一些。

另外，宝宝总想说话，有可能是他感觉自己吸引别人关注的心理需求没有得到充分满足。父母要抽时间常常陪宝宝一起游戏，从心理需要上帮助他克服自己说个不停的现象。

在生活中培养孩子的数学能力

一位妈妈牵着儿子的手走在去幼儿园的路上，到幼儿园门口的时候，妈妈主动问儿子："你是不是觉得今天走的时间短一些？"儿子点了点头。"你知道为什么吗？""不知道。""因为两点之间直线最短，以前咱们绕了一个弯，今天没绕弯。你再跟妈妈重复一遍——两点之间直线最短。"儿子重复了一遍，妈妈赞赏地摸摸儿子的头说："对了，以后记着啊！"儿子又很乖地点了点头。

可以看出，妈妈是个知识分子，很重视对孩子的家庭教育，而且比较注意抓紧教育时机及时进行渗透。可以预测孩子的日常语言表达将有比较丰富的专业词汇、概念或术语甚至原理，俨然是个天真可爱的"小大人"。父母在欣喜的同时，可以进一步理性分析和权衡得失，这样对孩子的数学教育是否就是最合适的方法？怎样教育能够使孩子的收益更大？幼儿学习数学的科学方法是什么？

学习数学的年龄特点

幼儿在数学学习能力上的发展具有明显的年龄发展阶段性。经过良好的培养和教育，幼儿的某项数学能力发展或许要提早一点儿，但是幼儿的数学学习仍是按照一定的顺序发展的：

★ 2岁宝宝会唱数10～40、点数5～10；能认读1～10这几个阿拉伯数字；能实质性地理解3以内的数学含义，例如，知道3以内的多、少和一样多，能在物品中正确拿出3个，能记住父母交代的3件事，至少认识3种几何图形；按次序套碗则能套5～9个等。

★ 3岁宝宝能说家庭的楼号、门号和电话，会玩10以内的大小游戏，能读出几十几的两位数，会唱数到50、点数到15，分得清大小、长短、多少、高矮、粗细、厚薄和上下左右等空间方位，看得懂钟表上吃饭和睡觉的时间，可以将圆形、三角形和正方形分成两份、三份和四份等。

★ 4岁宝宝的唱数和点数基本同步（有的能达到100），会5以下的连加、10以下的减数，懂得单数和双数，知道拿什么样的三角形拼成正方形、长方形和菱形，能读出三位数等。

★ 5岁宝宝逐渐能够把数学学习与实际生活相结合：认识人民币，并能够凑整付钱，会用量尺画长方形和正方形，喜欢玩数字接龙和图形接龙，会看钟表认时间等。

★ 6岁宝宝的数学能力达到学龄前发展的顶峰，有成熟的方位感，会看本市地图，找出家庭位置，会做计划，并用一定数量的钱按计划购物，会看日历，分得清年、月、日、星期，至少会做5以内10张卡片的连加，会用量尺画立体图等。

幼儿学习数学的5大良策

数学是高级思维水平的重要标志，是奠定孩子抽象思维发展的基础。让孩子从小喜欢数学，用数学为自己的生活和学习服务，并在数学美的熏陶下掌握基本的数学知识和技能，是早期教育的重要内容。

在生活中随机培养孩子学习数学

生活中处处充满了数学，可以及时地渗透数学教育，让孩子体会数学来源于生活又服务于生活的基本道理。小一点儿的孩子可以在上楼梯的过程中学习点数，吃饭的时候让孩子分碗分筷可以学习一一对应，为理解加减法现象打基础。生活中的数学可以让孩子学得自然轻松，内容也很丰富。

在游戏中培养孩子学习数学的趣味性

扑克牌、跳棋、飞行棋、五子棋既是玩具，也可以作为数学学具，让孩子在玩中熟悉数学关系。父母可以与孩子一起边玩边学，一般孩子都很感兴趣。

以实物为依托打好学习数学的思维基础

幼儿以直觉行动思维和具体形象思维为主，家长不要以为它们没抽象思维水平高级而忽略其意义。孩子的直觉行动思维发展得越充分，具体形象思维积累越丰富，越有利于抽象思维的发育。但有的父母过早地拔高对孩子的要求，结果欲速则不达。

在实际操作中学习数学

现实生活中有很多这样的情况，数学本身所具有的神奇、和谐、简约、逻辑都被顺口的唱数、反复的计算和记忆公式定律代替了。学习数学不能生硬地灌输知识与技能。

例如，孩子虽然可能记得住“两点之间直线最短”，但他只是一种被动的附和与机械的记忆，并没有产生真正的体验和感悟。妈妈应该采取更加符合孩子学习特点的方式。比如，在接下来的两次去幼儿园的路上，妈妈可以有意做个比较，让孩子有“两点之间直线最短”的真实体验。妈妈用手表或者手机，与孩子一起计算走两条路线所用的时间，而且要保持行走速度的相对均匀。孩子通过亲自观察、比较，可以得出“抄近路更快一些”的结论，其科学道理的实质与“两点之间直线最短”是一样的。这样即使孩子对“两点之间”“直线”“最短”等词汇不明白，但这三个词有机联系起来的几何原理，他已经有所领悟了，这才是教育的关键。

入园小贴士

有的孩子能把圆周率背到几十位甚至上百位，如果孩子没有经过训练就有这个天分倒无可厚非，但是有的父母专门训练孩子背圆周率，并以此作为孩子天资超常的凭据；还有的父母让孩子单调地背复杂公式和定理，这些都是学习数学很不好的习惯。数学思维习惯不是死记硬背而是理解，所以培养孩子学习数学一定不要拔苗助长。

当然，如果妈妈特别想让孩子理解

这个定理，还可以进一步改进方式。走到铺垫瓷砖的人行道上，妈妈可以在地面上圈出两米见方的正方形，指出正方形的任意两个顶点，然后问孩子：“这两点之间，我们怎么走最短呢？”然后让孩子量步，走两点之间的直线距离，步数肯定少；走两点之间的折线距离，步数肯定多。这种方式更加直观地向孩子展示了“两点之间直线最短”的真实含义。

不要让孩子对数学过度思维

数学固然重要，但它不是孩子学习的唯一内容和生活的全部，引导孩子过分关注数学会限制孩子发展的丰富性和全面性。一位妈妈走到哪儿都给儿子灌输知识，儿子的眼睛里渐渐看到的都是知识而没有事物了。一位阿姨举着一个手指头问他：“这是什么？”他说：“是1。”“还是什么？”“还是1。”“还是什么？”他看着妈妈不说话了，妈妈又教他一个新说法：“是字母I。”阿姨问他为什么不说这是手指头、小木棍、筷子、旗杆等都行，孩子的思维应该丰富才好。

还有一个比较典型的事例。在一次芭蕾舞《天鹅湖》演出中，不少观众等着4只小天鹅出场，然后带着孩子数天鹅是24只还是25只，黑天鹅旋转是不是32圈。《文汇报》登的一篇文章感慨：“看《天鹅湖》只会数数，是谁偷走了中国人的美感？”这样的教育结果是孩子的数学未必有长进，但孩子距离愉悦的欣赏和高雅的审美却越来越远了。这样做既培养不了学习数学的好习惯，又丢失了生活与艺术的美。

第六章

家园合作，激发孩子的潜能

激发孩子的学习兴趣

乐乐上幼儿园小班，幼儿园有轮滑和画画兴趣班，乐乐的妈妈给他报了这两个班。轮滑是乐乐喜欢的，是自己要求上的，因为他喜欢活动；而画画是妈妈要乐乐上的，因为他是个男孩，爱动不爱静，注意的时间比较短，上课总是心不在焉、东张西望的。妈妈希望通过学习画画，能提高乐乐专心学习的能力。但是，虽然乐乐已经上了两个月的画画兴趣班，却没有画出一张像样的画。上课的时候他总是坐不住，老师讲的话他听不进去，画画的时候他拿起笔在纸上随便画几下，不能坚持把画画完，可是到轮滑班的时候，他学得可欢了。乐乐对画画没有兴趣，怎么办呢？

幼儿园兴趣班本身就是家长多元化需求的产物。家长为宝宝报兴趣班的初衷差别很大：有的家长是为了发挥宝宝的长处；有的家长是为了补宝宝的短处；有的家长是为了方便自己多一会儿工作时间；有的家长是怕自己的宝宝不学习，将来落后于人；有的家长则可能是随大溜；也有的家长反对报兴趣班。

以上各种想法都反映了家长在教育宝宝问题上的某种观念、愿望或需求，都有一定的道理。但是，家长应该注意把自己的愿望与宝宝的兴趣结合起来，这才是问题的关键。

幼儿学习兴趣发展的年龄特点

以直接兴趣为主

兴趣分类多种多样，根据兴趣是由事物本身还是结果引起，可把兴趣分为由事物或活动本身引起的直接兴趣和由事物或活动的目的与结果引起的间接兴趣。宝宝以直接兴趣为主，这是宝宝出生之后首先产生的自然兴趣，主要是家长通过观察发现的，不是刻意培养出来的。随着宝宝渐渐长大，他的需求越来越丰富，追求目标和结果的意识也越来越强烈，他还会产生大量的间接兴趣。这些兴趣可能是他自己有意追求的，也可能是接受了家长和老师的引导。因此，并不是说家长不能干预宝宝的兴趣，但要注重培养兴趣的方法。

以不稳定兴趣为主

宝宝的兴趣具有不稳定的特点。兴趣从低到高分为有趣、乐趣和志趣三级水平。初级水平的有趣持续时间比较短暂，由事物的新颖性引起的；中级水平的乐趣具有稳定性、专一性和自发性；志趣是兴趣发展的高级水平，与人的崇高理想和远大志向密切相关，具有持久性、社会性和自觉性，很多做出杰出贡献的人都有深刻的志趣。

2～4岁的孩子兴趣发展水平大多处于有趣阶段，有的五六岁孩子会产生乐趣倾向，但较少能产生真正的志趣。

入园小贴士

如果孩子一直对某种活动很感兴趣，父母也想培养他这方面的才能，就需要在孩子兴趣的稳定性上多下些功夫，并在上学以后注意培养他的理想和志向，引导他对该活动产生志趣。

把学习兴趣与上兴趣班结合起来的5大良策

兴趣班的目的是培养兴趣而不是培养特长

启蒙教育应该使孩子在知识和技能上有粗浅的认识与学习，且在兴趣、热情、好奇、想象力和创新意识上有较好的发展。例如，美术教育不应该只是大量地临摹，音乐教育不应该只是机械地学弹、学唱、学跳，应该以培养幼儿对艺术的感受性、参与性和创造性为目标。

同时，不要在家里让孩子过分复习，三四岁宝宝学习20分钟即可。如果孩子的学习进步不大，家长不要对孩子着急上火，因为每个孩子的学习速度和学习风格不一样，要耐心等待孩子的自然成长过程。

尊重孩子的兴趣

宝宝最初的兴趣以自然的直接兴趣为主，家长是无法干预和强迫的。所以，只要是有益于宝宝身心健康的兴趣，不管家长喜欢不喜欢，符合不符合家长的愿望，家长都要尊重宝宝的兴趣。就像成人之间需要相互尊重一样，家长也要尊重年幼的宝宝。例如，不要随便打扰宝宝，不要按照成人的标准要求孩子。宝宝玩沙、玩水、玩土通常很专注，家长只在旁边做必要的健康与安全帮助即可，不要因为不卫生而打断和阻止宝宝，随他玩个够；当孩子正在专注地把玩一个小物件，家长也只在一边观察，不要随便插话或插手分散孩子的注意力。只有得到父母充分尊重的宝宝，他的兴趣才会健康地成长。

入园小贴士

家长对兴趣班要有一种理性认识，并不是所有的兴趣班都能培养宝宝的兴趣。相反，有些兴趣班的宣传是为了迎合部分家长的想法，诸如培养宝宝的特长，对孩子进行大量的训练，有的科目还要考级，这些做法可能对宝宝的兴趣反而有伤害。

兴趣班的最终目的应该是培养兴趣，而不是培养特长，对宝宝过度进行特长训练有害无益。宝宝并不是学的技能越精深就越好，学的时间越长越好，这是成人化的教育倾向。

以孩子感兴趣的方式来培养兴趣

虽然儿童以直接兴趣为主，但并不是随孩子的便，孩子想学就学，不想学就不学，这样会使宝宝形成浅尝辄止的不良倾向。所以，家长还要想办法维护宝宝的直接兴趣，并调动他的间接兴趣。兴趣的维护和调动要以童趣为支撑，即家长在自己成人之心中增添童心，以宝宝感兴趣的方式来培养宝宝的兴趣，而不是用自以为是的方式来强迫宝宝产生兴趣。这就需要家长借助宝宝喜欢的游戏和玩具，在玩中调动宝宝的学习兴趣。

有一个宝宝从小就喜欢玩车、船、飞机、大炮、手枪，不喜欢认字。妈妈教他认字，他不跟着念，妈妈批评他，他就哭，两个人弄得一团糟。后来，爸爸想了一个办法，在纸上写了一个大大的“枪”字，让宝宝猜猜这是什么？爸爸说这个东西就在玩具柜里，宝宝找了几个都没找对。爸爸说：“砰！砰！”“枪！”宝宝高兴地说。他还要玩这个游戏，于是爸爸又写了几个字。这个游戏连着玩了几天，宝宝认识了五六个字。

充分关注学习过程，不要过分关注学习结果

宝宝的兴趣水平比较低，以外在的、短暂的有趣为主，所以在最初的学习过程中，家长不宜要求宝宝学得有多好，他学多少是多少，学习结果不令人满意也没有关系。如果严格要求宝宝学到“第一”“最好”“出众”“考级水平”，会让他感到很大的学习压力，久而久之，他可能产生厌恶学习的态度。

对宝宝使用物质奖励的办法只会收到暂时的效果，而且总用物质来贿赂宝宝，会让他养成依赖物质奖励的不良习惯。家长要以一定的物质奖励为辅，以精神奖励为主，例如给宝宝一个拥抱和亲吻。而宝宝兴趣的最高境界是对事物本身的兴趣和爱好，并不需要以物质或精神奖励为诱饵。

培养多种兴趣，不让兴趣班占据过多的时间

虽然兴趣班多种多样，但是宝宝的很多兴趣是兴趣班远远不能代替的。现在的兴趣班主要是学艺班和室内活动，家长不要忽略了宝宝对阳光、空气、小草、石子和山水的兴趣。宝宝爱玩水、沙、泥，它们具有非结构性，特别开发孩子的想象力和创新意识，大自然的变化规律和物质特性也需要宝宝广泛涉猎。宝宝还需要大量的动手操作机会和观察体验机会，其发展价值丝毫不低于兴趣班。

激发孩子的阅读兴趣

一天，姚女士带着女儿瑶瑶（4岁）到瑞瑞（3岁半）家做客，以前不爱说话的瑞瑞的表现让姚女士刮目相看。瑶瑶一来，瑞瑞就拉着她的手说："咱们看书，我给你讲故事。"只见瑞瑞拿出一本《鼠小弟的小背心》，翻一页讲一页："妈妈给我织的小背心，挺好看吧？""小背心真漂亮，让我穿穿好吗？嗯。""有点儿紧，不过还挺好看吧？"……讲到最后一页，瑞瑞满足地哈哈大笑，瑶瑶听得入了神，但是没有像瑞瑞那样笑。瑞瑞问妈妈："妈妈，妈妈，瑶瑶为什么不笑？她不高兴了？"妈妈说："她还想听你讲，你再讲一遍！"瑞瑞又高兴地讲了一遍……

姚女士很惊讶瑞瑞会讲故事了，以前她连说话都很腼腆，还不如瑶瑶呢，现在却那么开朗、活泼、口齿伶俐，整个人都大变样，而且她讲的故事与书上的字完全一致，难道她认识这些字？瑶瑶妈妈问瑞瑞妈妈是怎么教育孩子的，瑞瑞妈妈说她突然找到了培养瑞瑞的切入点，那就是从亲子阅读开始，选择好的图画书，让孩子的心灵开窍。

早期阅读的年龄特点

传统观念认为，阅读主要是学龄儿童和成人的学习行为，学前儿童的阅读顶多只是看图讲故事或者识字、数数之类的事情。然而，1997～2000年，来自美国国家研究院的一个报告引发了遍及全世界的早期阅读革命。丰富的早期阅读经验会大大增强脑神经细胞的联系，当宝宝注视图书的时候，其眼睛的神经细胞会与大脑视觉皮层的相应神经细胞建立联系，这样得到的图像将在大脑中留下深刻的记忆，为宝宝以后发展其他能力打下基础。因此，早期阅读是很多发达国家都很重视的早期教育内容。

早期阅读是指0～6岁学前儿童通过色彩、图像、文字或成人生动形象的讲读等途径来理解读物的活动。可见，早期阅读与成人阅读有着根本的区别，后者主要是调动视觉系统、通过文字来阅读，前者则是动用多种感官、通过多种方式达到阅读的目的。

喜欢阅读、学会阅读，最后达到自主阅读是宝宝早期阅读的自然发展过程。因此，儿童早期阅读教育分为两个阶段：0～3岁是培养宝宝阅读兴趣和习惯的准备阶段，3～6岁是培养宝宝基本阅读能力和习惯的关键期，为宝宝今后的学习打下良好的基础。

培养良好阅读习惯的6大良策

“读书”之前多“听书”

早期阅读兴趣需要亲子阅读开启。再好的书籍都需要家长的参与和引导，如果家长把书给宝宝就不管了，他可能翻两下就不理睬了，可能难以坚持到底，将一本本书完整地阅读下来。先听故事再阅读，是宝宝从“听书”到“读书”的必经阶段。

宝宝在“听书”的时候，首先对书产生了好感，他知道原来书是那么神奇，有那么多美妙的故事可以享受；同时，“听书”还让孩子感受了书面语言的表述方式以及语言和语调，增强了对书面语言的理解。在“听书”的时候，宝宝虽然不识字，但是他会结合家长所讲的故事去观察和理解图画，这是宝宝早期阅读的重要内容与方式。因此，家长要热情地给孩子读书，这将成为孩子童年的宝贵财富。

用最简洁的语言阅读每幅图

宝宝正是学说话的时候，家长给他最精彩、最简洁的示范语言，其结果将可能像瑞瑞那样，学说话的时候就学会了讲故事。一般情况下，优秀图书配有精彩的文字，但是有些文字仍然适合大一点儿的宝宝，家长得为自己的宝宝稍加改编一下。改编的句子是完整的但又比较短，每次给宝宝讲的时候都用这些词和句子，几次之后，宝宝就会记在脑海里，学会模仿使用最精彩到位的语言，这是因为孩子有喜欢模仿和重复的心理特点。说话技能培养出来了，宝宝表达的自信心紧跟而来。

如何为孩子选择图书

书店里的婴幼儿读物种类很多，应该根据宝宝的年龄特点选择读物。宝宝的书要以图为主，图画很大但是画面清新，不显得斑驳繁杂；文字少而精练，对图起到画龙点睛的作用，且很有寓意和韵味。

让孩子沉浸在故事中，不拿现实不足刺激他

读书培养美德，却忌讳道德说教。有一个家长给孩子读完《我的身体，这是什么》，孩子挺开心的，可是家长突然来了一句："你没有小玛和小酷表现得好，你洗头的时候总是哭！"孩子受到责备后马上不笑了，后来他会自主阅读其他绘本，就是不爱拿这本。这是因为家长做了一件很煞风景的事情。孩子正沉浸在审美的愉悦感中，突然被家长泼了一头冷水，这本书便连带了不愉快的感受，因而受到孩子的冷遇。所以，家长要给孩子足够的时间和空间，让他陶醉在故事的幻想和追求中，不把他马上拽回到现实的不足，让他的心灵先受到滋养，再给他时间学会操作和实践。

不要让孩子过早识字

有些家长拿到书以后，看到文字很少，就先让孩子学识字，这就与早期阅读教育的精神大相径庭了。孩子在读字之前要大量地读图，其目的是锻炼观察力、展开想象力，给他的心灵留下很大的体验和领悟空间。把《鼠小弟的小背心》拿给已经习惯阅读文字的一个小学生看，他会迅速地看文字，只是瞄一眼图，读完书后说没什么意思；第二遍要求他只许读图，不许读字，读完书后他会心地一笑，并不自觉地又重新翻阅了一遍。可见，依赖文字阅读会漏掉图画本身的很多信息，因此带宝宝阅读图书的时候不要刻意引导他识字。

让孩子用多种感官阅读

让孩子亲密接触阅读不只是视觉运动，需要他的触觉和多种肢体语言阅读，这样才能让孩子有联想、有体验。在帮助孩子进入情节的时候，家长要不断地用疑问语气吸引他翻阅下去；当情节逐渐展开的时候，家长要变换语调表现出故事的跌宕起伏；当孩子关注细节的时候，要启发他自己补充其中的含义；必要的时候，家长与孩子一起手舞足蹈把故事表演出来。

例如，一个小孩子在读《莎娜的雪火车》时，每翻一页，他都问：“雪火车滑到哪儿了？为什么不滑到春天？”他边读书边拿自己的一个玩具火车当雪火车，在桌面上滑来滑去，执着地让雪火车滑到春天，其中的童稚和浪漫是大人都读不出来的韵味。所以，宝宝能够启动多种感觉阅读，是非常美丽的享受和陶醉。

入园小贴士

关于阅读

对于年幼的宝宝来说，只要是与阅读活动有关的任何行为，都可以算作阅读，它可以是视觉的、听觉的、触觉的或者口头语言、肢体语言等多种形式。例如，孩子学习用拇指和食指一页一页地翻书；能根据画面的变化理解故事情节，进而会用口语讲述图画故事；或喜欢倾听成人讲读图书文字；等等。

激发孩子探究和创新的潜能

星期六的中午，妈妈见小米端着一杯热水走向阳台，就问小米：“你要做什么？”“给花浇水。”“不能浇热水，要浇凉水。”“喝凉水会拉肚子的。”“花不会拉肚子，不许浇热水，如果花死了，妈妈就不给你买了。”一听花要死了，妈妈又不给买了，小米就不再浇热水了，当然她也没再问为什么花不拉肚子。结果花虽然活了，孩子的探究火苗却被浇灭了。其实，如果家长注意培养孩子的探究能力，既可以让花活下来，也可以满足孩子的探究欲望。

探究是孩子最有价值的学习方式

儿童的学习方式有很多种，例如模仿他人、成人强化训练、自主探究等，这些方式都可以让孩子获得相应的知识和技能，但是自主探究对孩子的长远发展是最有价值的。因为模仿和训练都是成人的单向灌输，宝宝处于被动接受和服从的地位，他学习的内在动机没有激发出来，自愿学习的习惯没有培养出来。但是，因为这两种方法具有简单易行、见效快的特点，所以成人对它们容易形成依赖。

自主探究以好奇心为驱动，宝宝在探究中会自觉地产生很多问题，并主动想办法解决问题，因而孩子爱动脑、爱动手，这对他以后形成主动学习的习惯具有重要意义。但是，因为宝宝在动手尝试中会出现错误，学习成果见效慢，家长又觉得问题很容易，没必要探索，就直接给孩子提供答案，忽略为孩子提供探究的环境和材料，长久下去，孩子养成凡事依赖大人给现成答案的思维惰性，主动探究的热情就越来越弱了。

激发探究能力的6大良策

接纳探究中的尝试错误

宝宝对事物的认识比较表面和肤浅，常常抓不住事物之间的本质联系，所以他们在尝试中会犯这样或那样的错误。小米在探索行为中出现的错误就很常见和典型，她以为植物与人的生理和生命现象是一样的，但是妈妈没有接纳小米的尝试错误，她不但直接告诉孩子正确答案，并警告孩子的错误行为将导致的严重后果，结果孩子吓得不敢探究了。由于正确答案并没有经过小米的观察、操作和思考，只是书本知识经过妈妈的口授直接搬进她的记忆里，孩子的思维并没有得到发展。家长其他拒绝孩子尝试错误的教育行为还有：责怪孩子把环境弄乱了，把衣服弄脏了，把玩具弄坏了，把物品弄破了等。

为孩子提供探究的环境

探究需要一定的“研究经费”，而孩子的“研究经费”对于一个普通家庭来说通常成本很低，关键是家长没有意识到怎样为孩子提供探究的环境。小米的妈妈可以建议与孩子一起做一个小实验，一盆花浇凉水，一盆花浇热水，然后每天用相机把两盆花的长势拍下来，也可以让小米画下来。经过几天以后的比较，小米就会发现两盆花的不同结果。这个科学现象很简单，却是孩子自己的观察、发现和总结，她从中获得的探索素养比生活常识本身更有价值。

类似的生活情景也是如此，例如一个孩子把花盆里刚种的几颗蒜头都连根拔起来了，他的目的是想看一看蒜头长大没有，希望它长得快一点儿。这时候，妈妈不必用“拔苗助长”的故事警告孩子，而是为他提供相应的实验环境，让他比较是“拔苗助长”还是“拔苗助死”，孩子从中获得的收益要比干巴巴地听故事好得多。

为孩子提供探究的材料

孩子的探究对象无所不在，有探索习惯的孩了对生活和大自然中的一切事物都喜欢把玩，包括一些花草树木、虫虫鸟鸟以及日常生活用品。有的家长认为现在既然有现成的高科技玩具，就应该让孩子玩，这样孩子的起点更高。高科技的电动玩具确实比较安全，富有童趣，但是它除了比较昂贵外，孩子的操作和参与空间比较少，所以很多高科技玩具不能长时间吸引孩子，很快就被孩子玩腻了而被家长束之高阁。

入园小贴士

家长不要为孩子提供太多的现成玩具，可以为孩子提供一些需要动手动脑的玩具或材料，例如七巧板、积木、拆装和插拼玩具、橡皮泥等玩具和材料，还有水、沙、泥、土、石子、树枝、树叶等自然物，以及锅碗瓢盆等生活用品。这些玩具和材料没有固定的玩法，孩子需要探索研究才能玩出花样来，有利于培养孩子的自由探索精神。

做孩子探究活动的配角

探究活动是不断发现问题和解决问题的过程，需要孩子具有不断追问的思维连贯性和克服困难、动手尝试的意志，有的孩子常常坚持不下去而中途放弃。孩子这时候不但需要家长的鼓励，还需要家长提供一定的支持和帮助，让孩子把探究活动进行到底。

例如，孩子想用积木搭一座高楼，搭到一定高度以后，没有足够的合适木块充当“栋梁”了，拆了重新搭建，孩子又不乐意，于是有的孩子就放弃了，留下一座没有完工的“烂尾楼”。这时候家长就可以过来鼓励孩子：“工程没有完工就不干了，多浪费呀，我们想想办法吧。”接着家长可以启发孩子在家里找一找有没有木块的替代品，怎样保持高楼的平衡，还可以做什么“装饰”或者“装修”，支持孩子完成一个小建筑师的作品。

妈妈避免女性思维偏好

长期以来，人们认为男性擅长理性思维，女性擅长形象思维。大多数孩子被妈妈教养的时间比较多，孩子的探索行为主要发生在动植物、风、光、水、沙土等自然现象领域，而大多数妈妈对社会现象感兴趣，不太喜欢探究自然现象。当孩子对一些自然科学现象感兴趣并求助于妈妈的时候，有的妈妈却对此不以为然，甚至有的妈妈会对小虫子等动物和黑暗现象表现得过分紧张，这对孩子具有很强的感染力和暗示性。这样就不能给孩子提供及时的鼓励、支持和帮助，以致孩子坐失发展的机会。所以，妈妈要克服自己的不足，与孩子一起欣赏与研究瓶瓶罐罐和飞禽走兽，和他一起爱科学、“玩”科学、学科学，发展孩子主动探究的好习惯。

养成文明探究行为习惯

探究虽然是孩子最有价值的学习方式，但是也不能特立独行地不管他人的利益或公共环境的维护。有一个男孩的思维特别活跃，但他经常把自己的探索发现建立在别人的“痛苦”之上。他把口香糖粘在女孩子的头发上，当老师批评他的时候，他说：“我是想研究口香糖粘不粘头发。”却不接受这给同伴带来不便的事实。这是因为他的不文明探究行为平时得到了妈妈的无原则保护。一次，他把沙包扔到别的小朋友身上，人家哭了，妈妈却替他解释说：“他在研究抛物线，不是故意砸你，别哭了。”

在公共环境也有类似情况，一个单位在外面摆好了新颖的展板，一个孩子对此很好奇，就拿起手中的笔在展板上面画，家长在旁边却视而不见。

其实，不仅是孩子的探究行为，即使是成人的科学研究行为，也要遵守一定的伦理规范，以不侵犯他人和公共环境的利益为前提，这才符合科学探索是为人类谋福祉的崇高愿望，所以家长要培养孩子文明探索的好习惯。

开发孩子的音乐潜能

东东4岁，妈妈给她报了一个幼儿钢琴兴趣班。孩子在班级跟着老师练琴还挺配合，但是回到家就不喜欢弹琴了。这怎么办呢？有一天，妈妈在窗户外面看孩子们学琴，发现老师很会调动孩子学习的兴趣和积极性。孩子们弹完几首曲子，老师夸张地说：“哎哟，你们弹得真好，我要晕倒了。”然后身体就往一边倒，孩子们兴奋得不得了，整节课下来都兴趣盎然。妈妈很受启发，回家就把孩子平时玩的布娃娃玩具找出来10个，整齐地码放在电子琴旁边的桌子上，东东弹完一首曲子，妈妈就让布娃娃晕倒一个，孩子特别高兴。有时候妈妈不在身边，东东就自己弹，然后自己“帮助”布娃娃晕倒。东东很快成为班里乐感发展最快的孩子。

一年之后，班里很多孩子都要考级，东东妈妈却做出了一件出乎意料的决定：不让女儿考级。东东妈妈说：听说过也看到过周围人为孩子学琴花大量金钱、时间和精力，为孩子学琴而奔波劳累，但是他们在谈自己的想法时，很多人认为孩子有了一技之长，长大了至少多了一个谋生手段，至于维持孩子的兴趣和激发孩子的灵感是他们很少考虑的。家长常常因为一个指法不到位，严厉指责孩子“你怎么那么笨”或“你怎么那么不用心”，如果孩子因此而丧失兴趣或信心，那是很不值得的。与其这样，还不如让孩子放松地发展兴趣，让孩子为弹琴感到愉快而不是感到倦怠。

人人都有学习音乐的能力

大量研究发现，所有人生来便具有音乐潜能，并且呈正态分布。有的成人认为自己五音不全或者缺乏“音乐细胞”，是把音乐才能主要定位在完善的歌唱或者乐器表演上。实际上，只要有正常听力的人都具有感知、欣赏和表现音乐的能力。

孔子早就指出，人之学，应“兴于诗，立于礼，成于乐”。可见，“乐”的最终目的并不是音乐人的专利，而是每个普通人的享受。

既然每个人都有音乐潜能，早期音乐体验质量决定孩子音乐潜能发挥的程度，因此对孩子进行正确的音乐教育就是关键。

学习音乐对孩子的发展意义

音乐具有极强的锻炼审美能力的功能。欢快、柔和、优美的乐曲能培养孩子良好的感受性，熏陶优美、安详、高雅的情感，具有美化心境、陶冶情操的作用。

音乐有助于提高形象思维能力。研究表明，音乐教育和智力开发有着密不可分的联系。在音乐中成长的孩子，能敏锐地感受理解音乐的特征，并随着节拍和旋律的变化让想象力自由地飞翔。接受过科学的音乐教育的孩子，主动性和创新意识能得到优良发展。

学习音乐的5大良策

经常播放优质的音乐

宝宝偏爱轻柔、旋律优美、节奏鲜明的乐曲，在入睡、苏醒、吃饭、做安静游戏的时候，经常给孩子播放轻柔的、无歌唱的音乐，将极大地促进他的审美潜能。这个时候不宜播放大声的、有歌词的歌曲，每次时间不必过长，不要让宝宝产生听觉疲劳，20分钟左右即可。

入园小贴士

美国加州大学的研究表明，听莫扎特音乐能使人聪明。宝宝对莫扎特音乐的节奏、旋律及和谐的特性均能产生无意识反应，这将使孩子以后更容易了解时间、空间和序列关系。

积极回应孩子自然产生的“四种歌唱”

“咿呀之歌”“本能歌”“轮廓歌”和“第一稿歌曲”是宝宝自然产生的“四种歌”。这些早期歌曲不是无节奏的和随机的，而是后来歌唱的萌芽。如果家长每次都对孩子的歌唱产生积极的回应，孩子的“音乐细胞”将获得加速度的发展。

★ 1岁左右的孩子自发地出现咿咿呀呀的类似说话和简单歌唱的声音，就是“咿呀之歌”。家长对着宝宝有意模仿他的声音和唱法，会促进孩子以后有意识地唱歌。

★ 1岁以后，孩子会出现“本能歌”，它是孩子在活动、嬉戏时产生的，与身体动作相联系。家长要鼓励和支持宝宝的自然歌唱。

★ 2岁左右的孩子开始唱“轮廓歌”，这是一个节奏变化简单的乐句，具有同音反复特点，常发生在孩子上下楼梯或者自己摆弄玩具的时候。家长这时可以静静地欣赏，不打扰孩子的兴致。

★ 5岁的孩子开始唱“第一稿歌曲”，具有接近歌唱但还有不完整、不准确的特点。家长不必太明显地指出他的不足之处，只要创造机会让他听完整、准确的歌曲，孩子一般会自动纠错。

家长要避免孩子模仿演唱成人歌曲，这对他们稚嫩的嗓音有损害。要引导宝宝在儿童的自然音域内唱歌。另外，律动是这一年龄阶段儿童表达他们音乐感受的常用手段，要鼓励他们在朗诵儿歌或者听音乐时用自己的想法和音响表达感受。

做一些倾听声音的小游戏

善于倾听声音是学习音乐的基础，家长可以有意识地做一些亲子游戏。例如闭上眼睛聆听天籁。天籁是大自然的各种声音，对生活有审美意识的人会感觉到聆听天籁是一种神奇的享受，否则不但对美妙的天籁充耳不闻，反而感觉嘈杂。在家里、在夜晚、在空旷处，家长和孩子一起闭上眼睛，说说自己听见了什么，风声、水声、雨声、鸟叫、笑声、脚步声……幼儿对自然的观察力与感受力随之提升。

再如传声筒游戏。家人或朋友在一起聚会，第一个人对第二个人说句悄悄话，然后把这句话依次传递，看看最后一个人听到的话与第一个人说出的话有什么不同，这也能锻炼孩子的倾听能力。

可以带孩子上正规教育机构的奥尔夫音乐班

奥尔夫是德国著名的作曲家和音乐教育家。他在音乐教育方面最突出的特色是发明了一套奥尔夫乐器教具，成为奥尔夫音乐教育体系的重要标志之一。这套以打击方式为主的小乐队编制乐器现已闻名全世界，于20世纪80年代初介绍到我国并广为流传。它并不是单纯的音乐技能训练，而是培养孩子多方面的素质教育。它鼓励孩子主动参与到音乐活动中，培养孩子对音乐的兴趣与爱好，并通过音乐活动发展孩子的创造力和创新精神，以及与人合作交往的意识。

不要让考级伤害孩子学习音乐的兴趣

学习音乐的过程比结果更重要，尤其在关乎音乐考级的事情上，父母要慎重。学习乐器必然要学习演奏技巧，要求孩子有一定的乐理知识和小肌肉控制协调能力，这对绝大多数学龄前儿童来说都存在着学习压力。

例如，在做考级练习时，父母有时免不了情绪化地训斥孩子，把生动活泼的艺术追求和享受变成单调乏味的机械训练，结果有的孩子考了级就再也不愿意弹琴了。这种功利主义的观念和做法是不足取的，宝宝从中得到的不是性情的陶冶和愉快的情绪，而是由父母唠叨和吵骂而引起的焦虑、烦躁、单调、无奈甚至失望和厌恶。

因此，父母要像东东的老师一样开动脑筋想一些办法，使孩子始终对音乐感兴趣，这一点是至关重要的。东东妈妈的音乐教育观念也是很有启发意义的。另外，培养宝宝学习音乐，要求父母在较高的教育制高点上正确看待学习过程，以学乐器为媒介、为资源、为手段，要立于此又高于此，对细节问题既不可姑息迁就，又不可过分苛求，帮助孩子把学习中的每一个状态（如勤奋、懒惰、勇敢、畏惧等）都转化为积极的人生教育。这才能让孩子真正享受到艺术的熏陶。

挖掘孩子的绘画天分

幼儿园举办了一个班级画展，很多家长驻足浏览。元元的妈妈跟老师说："把我家儿子的画撤下来吧，只有他的画没有涂颜色，不好看。"老师说："绘画是表现孩子的认识和情感的，您不必单纯地比较孩子的技法。"元元妈妈说："这孩子的毛病就是不爱涂颜色，但他特别喜欢画画，每天都在家里画很多。"老师说："是吗？那太好了，您能不能把孩子在家里画的画拿过来，让我和小朋友欣赏欣赏。"

第二天，元元妈妈拿来一摞绘画作品，老师感觉到了元元的独特性：一般孩子都喜欢颜色，这个孩子却擅长不涂颜色的铅笔画和钢笔画，这说明他对线条和素描很敏感，应该保护和培养他在这方面的个性。老师还建议家长给孩子请一个专业素描教师指点指点。果然如老师的判断，专业教师对元元的评价很高，并收元元为学生，对他进行美术启蒙教育。

学习绘画的年龄特点

国内外很多心理学家都对儿童绘画的发展阶段做了研究，大家普遍认同儿童绘画有3个发展阶段：涂鸦期、象征期和写实期。

涂鸦期

一般两三岁的孩子都喜欢拿他们接触到的工具，例如木棍、树枝、钢笔、铅笔、粉笔、蜡笔等，在能留下痕迹的平面材料上（纸、书、墙、地面、沙滩）涂涂画画，并发自内心地感到高兴和满意，这就是涂鸦期。这一时期的孩子没有表现意图，是感知觉和动作发展到了一定程度的自然表现。在比较丰富的文化教育环境下，有的孩子1岁半就可能出现涂鸦现象。

象征期

3岁左右，孩子开始有了表现意图，能用自己掌握的简单形状和线条表现事物的特征，绘画造型具有一形多义的特点。一个圆形可能表示太阳，也可能是饼干、灯、碗、盘子等，大人常常难以确定孩子画的是什么，但孩子能明确地说明作品的含义。这一时期的孩子常常边画边自言自语，并对成人的评价产生了依赖，其绘画的兴趣和信心需要成人的鼓励。

写实期

4岁左右，孩子能有意识地运用造型、构图和色彩等技巧表达他的认识经验和想法愿望。孩子的造型和构图需要经历一个从少到多、从小到大、从简单到复杂的过程，在运用色彩的发展上经历一个从主观情绪到客观写实的变化过程。例如，孩子未必会把太阳涂成红色，涂成什么颜色要依据他的兴趣和情绪，随着时间的推移，他才会客观着色。

学习绘画对孩子的发展意义

绘画是伴随孩子健康成长必不可少的发展历程，它远远超过成人所理解的绘画技能技巧的意义，而是促进幼儿多方面发展的载体。

绘画对幼儿具有促进手眼协调、小肌肉精细动作发展的意义

尤其是涂鸦期，孩子握笔的姿势各式各样，他是用各种方式尝试自己对物件的把握能力。当他的动作在平面上留下痕迹，他感知到自己的动作与事物变化之间的因果关系，好奇心和自信心由此萌芽。

绘画表现孩子的情绪和心理，是孩子与成人心灵交流的途径

绘画展现了儿童色彩斑斓、童趣横生的童心世界，成人与孩子进行适宜的交流，可以知道孩子学习了什么、想些什么、有什么高兴或者不愉快的事情，反映了孩子丰富的内心世界，常常出乎成人的意料，增加了成人对孩子

的了解。现代心理学家还利用绘画治疗儿童的心理和兴趣问题。

绘画是儿童表现自我的美术语言

美术语言与口头语言、书面语言一起成为儿童发展的外壳。有的孩子绘画天赋发挥得好而且持久，后来成为美术专业工作者；有的孩子即使不走美术专业之路，绘画也极大地满足了他的表现欲和成就感，成为促进孩子自我意识发展的积极因素。

学习绘画的5大良策

多给孩子提供艺术审美和欣赏的机会

审美不是艺术家的专利，人人都有审美的需求和能力。美国哈佛大学著名心理学家霍华德·加德纳的研究表明：在生命的最初两年，儿童还不能直接卷入艺术客体中。但2岁以后，孩子的审美感知能力开始出现分化，也就是说，孩子开始明显地喜欢那些表面上最吸引人、具有明亮色彩以及与生活实际接近的美术作品。3岁的孩子就更有能力、真实地产生直接带来快感的审美体验。例如，一些形态色彩各异的鹅卵石、贝壳，漂亮的童鞋和童装，对之反复玩味和欣赏让孩子愉悦不已。

孩子的审美具有选择性。我国心理学者的研究发现，孩子最喜欢的艺术题材依次是动物、交通工具、植物、风景画和人物画；最喜欢的艺术风格是拟人夸张，而不是写实类的；最喜欢的艺术形式依次是线描重彩、彩纸粘贴、剪纸、水墨画、素描和白描。综合这三个研究结论，色彩鲜艳、拟人亲和的动物作品最吸引孩子的眼球，它为孩子提供了心灵交流的空间，丰富了孩子的美感体验。交通工具的各种造型和飞驰奔跑的特征对孩子的眼球也产生强烈的视觉冲击力。所以，家长要投孩子之所好，让养眼的艺术作品滋润孩子的美好心田。

站在儿童心理的角度，对绘画作品进行科学的评价

儿童绘画具有浓厚的心理意义和主观色彩，不要以孩子画的与实物相比像不像、线条圆不圆或者直不直来评价孩子作品的好坏，这会极大地打击他绘画的兴趣和自信。应该多加鼓励和赞美，给予积极肯定的评价。

培养孩子创意绘画，减少临摹和照搬

不少父母喜欢拿简笔画示范书让孩子照搬画，这样孩子画出来的房子、苹果、大树都是千篇一律。面对真实的物体，由于被固定的简笔造型所限制，反而不敢画也不会画了，这样束缚了他的观察力和创造力。要多提供机会让孩子写生，让他根据自己的视角大胆绘画，其结果可能“不真实”“不美观”，但这种作品对孩子更有发展意义。

给孩子提供画大画、自由画的场所和机会

由于孩子常常不分场所地乱涂乱画，影响了环境的美观，有的父母对孩子的批评比较严厉，孩子就有点儿畏惧画画了。其实，针对乱涂乱画的现象，教育孩子爱护公共环境的习惯是正确的，但同时也要尊重和满足孩子绘画的需求。

入园小贴士

给孩子提供专门的墙壁或者比较大的纸张，让他尽情在上面挥洒，对锻炼他的绘画技能、形成开朗的个性都很有益。

尊重孩子左右手都画画的尝试

不少幼儿画画，有时用左手，有时用右手，还都很协调，在这种情况下是刻意规定他用哪只手，还是随宝宝的习惯？实际上，很多幼儿都有这个特点，只要大人没有故意引导，他们善于“左右开弓”。

从大脑功能的分工来说，左脑主要负责理性思维，右脑主要负责形象思维，儿童由于形象思维占主导地位，因此右脑功能偏强，而右脑控制人的左半身的活动，所以儿童时期“左撇子”偏多属于正常现象。随着年龄的增

长，左脑的理性思维日益健全，很多孩子进入少年、青年时代就习惯于用右手了。

有的孩子天生“左撇子”，形成“右脑优势”，体现在色彩、空间感、节奏感和左侧肢体运动等方面较有发展优势。强行让孩子使用右手反而容易造成幼儿生理和心理的不适与混乱，对他的智能发展不利。其实，不管是“左撇子”还是“右撇子”，只要是自然形成的，都没有什么问题，刻意塑造反而失策。

第七章

家园合作，培养孩子的优秀性格

让孩子懂文明讲礼貌

一对美国夫妇到一个孤儿院去领养一个经过合法程序批准的孩子。当这个孩子要跟着“洋妈妈”和“洋爸爸”走的时候，她有一个好伙伴心里很难过，于是这个小伙伴对“洋妈妈”和“洋爸爸”有礼貌地说：“叔叔阿姨，你们能不能收养我呀？我是一个很乖的孩子！”“洋妈妈”和“洋爸爸”一下子愣住了，女孩子接着说：“你们是不是没有钱了？不要紧，我会干很多活。”“洋妈妈”和“洋爸爸”被感动了，他们说：“好孩子，我们回国就递交申请，你一定等着我们，好吗？”女孩笑了：“谢谢你们！再见！”说着就跑进屋里去玩了。

可以毫不夸张地说，这个女孩子用几分钟礼貌待人的真诚交往改变了自己的终生命运，为自己打开了一扇幸福的家门。举这个例子，只是想与家长朋友达成一个共识：文明礼貌是孩子做人的“身份证”，是孩子随身携带的“教养名片”。

一颗无法摆平的心

当遇到挫折的时候，宝宝的攻击性行为主要有两种方式：身体攻击和语言攻击。4岁之前的男孩和女孩的攻击方式差别不大，既有可能采用踢、抓、揪、踩、打等身体攻击方式，也可能采用大喊大叫、恶狠狠地说话等语言攻击方式。4岁以后，男孩更倾向于身体攻击，女孩更倾向于语言攻击。

例1：自己不能摆平的宝宝

星星和辉辉在一个房间里玩，星星把汽车开得呜呜叫，辉辉想凑过来玩，星星却不让。辉辉就生气地喊：“你为什么不跟我玩？我要你跟我玩！”然后大叫两声，星星没理他。接着辉辉开始抢夺汽车，这一行为的意思是：“你不跟我玩，我偏要玩！我让你没法玩！”辉辉妈妈过来把辉辉抱走了，但辉辉在妈妈的身上又扭又扯。

例2：自己能摆平的宝宝

梦梦在玩妈妈新买的娃娃，婷婷说：“让我玩一会儿吧。”梦梦噘着小嘴说：“不！”婷婷自言自语地说：“你不跟我玩，我自己玩。”婷婷自己玩起了过家家，自己乐得有说有笑。梦梦被她吸引过来，想跟她一起玩。婷婷不但没有拒绝和“报复”梦梦，还说了一句：“跟我玩好玩吧！”相当于用事实“教育”了梦梦。

可见，同样遭遇被拒绝的情境，婷婷的心理调节能力和处理问题技巧要比辉辉高出许多，具有“儿童领袖”的品质——既能镇定自己，也能“收拢”别人，她的快乐感和成就感自然也是辉辉所无法比拟的。

入园小贴士

宝宝的攻击方式和程度虽然不同，但都出自一颗无法摆平的心。当自己的意愿得不到满足的时候，宝宝采取什么方式调整心态，关系到他的情绪智能发展水平和处理问题的能力。

礼貌教育不是小事

大多数职场妈妈都有这样的感受：自己成功的要素除了才学、机遇外，还有一个很重要的因素就是彬彬有礼的风度。虽然自己掌握了这样的法宝，可是在教育孩子的时候未必有意识地主动传授这个法宝，结果有时候让自己很丢颜面。

在宝宝的健康成长过程中，有许多重要的事情都要认真对待，不得马虎，恐怕唯独礼貌待人很容易被家长误解为是一桩小事，归入“不拘小节”之列。礼貌待人的教育确实具有简单易懂和易行的特点，既没有难以理解的深刻道理，也没有操作太复杂的技术要领，都是一些举手之劳、顺便顾及的小事。但是，要养成礼貌待人的良好习惯，进而形成文明礼貌的美德，父母就要把礼貌待人当成一件“大事”来看待，而且要长期不懈地坚持下去。

礼貌教育的年龄特点

宝宝关于礼貌的学习从很早就开始了。1周岁以内的宝宝虽然还不能说出确切的礼貌用语，但是他们对家长的礼貌行为产生浓厚的兴趣。因为礼貌是一种亲善行为，当家长对孩子微笑，或者握着他的小手边摇边说“你好”时，宝宝会表露出愉快的情绪；观察久了，他会模仿成人的样子露出灿烂的笑容，有时也会摆摆手表示友好。因此，家长不要因宝宝不会说话而忽略对他的礼貌教育。

宝宝到了2岁已经能说出不少词了，所以像“谢谢”“你好”“请”“欢迎”“对不起”“再见”之类比较简单的礼貌用语，家长可以根据情境教宝宝使用。有的宝宝语言发展稍微缓慢一些，但这也不影响他对礼貌的理解与学习。家长可以给宝宝用肢体语言示范一些礼仪，例如作揖表示“你好”和“谢谢”，拍手表示“欢迎”，用鞠躬表示“请进”等，都是在进行礼貌教育。

3岁以后的宝宝活动范围扩大了许多，他们要上幼儿园、交朋友、逛公园、看演出、走亲访友、接听电话以及参加一些公共场所的活动。宝宝对礼貌的理解和学习也大大丰富起来，可以同时用语言、动作和表情表示各类场合的礼仪。总之，对孩子的文明礼貌教育无处不在，家长可以抓住教育时机，及时丰富和培养宝宝的礼仪行为。

礼貌教育的9大良策

接纳和关怀孩子的不良情绪

当孩子出现攻击行为的时候，妈妈首先要做的事情是避免矛盾和攻击升级。因为孩子完全处于非理性状态，这时候批评教育反而使他的反应更糟糕。但这不意味着完全放任孩子，妈妈可以用语言接纳他，但用语气拒绝他。

例如，妈妈蹲下来跟宝宝平静地说：“妈妈知道宝宝的心里很难过。”在接纳和关怀他的同时用坚定的语气说：“但是妈妈不喜欢你那样说话（或踢打），我们能不能想想其他好办法呢？”宝宝能读懂妈妈的语气和表情，他从妈妈那里既得到了情感支持，又受到了理性引导。

不要总是给孩子找“替罪羊”

孩子遭受挫折的时候是否采取攻击的方式，与他的归因方式有关。如果他总是把自己失败的原因归向外界，他就容易采取攻击行为，而孩子的归因方式又与家长的引导密切相关。例如，宝宝摔倒了，有的家长使劲跺地、拍桌或踢凳，为宝宝找一个“替罪羊”，其实这是暗示宝宝把过错转移到他人或他物身上以取得心理平衡；或者有的家长一味自责都是自己没有照顾好宝宝，还求宝宝：“你打妈妈（或奶奶）吧！”这时如果宝宝平静下来，说明他接受了家长的自责和自我惩罚，帮助他找到了心理失调的“替罪羊”。

在生活细节中进行礼貌教育

文明礼貌教育不能单靠讲道理，也不能指望宝宝明白了道理就一劳永逸了，要非常耐心地指导具体的文明礼貌语言和行为，礼貌的话要一句一句地教，文明的行为要一个一个地指导。例如，本文“附2：幼儿文明礼貌的20个细节”，家长要很耐心地一个一个落实，不但自己要做榜样，而且发现宝宝有不礼貌的行为表现，要及时给宝宝指出来，并帮助他纠正。

> **入园小贴士**
>
> “替罪羊”促使宝宝形成“怨天尤人”的思维，宝宝在接受这个“替罪羊”的时候，已经学会了攻击，长久下去就会依赖攻击来获得心理平衡。

不以“失礼”的方式来教育孩子“有礼”

妈妈带着青青去朋友家参加聚会。“青青穿得好漂亮呀，谁给你买的？”女主人蹲下来，热情地与孩子打招呼。“当然是妈妈买的喽！”妈妈接过女主人的话。青青怔怔地看着女主人，并没有笑，突然伸手一把抓住她的头发，“哎哟——”女主人大叫一声。妈妈啪的一声打了青青的屁股，青青大哭起来。一场聚会还没开始就尴尬不堪：一个失态大叫，一个恼羞成怒，一个哇哇大哭。

家长不能用“失礼”的方式来教训宝宝的“失礼”，这样不但宝宝没有明白该怎么做，而且容易当场把矛盾激化。家长要注意维护宝宝的“面子”，不要当着众人的面直接批评呵斥，而是把他拉到旁边，以悄悄话的方式告诉他应该怎么做。

教孩子正确对待非礼的人

常听见有的父母问：“我们教育自己的宝宝要有礼貌，可是受到不礼貌的宝宝欺负，怎么办？”这确实是现实生活中遇到的一个难题。宝宝总要与不同的人打交道，当宝宝在外面“吃亏”或者“受欺负”的时候，家长“组团”为宝宝出气或者怂恿宝宝，对他的影响是非常消极的。

面对遭受非礼之遇的宝宝，家长要保持冷静，不急着表态，让他慢慢倾诉，再根据宝宝交往中的薄弱环节加强指导，其目的不是为了“争口气”或者“挽回面子”，而是提高宝宝妥善解决问题的能力。例如，教宝宝几句简短的自救语句，并让他大声地、快速地说出“你干什么”“老师快来”等警告语，给对方以威慑，为自己呼救。如果宝宝有动手自卫的行为，要教育宝宝“见好就收”，不能“防卫过度”。同时还要引导宝宝乐意接受小朋友诚恳的道歉，培养宽容之心。

优化和改良孩子的记忆库

爱攻击的宝宝容易记住生活中的不愉快，容易忘却生活中的快乐，因此他的记忆库需要优化和改良。让孩子学会感恩生活中的每一天、每一人和每一物，是优化宝宝记忆库的好办法。

有一位妈妈带着宝宝下台阶，可是台阶太高了，宝宝不敢自己下来，正好旁边有一块石头，宝宝踩着石头搭个脚，迈下了台阶。这时妈妈对宝宝说："你要感谢这块石头，是它帮助了你。"宝宝蹲下来，摸摸石头说："谢谢你！"但是没有感恩心态的妈妈可能对石头的"帮助"无动于衷，如果石头绊了孩子一脚，妈妈还会帮助宝宝"仇恨"石头："都是这个坏石头，我要把你踢得远远的！"妈妈的言行可能逗得宝宝乐了，但是他也习得了攻击不相关因素的行为方式。

避免某些故事刺激孩子的攻击行为

一个老师让孩子们编童话，全班大多数孩子编的童话主题都是打打杀杀的"争斗"和"争吵"，终于有一个孩子编的童话带来和平与和谐的空气。他的故事主人公之间关系和睦，相互帮助，说话幽默，给老师和全班同学带来了欢笑。

为什么会这样呢？因为现在的孩子看暴力内容的影视片和书籍太多，这些故事的情节依赖于"不打不成交"，结局也依赖于"有输有赢"，于是很多孩子模仿这些故事角色的动作、语言和"拼杀"本领，并不知不觉地用于理解和解决现实生活中的问题。

幸运的是，3岁前的宝宝阅读和看电视的行为还不是太多，妈妈只要及早防范，多给孩子提供一些友好、和善、幽默主题的读物，就能陶冶宝宝良好的性情。

教孩子说好听的、和善的话语

不让宝宝说"狠话"，那教宝宝说什么话呢？笔者曾经访问过台湾幼教界，台湾很重视培养幼儿和善儒雅的性格，有些幼儿园的特色教育是营造"鼓舞家园"，培养宝宝"从小到大说好话"，要求宝宝、教师和家长"每天说一句好话，将爱传到世界的每一个角落"。幼儿园根据宝宝的语言发展特点和思维水平，向家长和教师推荐了利于宝宝诵读和学习的100句好话。这些好话简短、动听，充满了友好、致谢、接纳、宽容、鼓励、欣赏等内涵，既促进语言发展，又促进人际交往智能发展。宝宝总是说"好话"，还愁

“狠话”不从宝宝的嘴边溜走?

开“高帽公司”为孩子指明言行目标

宝宝没有养成文明礼貌的习惯，常常是因为他忘记了该做什么，有时也是为了掩盖自己的调皮捣蛋行为。这种时候如果总是挨家长的批评，他可能会对自己的努力失去信心；如果进一步习惯了这种批评而不改正，那么他主动学习好习惯的精神就更薄弱了。

在现实生活中，恰当地给孩子开“高帽公司”是一个很有效的方法，这个“高帽”并不是虚假表扬和一味护短，而是“预支”表扬，为宝宝的行为指明目标和希望，增强他的信心。当宝宝正在犹豫是否把自己喜欢的开心果分给叔叔时，家长故意说宝宝是个大方的好孩子，得到鼓励的宝宝很可能因而大方；当宝宝吃饭慢吞吞的时候，爸爸故意给他“戴高帽”：“老师说你今天吃饭比昨天好，让爸爸看看是不是这样？”有时候不直接赞扬宝宝，而是跟别人聊天时赞扬他，却故意让他听到，这样的“高帽”增强了真实感，宝宝更乐意接受，并且增强了他行动的动力。

附1

三个字的好话

好可爱　好极了　好主意　好多了　真好呀　做得好　非常好　恭喜你　了不起　很不错　太棒了

四个字的好话

太奇妙了　真是杰作　那就对了　多美妙啊　我好爱你　继续保持
你很能干　做得漂亮

五个字的好话

做得好极了　继续试试看　真令人惊讶　真令人感激　真的谢谢你
你办得到的　你做得很对　你真是可爱　你走对路了　记性真好啊

六个字的好话

那实在太好了　继续加油努力　我真以你为荣　我很喜欢那样

你可以办到的

附2

宝宝文明礼貌的20个细节

（1）尊敬长辈

（2）爱护弟弟妹妹

（3）热情待客

（4）礼貌做客

（5）彬彬有礼接电话

（6）彬彬有礼打电话

（7）认真倾听，不随便插话

（8）及时回应别人的问话

（9）请求帮助要客气

（10）影响别人要道歉

（11）公共场合不大声喧哗

（12）排队按顺序

（13）文明乘车先下后上

（14）上下楼梯、平时走路靠右行

（15）吃完饭把面前的脏物收拾净

（16）上完厕所要冲水

（17）好吃、好玩的东西大家分享

（18）不随地大小便

（19）不冲着别人打喷嚏

（20）不随便乱扔废物

让孩子学会听取建议

赵女士是一个尊重孩子自由的妈妈，一般不强迫孩子做什么事情，孩子因而思维活跃、能言善辩。但这也让赵女士陷入一个矛盾和困惑之中，那就是孩子变得越来越喜欢狡辩，她做什么事总有自己的理由，不愿意听取父母的建议。

例如，孩子见到赵女士的同学或同事不叫阿姨，过后，妈妈问她为什么不叫，并告诉她这样不礼貌，大家喜欢有礼貌的孩子，可孩子能讲出十几条不叫阿姨的理由：1.我不喜欢叫；2.我不喜欢这个阿姨；3.我当时想睡觉；4.上次阿姨让我怎么、怎么来着我不喜欢；5.要是×××，我就叫；6.我不喜欢××阿姨结婚时穿的婚纱；7.我不喜欢阿姨和妈妈说话；8.我不喜欢阿姨在我们幼儿园门口等我；9.我不喜欢阿姨说话声音太大；10.阿姨上次说了有什么、什么不给我吃；11.阿姨说了不给我生小弟弟……几乎所有的问题，她只要不想做，都有很多理由。

孩子这样我行我素，不听取别人的意见，会不会有什么问题？赵女士不禁担心起来。

听取建议是一种分辨与决策能力

在一个有充分民主自由、爱讲大道理的家庭，宝宝容易养成能言善辩、自作主张的行为习惯，相应地，也容易形成不善于听取别人意见的行为倾向，喜欢一意孤行的决策方式，使父母常常陷入尴尬境地。灵活变通的行为反映宝宝的分辨与决策能力——既有主见，又能吸取别人意见的合理内涵，并对自己的行为做出某种调整，不至于刻板生硬地固守己见。

除了家庭教养方式的影响以外，2～5岁宝宝的心理发育正处于第一反抗期，他们自觉地发展自我意识和独立精神。这样内外因相结合，家长稍不留神，宝宝就可能形成过分自我主张、忽略他人意见的习惯。

宝宝善于听取建议还是固执己见，是在一系列日常生活规则的形成过程中养成的：什么时候可以做什么事情，什么时候不能做什么事情；事情该怎么做，不该怎么做；如果不与父母配合，将要发生什么事情；发生的事情是自己乐意接受的，还是不乐意接受的；遇到矛盾的时候，自己常常是怎样获得胜利的；听取父母建议之后，自己的收获是什么等。宝宝在不知不觉中悄悄地学习尊重或者对抗父母的权威，配合父母的建议或者逐渐扩大自己的权限，直到最后形成一种行为习惯。

培养孩子善于听取建议的6大良策

培养孩子对大道理的执行能力

讲道理是值得提倡的教育方法，但是道理与实际行为之间还有距离，父母要帮助孩子拉近这个距离。只讲大道理，却不让孩子在具体行为中体现，是怂恿孩子狡辩的常见误区，孩子容易形成赞成父母建议，但是不付诸行动的行为模式。

例如，孩子看电视时间长了，妈妈给他讲这样对眼睛有害的道理，孩子听明白之后点点头，然后对妈妈说：“再看一小会儿。”妈妈就让他再看一小会儿。或者孩子说：“从明天开始吧。”妈妈就让他从明天开始。但是，过了一小会儿、过了明天，妈妈继续讲道理，

入园小贴士

善于听取建议，是孩子发展与人合作意识与能力的重要方面。合作的基础是善于采纳别人的意见，如果自己不同意，孩子应该有交流和商量的意识与能力。如果总是一意孤行，听不进别人的建议，渐渐形成一种思维习惯和处事方式，就可能在同伴中不受欢迎。所以，听取父母建议的好习惯，实际上也锻炼了孩子交流沟通与合作共享的能力。

孩子仍然不执行，他就会明白父母的建议原来可以当“耳旁风”。孩子这种口头上不反抗父母建议却在行动上不执行的“软抵抗”策略比较隐晦，家长需要识破这一点，并采取相应的对策促进孩子的执行力。例如，如果妈妈让孩子对“一小会儿”有一个明确的界定，例如分针、时针走到哪里是“一小会儿”，那么孩子就明白听取父母建议的具体操作方法了。

提高孩子具体问题具体分析的能力

孩子受思维刻板和生活经验的局限，不能理解面对不同场合、不同人的行为需要一定的弹性和灵活性，缺乏具体问题具体分析的推理能力，并据此使父母陷入自相矛盾的局面，达到为自己辩护的目的。

例如，妈妈催促孩子快点儿吃饭，否则妈妈上班就要迟到了，孩子则说：“细嚼慢咽有利于消化。”于是他仍然慢吞吞地吃饭。吃饭要细嚼慢咽与妈妈准时上班都是对的，当两者出现矛盾的时候，孩子固守前者，忽略后者，这是他思维刻板的表现。实际上他还是可以加快速度帮助妈妈解决问题的，但因为缺乏具体问题具体分析的能力，孩子没有调整自己的行为。妈妈当时可以告诉孩子“今天有重要事情，妈妈不能迟到，你要快点儿吃饭”，让孩子接受具体问题具体分析的思维方式和行动建议，并且以后提前让孩子吃饭，避免矛盾的产生。

对孩子的建议多使用肯定句

处于第一反抗期孩子的口头禅是“不”，他要以此显示自己的存在。当父母好心征求他的意见，他却常常不假思索地说“不”。既然这样，家长就尽量避免说“我们吃饭好吗”这样的问句，而是直接传达“我们该吃饭了”这个规则。

如果需要征求孩子的意见，先提供否定词，再提供肯定词，例如：“我们要见一个阿姨，你是不叫‘阿姨好’还是叫‘阿姨好’？”根据孩子理解和记忆语言的特点，他常常会顺着第二个方案。

不要在孩子的薄弱之处放弃原则

幼儿的发展通常不会很全面，可能在某一方面存在薄弱之处。例如，有的孩子在其他方面都很好，但是吃饭颇让父母劳神；有的孩子喜欢唱歌、画画、跳舞，但是不愿意弹钢琴。父母为了让孩子多吃一口饭、多弹一会儿琴，达到促进孩子进步的目的，不惜答应孩子提出的交换条件甚至无理要求，父母的“哪根神经最弱”被孩子一览无余。时间长了，他就专抓父母的弱点进行对抗，也不再理睬父母的合理建议了。

听取家长建议并非要求宝宝唯命是从

纵然针对幼儿而言，父母的大多数要求和做法是为了孩子而且是正确的，但还是不能忽略孩子的态度和意见，要常常鼓励孩子说出自己的想法，使家长的要求更贴近孩子的心理。不要以为“小孩子不懂什么”，孩子长时间不受尊重，就会变得不自信，更别提创新意识与能力了。

入园小贴士

父母给孩子的建议中为他留有一定的自由，让他感觉到配合父母的建议是快乐的、身心愉悦的，那么他合作的积极性和动力就强，而高控制环境下的孩子常常以退缩或者攻击的方式拒绝父母的建议。

谨防暗示和欣赏孩子的“狡辩”

有的家长会用一种很欣赏宝宝“狡辩”的语气说话，例如：“你的小嘴还挺能说！”“嗬，有主意的小家伙！”有的家长用假装生气的态度对孩子说“不许狡辩”，但是孩子能够读懂家长内心对自己潜在的欣赏。这种潜在的欣赏比直接明了的表扬更让孩子有快感，于是他获得了一个行为规则：反驳家长的建议能获得他们的好感。孩子不听取家长建议的习惯就这样悄然形成了。

教孩子诚实守信

有一天，5岁的儿子与爸爸一起下军棋。下到中途，儿子采用了“调虎离山”之计。他说：“爸爸，坐这么长时间了，你该去小便了。”爸爸想这小子一定有什么阴谋，就假装去卫生间，然后又折回来躲在一边，发现儿子果然将爸爸的“炸弹”旁边的两个棋子翻开看看，见不是他的“司令”和“军长”，才又放心地盖上。爸爸说：“不许耍赖呀！”儿子的脸顿时红了，不好意思地说：“我、我怕你炸了我的大官。”

面对生活中的这一现象，有的家长认为宝宝耍耍小聪明、用点儿小伎俩只是玩玩而已，没有必要太认真严肃；有的家长则认为应该从小培养宝宝诚实的品质，所以要对宝宝加强教育。两种说法听起来都有道理，因为凡事对宝宝太认真，觉得生活中仿佛少了一些放松、幽默和童趣；但是，如果不认真，又担心宝宝不知不觉养成不良的习惯和品行。怎么把握好两者之间的度呢？

孩子的“骗术”从何而来

几乎没有家长会主动向宝宝传授欺骗和谎言，但是所有的宝宝都会掌握这一“技术”。这是为什么呢？欺骗是向别人发出错误信号以达到自己的目的，它是人类和动物共有的行为，但人类的欺骗行为更复杂。

研究发现，2岁左右的宝宝已经开始发展认知他人心理状态的一些基本能力，他们能够做假装游戏，例如假装喂娃娃吃饭；能够了解手段和目的之间的联系，例如为了拿桌子远处的玩具，他知道通过拽桌布把玩具带过来；他可以从人们看到的东西来推知人们知道什么、不知道什么。以上能力都可能导致欺骗行为的出现，但它不是直接由父母或老师教会的，而是正常儿童成长到一定年龄在日常生活情景中自然出现和发展的。

随着宝宝年龄和智力水平的增长，他的骗术随之提高。具体来说，欺骗分为3个水平：

水平一：生硬的欺骗行为

4岁以前的宝宝属于这一水平，他为自己的行为生拉硬扯一个理由，而不考虑别人是否相信。如果家长交代他不要吃盒里的糖，他却吃了，当家长问他："糖到哪里去了？你吃了吗？"他可能嘴里正在嚼糖，却矢口否认自己吃糖了，或者编一个荒唐的理由："是糖自己跑到我嘴里来的。"因此，这一年龄宝宝的骗局常常失败。

水平二：不成熟的欺骗行为

四五岁的宝宝属于这一水平，他的欺骗策略变得含蓄一些，知道通过言语或者行为掩饰自己的真实目的，但是还没有足够的能力提高欺骗的可信度。案例中的小男孩知道让爸爸离开，自己就可以偷看棋子了，但是他不知道别人并不相信他，所以他的骗局没有成功。

水平三：成熟的欺骗行为

6岁以上的宝宝可以达到这一水平，他已经能够分清面对同一现象，别人和自己的看法会不一样，而且他能主动想办法通过言语行为或非言语行为让别人相信自己，所以他的骗局常常蒙混过关。例如，他想藏起一个玩具，他不但知道放在一个别人不知道的隐蔽地方，还知道设置一些假象迷惑别人，培养别人的错误观念，从而达到自己的目的。

区分心理意义的欺骗和道德意义的欺骗

家长要从两个角度正确认识宝宝的欺骗行为。宝宝出现欺骗行为，说明宝宝已经初步能够识别自己和他人的心理状态，并以某种方式影响别人的行为或观念，最后达到自己的目的。这种能力不但可能导致宝宝的欺骗行为，也是导致宝宝同情和帮助别人的基本能力。这就是说，当宝宝具有干坏事能力的同时，也具有了干好事的能力，而能力本身是中性的。从这个角度来说，宝宝会骗人说明他的相关能力发展了，变聪明了，这是心理意义上的欺骗。

很多家长担心的是宝宝道德意义上的欺骗。诚实是一种美德，诚实教育应该从小抓起。如果宝宝的骗术有故意伤害别人的意图，说明他是主动利用自己的能力和聪明干坏事，心理意义的欺骗就会转化为道德意义的欺骗。转化过程的过渡状态则是行为习惯，所以家长要关注和引导宝宝行为习惯的变化。

防止孩子欺骗的4大良策

不过分欣赏孩子的骗术智慧

孩子有欺骗能力了，确实说明他聪明了，而且他的欺骗行为常常制造出令大人忍俊不禁的幽默效果，因此不少家长控制不住这种喜悦之情而在孩子面前大加赞赏。即使家长有所批评也是表面佯装的，一眼就能被孩子识别出家长实质上内心的欣赏。这样下去，他就知道自己的“伎俩”能博得大人的关注与欢心，进而喜欢反复尝试这种游戏，长久下去容易形成恶作剧的行为习惯，最后可能致使孩子偏离道德发展方向。所以，家长不要过分欣赏孩子的骗术智慧。

奖励诚实而不过分严厉地惩罚欺骗

随着年龄的增长，宝宝的认知发展水平更高，他的骗术也随之提高，家长面临的挑战更大。但是，实证研究发现，严厉批评、吓唬和威慑会让宝宝对自己的骗局守口如瓶，宽容和原谅则让

入园小贴士

家长奖励诚实而不惩罚欺骗，事实上是一种理解和宽容，同时又不放纵宝宝的骗局和谎言，将更有利于培养宝宝良好的品德。

宝宝坦白诚实。

例如，宝宝打碎了花瓶，如果家长说："是你打碎花瓶的吗？如果你不说实话，我就不理你了。"宝宝十有八九不说实话。如果家长说："是你打碎花瓶的吗？我知道你不是故意的，如果你说实话，我与你一起做一个好玩的游戏。"宝宝十有八九会说实话。这就是说，宝宝放松警惕和心情，他才更有可能配合家长坦白从宽的态度。

为满足需求提供正确的渠道

宝宝欺骗说明他有一定需求和愿望，但是他自己判断不好哪种方法是正确的，能被人接受的，哪种方法是不被人接受的。另外，宝宝从4岁以后想象力发展了，但他还不能完全区分想象和真实，有时候把两者混为一谈，就会出现说谎和偷拿别人东西的行为。

这时候，家长要善于透过宝宝的骗局发现他的真实需求是什么，然后提供正确的渠道满足宝宝。如果家长读懂了宝宝那一颗"欺骗的心"，然后加以正确引导，宝宝获得的不但有品德上的培育，还有学习上的长进。

为孩子树立生活中的榜样，故事书的榜样作用有限

要想让宝宝学好，得为他树立可供模仿的榜样。一般家长都爱给宝宝讲故事，然后提示宝宝向故事主人公学习，这样做是有必要的，但存在的问题是宝宝需要转换思维——他得把书中抽象的人、思想和行为与自己相比较，找到可比性和可学之处，排除不可比之处，榜样的作用才能发挥出来，这对宝宝主动思维的水平要求较高。

相比之下，生活中的榜样对宝宝更具有可操作性，家长可以在日常生活中以身作则。例如，对宝宝的承诺要如期兑现，在某一件事情上的诚实表现等，都会在宝宝面前呈现形象立体、可亲、可信、可比、可学的榜样。所以，家长不但要善于观察自己的宝宝，还要细致观察宝宝的同伴，为宝宝确立成长进步的参照物，而不是主要依赖讲故事进行空洞的说教。

让孩子懂得谦让

宽宽在家里非常懂事，特别有礼貌，尊敬长辈和老人，家里有什么好吃的东西，她要谦让一圈。宽宽还喜欢跟家长一起做游戏，爷爷奶奶、爸爸妈妈总不住地夸她。可是自从上幼儿园以后，宽宽变得小气了，幼儿园里的玩具她占着不给同伴玩，有时还抢别人的玩具；家里来了客人，她会拿糖果给阿姨，却不愿意给小朋友，要费很大劲才能劝她给小朋友吃糖果。

宽宽为什么在家里慷慨，在幼儿园小气呢？怎样让她对外人也像对家人一样懂得谦让？

儿童的谦让有假象

真正的谦让是为别人着想而放弃自己的需要，又不图别人回报的善良行为，让宝宝完全做到这3点是极其困难的。因为儿童的思维特点是以自我为中心，他通常不能较好地觉察别人有什么需要，更没有足够的自觉性忍痛割爱、不计回报。宝宝在家里喜欢谦让是因为他在期待着大人的嘉许或者奖励，而大人确实会给予嘉许或者奖励。可是同龄伙伴就不会有这样积极的反馈了，能听到对方说声“谢谢”就不错了。大一点儿的宝宝可能为某种交换而做到谦让，但这也是有所图的。

研究发现，儿童要学会纯粹的谦让需要十几年、经历几个阶段的发展：首先是为了得到具体的奖赏而谦让；接着是为了顺从成人的意思当一个“好孩子”；后来他能够根据别人的需要而做一些谦让，但前提仍然是有一个具体的“好处”；渐渐地，孩子变得更含蓄了，这个好处可以是具体的，抽象一点儿也可以，例如符合某个社会规范或者社会利益；最后才形成纯粹的谦让，这完全是自发自愿的，给人带来极大的自我满足感。

谦让教育的6大良策

谦让教育不必一步到位

孩子的心理发育需要发展到一定水平才能学会发自内心的谦让，即孩子必须有换位思考的能力，有“送人玫瑰，手有余香”的心理体验。可是，幼儿的思维特点是以自我为中心，心理满足的体验是建立在个人需要是否兑现的基础之上，所以家长对孩子的谦让教育不要一步到位，超越宝宝的心理发展特点而提出过高的要求。当然也不是说家长就无所作为了，或者认为谦让教育没有必要，任何一个美好品德都是从小渐渐养成的，孩子一点一滴的积极体验都将促进他最终形成美德。

谦让之前学会分享

根据孩子的心理发展特点，家长应该先教育孩子学会分享，为培养谦让品质做铺垫，让独生子女逐渐从“吃独食”，经过“分享”心理的发育，慢慢过渡到“谦让”美德。如果几个孩子都想吃大梨，不要直接给孩子灌输“哥哥（姐姐）应该让弟弟（妹妹）”之类的教条，可以让他们共享这个大梨，从中也可尝到与人分享的快乐。有时，家长要特意与孩子共享美食，避免他形成在家中独一无二的特殊意识和地位，丰富孩子心中有他人的心理体验。

锻炼孩子的谦让诚意

中国传统美德既强调“敬老”，又强调“爱幼”，所以孩子谦让给家长大梨，家长一般是不忍心吃下的，让一圈又回到孩子的手里。大人觉得孩子只要懂得这个道理就行了，不必有行动的付出，结果孩子既吃到了大梨，又享受了表扬，实在太实惠了！谦让变成了一场虚拟的游戏，其中并没有真正的教育。其实问题很容易得到解决，家长只要把大梨吃了，孩子的心理就得到一次考验，他必须在“利”和“义”之间做出选择，诚实地面对自己。所以，支持孩子“言必行，行必果”，诚实与谦让便可以兼得。

幼儿园是培养孩子谦让品质的最佳场所

因为幼儿园同伴之间的交往是完全平等、自由的，谁都没有太高的谦让水平，游戏规则需要相互商量，交往方式需要相互磨合，不像在家里大人总是让着孩子，孩子不需要太多的努力就能从大人那里得到很多“好处”。当宝宝与同伴发生冲突的时候，成人在他们可能发生身体伤害之前先不要急于平息冲突，要给他们磨合的机会，使宝宝在丰富体验和提高认识的基础之上，引导他揣摩一下对方有什么需要，培养他的移情和换位思考水平，这些经验的积累有利于促进宝宝产生谦让行为。

坚持与老师共同表扬孩子的谦让行为

宝宝做出良好行为是为了获得大人的表扬和奖励，这是孩子动机发展水平的固有特点，大人不要认为这个动机“不纯”而忽略对孩子的鼓励。孩子都有一个从外在行为转化为内在行为的发展变化过程。有的家长比较放任，认为孩子长大后自然就知道谦让了，其实未必，品德养成离不开科学的教育。

排除干扰，将科学的谦让教育进行到底

现在处于多元文化时代，很多传统教育受到挑战，动摇人们的基本价值取向，尤其是网上的自由论坛，很多帖子初看挺有道理，但仔细思考并不是那么回事。

关于谦让教育，网上有一个流传甚广的“分苹果”帖子：美国一位心理学家让社会成功人士和监狱服刑犯人分别追忆母亲的早期教育对他们的影响。一位犯人说：小时候，母亲拿来一篮子苹果，他心中想要那个又大又红的苹果，但弟弟抢先说要了，妈妈板着脸生气地说：“小孩子怎么不懂得谦让！”于是这位犯人说：“妈，我要那个又小又青的苹果。”妈妈表扬了他，并奖励给他篮子里那只又大又红的苹果。因此，他自小就学会了撒谎，长大以后走上了犯罪之路。另一位在美国白宫工作的成功人士家中也是三兄弟，妈妈也拿来一篮子苹果说：“我们家后花园有三块草地，你们三兄弟去花园修剪草坪，谁修剪得又快又好，妈妈就把这个又大又红的苹果给他。”

这位成功人士从这件事认识到：一个人要得到自己想要得到的东西，一定要靠自己的实力和奋斗。

可能是“无巧不成书”才让美国的“分苹果”故事显得那么具有说服力。囚犯回忆自己的妈妈以“孔融让梨”的教育方式，使自己学会了虚伪和说谎，以致最后走上犯罪的道路；白宫人士回忆自己的妈妈以“按劳分配”的教育方式，使自己学会了诚实和奋斗，最后走上了成功之路。于是，有的网友顺藤摸瓜得出结论：教育孩子谦让是错误的，培养竞争意识才是正确的。

其实，“分苹果”的事实与主人公的后来结果之间并不是这样简单的因果关系。况且，哥哥和弟弟一起割草，用同样一个标准衡量谁劳动得好谁就吃大苹果，看似公平，实则不公平。哥哥的体力一般强于弟弟，弟弟自然总是输，岂不是也很挫伤积极性？一切结果都靠竞争和实力决定，岂不是也很冷酷无情？在这个世界上，人心最感温暖的一定是同情、宽容和谦让，而不是实力的竞争和比拼。而“孔融让梨”的传统教育只要稍微做一下技术上的改进即可（如上述前3个建议和策略），毕竟过去和现在的很多孩子并没有因为“让梨”而变得虚伪，所以经典的理念只要操作正确，仍然是经典的！

让孩子不再任性

韬韬在家比较任性，父母的建议他也不听。比如说，家里有一个药箱，父母不让他玩，他就在地上打滚示威。韬韬第一天来幼儿园就表现得不同寻常，对新环境丝毫没有陌生感。韬韬总是按照自己的愿望随意玩，把自己的积木推倒，还破坏其他小朋友玩积木。韬韬父母不断地向别人边道歉，边恢复摆设积木，以致老师正常上课都受到干扰，妈妈只得把韬韬抱开。“毛毛虫”这个集体游戏很有趣，其他小朋友与父母配合得自得其乐，但是吸引不了韬韬，他只认定自己的玩法。他想干什么就干什么，想玩滑梯就必须得玩，父母哄他也不行。孩子怎么会那么任性呢？父母不知道该怎么办才好。

导致孩子任性的心理因素

时常有父母说：“我们的孩子闹起脾气来，任何人都吃不消。他吃饭从不按时三餐，想吃就吃，而我们吃饭时，他准是在一旁玩个不停，且最好有人陪在他身边，如果硬劝阻他，他会哭闹不止。”像这样的儿童就可以被认为很任性。

从心理学角度来看，任性是个性偏执、意志薄弱和缺乏自我约束能力的表现。儿童任性心理得不到纠正的话，会妨碍心理的正常发展。因为任性会导致无法正确认识和判断事物，个性固执，不明事理，妨碍生活能力的发展，不善与人交往，难以适应环境，不被别人接受而陷入孤独，经不起生活的考验和挫折，对孩子健康成长不利。

导致孩子任性的主要心理因素有：

★ 2～5岁的孩子处于第一反抗期，正在形成自我意识，主要表现出什么事都要自己做。历来温顺听话的孩子到了此期也会变得急躁、不听话、调皮。比如，勺子还用不好，也要泼泼洒洒地自己吃饭，不让他做，他就会哭闹。尽管这种反抗在不同的孩子身上表现程度不同，却是一种普遍现象。“反抗期”是孩子正常的心理发展过程，如果顺利度过，对心理健康和成才都大有益处。

★ 父母溺爱，对孩子的许多要求（有的是无理的）都百依百顺。可是遇到一些事又不能依从（比如冬天要吃刨冰，要揪小兔子耳朵等），就粗暴地禁止。孩子遭到突然的反对，情绪转不过来，就大哭大嚷，赖地打滚。有时父母就依了他，于是他就越来越任性。

★ 先天气质也有一定影响，有的孩子属于天生难带类型的。但如果有良好的教育和环境，孩子还是可以好带一点儿的。

★ 观察习得其他小朋友的任性行为。乐乐在邻居家要玩爷爷的眼镜，乐乐妈妈先不同意，乐乐就耍赖大哭，妈妈就给了。邻居家的孩子看了，记在心头，以后碰到类似情况，也会如法炮制，大哭大闹。

★ 父母与孩子性格不同，而父母要求孩子和自己一样（比如外向），孩子做不到，所以发脾气。

培养孩子懂事不任性的16大良策

由于任性的心理因素表现多种多样，解决的方法也要因人、因时、因事加以实施，其最终目的是疏导孩子的情绪，不让它淤积为不良个性。适当选用以下几种方法，有利于对孩子的任性行为进行早期干预。请注意，这些方法不适用已经成为痼疾的任性行为。

讲道理

对孩子合理的要求要尽量及时满足，如暂时满足不了，应和孩子讲清原因。对孩子不合理的要求也要和孩子讲清为什么不合理，决不能因为孩子哭闹而迁就。

平静第一

在孩子发脾气时，不予理睬，好像没有看见，还做着自己的事。此时平静第一。待他平静下来了，再和他讲道理。家长讲话要坚定、平静，不要祈求或威胁，更不要高声叫嚷。

转移注意力

转移注意力对年龄小的孩子更为有效，因为孩子年龄小，注意力短暂，给他别的东西，他也可以接受。

处理好“第一次”

注意处理初发行为，比如第一次打人，第一次把爸爸的抽屉打开往外扔东西等行为，要马上处理，对孩子讲不能这样做的道理，或者用眼神、摇手、摇头表示不满。

及时表扬

及时表扬好行为，让孩子逐渐分清好与坏、能做与不能做，只是批评不好的行为是不够的。

生活规律

生活有规律，孩子知道这件事完了该做什么，这样能减少任性。

预告

有时可以给预告，比如出门玩以前告诉孩子今天去动物园，不走猴山那边，不看猴子，只看熊猫、老虎和狮子。

暂时离开

让孩子离开现场，到一个全新的地方，可能会有用。

幽默

有时可以幽默一下，做个怪脸，把袜子穿在手上，把纱巾围在头上装个老奶奶，孩子一笑，事情就过去了。

必要时来点儿“惩罚”

比如，对孩子的哭闹，谁也不理睬，即使他不哭不闹了也要“冷淡”他一段时间，待他沉不住气主动搭讪着接近大人时，抓住这个时机，严肃地向他讲清不满足他无理要求的原因，指出他任性不对，让他保证再不这样做。只有这个时候，批评才是有效的。

提示在先

掌握了孩子任性的规律后，用事先“约法三章”的办法来预防任性的发作。

提要求

父母给孩子提出的要求应该让孩子“蹦一蹦能够得着”，即应该是孩子通过努力可以达到的，而不是孩子怎么付出努力都达不到的过高要求。提出要求时，要让孩子有信心可以达到。此外，提要求的口吻应是肯定、亲切的，这样更易于被孩子接受。

加强磨炼

父母减少对孩子的呵护，为孩子提供磨炼的机会，让孩子自己去克服困难，锻炼意志，增强独立意识，从而懂得关心、爱护、帮助别人，养成良好的习惯。

循循善诱

孩子的任性行为中有时蕴藏着积极的因素，如3岁的孩子非要亲手为你打伞遮雨，父母应对此“闪光点”加以诱导，既讲清后果，又表示感谢。这样既不伤孩子的自尊心，又避免了孩子的任性行为。

找替代物

孩子任性，有可能是某种好奇心和探索欲望没有得到关注和满足。例如，韬韬玩药箱，是因为他并不知道“药”为何物，所以对那里面各种质地、各种透明或不透明的小瓶子感兴趣，或者对小药丸这样的颗粒状物品好奇。父母可以收集一些卫生、安全的瓶子让他玩，这样他的愿望得到了满足，药箱就失去了意义，也不会再成为坏脾气的导火线。

将计就计

每个孩子发脾气的表现不一样，家长可以在保证安全的情况下，让他的情绪得到宣泄，并且达不到要挟你的目的。比如，有的孩子打滚，家长干脆拿一块大毯子，让他打滚，等他“锻炼”完身体，感到累的时候就自动停止了。有的孩子爱摔东西，家长就拿一个耐摔的东西，随他的便，他摔一会儿就觉得没意思了。如果他继续做下去，说明他又发现了“新大陆”，应该支持他。同时，这两种行为对他也失去了满足自己愿望的工具意义。

入园小贴士

孩子不是无缘无故发脾气，不太会表达自己的孩子用恼怒表达自己的需求，父母一定要读懂他的需求，不要被孩子表面的怒火搞糊涂了。

让孩子懂得遵守规则

有个3岁的男孩跟着爸爸妈妈从国外刚回来，总是用玩具砸别人或地面。他还在幼儿园砸了其他孩子，有的孩子不愿意，就还手抓了他的脸，留下几道红印。他在班里从来不坐凳子，而是站椅子、坐桌子。老师给妈妈反映的时候，妈妈说孩子在家里还爬电视机，所以家里专门买了没有辐射的电视机。妈妈说让孩子自由发展有利于培养他的个性和创造性。父母的观念给孩子的入园适应带来很大障碍，也给教师出了难题。

自由与规则的平衡对孩子的重要意义

“自由过度”导致孩子任性

婴幼儿有以自我为中心的思维特点，主要是从自己的需要出发，与外界发生各种关系。如果一切都顺应他的本性，他就学不会与人打交道的礼仪常识和规则，导致为所欲为的倾向。孩子长大后产生的许多不良行为习惯，如好动、不服管教、攻击性强，都与父母过度顺应孩子的自由需要有关。

笔者曾经见过一位妈妈过度尊重孩子的自由，她带着自己2岁的孩子去串门，一到朋友家里，孩子就开始拽妈妈的头发，把她出门前整齐的发型拽得一塌糊涂，但是她依旧不对孩子说“不”。后来孩子长到5岁时，由于缺乏规则意识的培养，对大人和老师的劝告充耳不闻，在动作发展水平提高的同时，常常会制造出来一些“危险”和“事端”，成了一个让大人带起来特别费劲的淘气孩子。

入园小贴士

让孩子自由过度，实际上就是放任纵容，对培养孩子的社会性和责任心是不利的，使孩子“长”不出个性，却“长”出任性。而长期生活在控制过度的环境中的孩子，做事和思维的依赖性比较强，动辄请求大人的帮助，害怕尝试新事物，遇到挫折常常惶恐不安，而且调整情绪变化的灵活性比较弱。长久下去，这类孩子的探索与创新意识会比较薄弱。

“规则过度”导致孩子缺乏个性

有的父母教育观念走向另一个极端，他们认为听话的孩子让父母省心，很少惹出麻烦事来，养个小孩像一个小大人似的规规矩矩，是做父母的颇为得意的一件事。这种观念多表现在控制欲望比较强的父母身上。这类父母口头上也承认应该尊重孩子的愿望，但是这种尊重是因为孩子的愿望正好与他的要求一致。如果孩子的愿望与他的要求不一致，则会强迫孩子服从大人，并且认为这是管教严格、不娇惯孩子的表现。

培养孩子既自由又守规则的3大良策

没有规则的自由是放任，没有自由的规则是遏制，都是家庭教育不得法的表现。理想的状况是把握好规则与自由的张力，这样的孩子既有责任心，又有开拓性。

自然后果法

有一种规则是自然法则，孩子经过亲身实践，认识到自己的行为将导致什么样的结果，并体验适度的不快和痛苦，规则意识才由此建立起来，这叫“自然后果法”。自然后果法要求父母不能包办代替孩子承担行为责任，把孩子罩在一个绝对安全的保护伞下，但也不是说父母就撒手不管，让孩子自作自受。比较合理的做法是孩子先承担行为后果，再对他讲明道理。例如，孩子吃饭挑剔，家长不用追在后面喂，而且不到下顿吃饭时间就不给他吃，用饥饿法则养孩子的饮食习惯。孩子做事磨磨蹭蹭，不要对他反复唠叨乃至发脾气，如果他错过学习、看电视或者做游戏的时间，家长不要给他弥补，用机不可失、失不再来的自然法则培养孩子的时间观念。当然，如果孩子的行为将导致长远后果，近期不容易看出结果，则不宜用“自然后果法”，例如坐姿不端正、握笔不正确等。

自然后果法使孩子在自然环境中体验到：真正的自由精神是尊重自然法则的自由，而不是随意妄为的自由。

人为后果法

很多情境不能运用自然后果法，例如孩子横穿马路，不遵守交通规则，其后果相当危险。这时使用人为后果法就是大量而经常的了，把它与有意惩罚相区别，就会应用得更加科学。

★ 人为后果从错误行为中延伸出来，有意惩罚与错误行为不直接相关。一个小孩子喜欢坐在低矮的露台上边玩边往楼下看，虽然有栏杆，但看着还是很危险。妈妈给他设定了人为后果：要么在地板上玩，要么下楼到院子里玩，这两个规则要求都与孩子的错误行为直接有关。有意惩罚则是打屁股、罚站等与错误行为没有直接关联的方式，反而让“屁股”和“腿”成了替罪羊，这是从负面教训了孩子，孩子可以从中只明白一个道理，如果做某件事情，屁股会受罪；为了保护屁股，以后不要做那件事。人为后果则是“正面教育”孩子，孩子可以懂得两个道理：做某件事情是不符合规则的，应该怎样做才是符合规则的。

★ 人为后果关注的是现在，有意惩罚关注的是过去。有一次，妈妈带颖颖到同学家里玩，已经很晚了，该睡觉了，颖颖还不愿意走，最后妈妈强行把她抱回家了。第二天，颖颖提出还要到同学家里玩，有意惩罚的教育方式就是：你昨天表现得不好，今天不带你去了；人为后果的教育方式则是：提前预防，约法三章，妈妈说走的时候得走，不能像昨天一样又哭又闹地不走。可见，有意惩罚具有报复性，人为后果则具有建设性。

★ 人为后果的态度是温和而坚定，有意惩罚的态度是厌烦和粗暴。使用人为后果的父母比较冷静和理性，规则底线不动摇，但是对孩子的说话嗓门不大，语速不急；有意惩罚则表现出不耐烦、生气甚至怒气冲天或粗暴无礼，但是效果并不见得好。

选择权限法

让孩子既遵守规则又放松自由，父母可以从改变说话方式做起，让孩子学会“做选择题”。训练有素的“超级孩子”也将学会参与设计“选项”，并从中提高自己的自由能力。

大多数孩子都喜欢玩电话，但是当大人需要接打电话的时候，孩子的游戏就具有干扰性了。当你正在接听一个电话的时候，孩子一会儿要摁键，一会儿拽你的衣服，一会儿制造出各种噪声，你会怎么办呢？

习惯于批评和惩罚方式的父母要么把孩子训斥一顿，或者啪一下打在孩子摁键的小手上，后果将变得更加糟糕——孩子哭了，家长生气了，电话也不愿意打了。

尊重孩子自由的妈妈将出这样一道选择题：“妈妈打电话的时候，你可以做三件事，要么安静地待在这个房间自己玩，要么到另一个房间，要么等妈妈打完电话你再打，你要选择哪个？”如果孩子选择前者，却仍然打扰你打电话，你就请对方暂等一会儿，把孩子抱到另一个房间，他不愿意也不行。这样他就明白，要享受与你待在一起的自由，就得尊重你打电话的自由。

选择权限法尊重和征求孩子的意见，兼顾了孩子的自由精神和规则意识，因为选项中包含了孩子除了不能做某事以外可以做的很多事情，暗示了孩子可以享受的自由很多，但是又不侵犯别人的自由。而直接命令孩子做其中一件事是比较武断的，孩子可能恰恰不愿意做那一件事。如果他提出要看电视、吃东西、玩某个玩具，反而丰富了选项内容，你给了他自由，自己也有了打电话的自由，这不是两全其美的事吗？

入园小贴士

选择权限法使父母把自由民主与坚定规则有机结合起来，孩子学会选择是自由精神和遵守规则的有机结合。长期与孩子这么打交道，有助于孩子形成既守规则又享自由的习惯，家长的教育形象也会更加民主和文明。

第八章

家园合作，培养孩子的爱心

让孩子学会关心他人

一位妈妈说家里养了一只黄猫，个大膘肥，跑起来动作敏捷，叫起来声音洪亮。有一段时间，黄猫生病了，儿子对黄猫充满了体贴和温柔，他喂猫的动作很轻缓，安慰黄猫的时候就像妈妈对宝宝那样说话。看儿子对小生命如此爱怜，妈妈不禁感慨："人之初，性本善。"看来，同情心是与生俱来的。

黄猫的身体恢复健康以后，生了4个猫崽。妈妈想当然地以为儿子对这几个更加弱小的生命会更加爱护，可事实大出所料。一天，妈妈正在做饭的时候，儿子兴高采烈地说："妈妈，小猫不见了！"妈妈奇怪地看着儿子，并顺着他的视线往楼下一看，原来4只小猫都让儿子从阳台上扔下去摔死了！看着小猫惨兮兮地躺在地上，妈妈心疼得要命，可看看儿子呢，他不但对自己的残忍行为无动于衷，而且还有几分得意。

妈妈对宝宝的行为很难理解。或许他不是故意的，或许他只是想玩"藏猫"游戏，或许他不知道这么做小猫会死……但有一点是可以肯定的，真正的同情心并非与生俱来，应该对孩子进行同情心的培养和教育。

同情心发展的里程碑

阶段一：没有分化的同情心

宝宝从出生到1岁，还不能区分自己与他人情绪状态的差异。宝宝在这一年中处于非常原始的状态，把自己与外界融为一体，别人哭自己也哭，别人愤怒自己也跟着皱眉头，别人高兴自己也咧嘴笑。

阶段二：以自我为中心的同情心

2岁左右，宝宝对别人的同情和关心是从自己的角度出发，还不能完全理解别人跟自己的感受是不一样的，关心和同情别人是为了增强自己的安全感。本例中的宝宝同情和关心黄猫，是因为妈妈喜欢黄猫，自己跟着妈妈关心和照顾黄猫，能够增加与妈妈相处的安全感。但他不是从“将心比心”的角度来理解动物的感受，因而出现后来的意外事故。

阶段三：根据情境具有推断水平的同情心

两三岁时，宝宝初步能够站在他人的角度观察和考虑问题，关心和同情别人不再纯粹从个人的感受出发，开始有些知道从对方的角度出发尝试关爱别人。如果一个小朋友哭了，他有可能帮他擦眼泪，也有可能递上小手绢，纯粹的利他行为渐渐多起来。

阶段四：脱离情境具有抽象水平的同情心

六七岁的宝宝逐渐能够联系他人的生活经验和背景做出反应，同时驾驭两个以上的标准做出关心和同情的判断。例如，一个富人和一个穷人同时丢了100元钱，宝宝更加同情后者。

同情心对儿童成长的意义

既然宝宝的同情心并非与生俱来，并且有一个不断发展完善的过程，那么家长有意识地培养宝宝的同情心就很重要。联系本文开头的案例，可以发现宝宝既非“性本善”，也非“性本恶”，在没有教育的情况下，宝宝是可善也可恶的。但是，如果任其残忍、冷酷、无情的一面发展，将来他既不会善待稚嫩的生命，也不会尊老爱幼，至于对他人、社会甚至自己的亲人朋友产生尊重和爱这些高尚的情感，更不会自然形成。

《易经》说：“蒙以养正，圣功也。”同情心是人类高尚的情感，是爱之情感最原始的表现形式，是人道主义产生的始端。正因为宝宝是弱小的，父母和整个社会对他们倍加关心和爱护。但是，宝宝不能只会接受他人的爱，也要学会爱他人，他们长大之后要把这种美好的感情保存和传播下去，要回报父母亲人和整个社会，并同样关心和爱护下一代稚嫩的生命。只要家长抓住宝宝发展的关键期，就能培养出具有良好道德感的宝宝。

培养同情心的5大良策

从关爱动物培养同情心

宝宝都喜欢动物，保护动物鲜活的生命最有利于培养同情心。节假日父母经常带宝宝到动物园，可以边看边给他讲动物妈妈怎样辛苦地生宝宝、喂宝宝，怎样防止宝宝生病和免受其他动物侵害。还可以给他讲动物界一物克一物的食物链，讲各种动物的天敌，讲为什么动物园要把各种动物圈起来，让他明白这一切都是为了“保护生命”。当宝宝看电视或者看书的时候，会对有关动物的剧情发表一些“议论”，虽然大多是重复父母的话，虽然还只是停留在口头层面上，但父母对宝宝的“说教”让他记忆深刻。

在拟人故事中演练同情心

同情心是对他人、他物的痛苦或者不快产生类似感觉的移情，对幼儿而言，痛苦就是“哭泣”“眼泪”“打针”“流血”这些看得见、摸得着的行为。父母给宝宝讲故事时，遇到该引起同情心的地方，故意模仿宝宝的哭腔和哭相，以激起孩子的同情心。与宝宝一起画花画草的时候，父母有意渲染严峻的环境，比如刮风下雨、电闪雷鸣、冰冻三尺等恶劣的天气，有时还加上大动物对花草的践踏，花草则被画得眼泪巴巴的，让宝宝感受“为他人痛而痛”。

在亲身经历中体验同情心

让宝宝适当地体验挫折也是培养同情心的好办法，他只有感觉到自己受挫是不好受的，才会对别人产生类似的联想，进而同情别人甚至帮助别人。

一般情况下，小宝宝都喜欢与大宝宝玩，而大宝宝不喜欢与小宝宝玩，如果小宝宝硬往大宝宝群里钻，轻则受到大宝宝的冷遇，重则受到大宝宝的推搡，这样小宝宝肯定要吃亏。一般宝宝都有过多次这种“不幸”遭遇。遇到这种情况，父母不要为他辩护，而是故意“揭他的伤疤”：你还记得自己上次怎样抠一个小婴儿的眼睛和嘴巴吗？你还记得自己曾经怎样虐待小猫吗？虽然宝宝的长期记忆能力和举一反三能力有限，但是他对“自作自受”的体验和感觉记忆是长久而深刻的，再遇到类似的事情，他能有效地减少自己的“冷酷”行为。

在实际生活中养成同情心

宝宝偶尔一次的爱心行为并不能转化为稳定的品质，他需要在父母的指导下，在现实生活中不断实践和锤炼才能巩固下来，形成良好的习惯和品质。

每当有赈灾捐款捐物或者其他献爱心活动时，父母都要带着宝宝参加，把他抱起来，让他用自己白嫩的小手把钱物捐献出去，因为一次行动胜过一打说教。

在关爱同伴中表现同情心

放学后，宝宝说班上有生病的小朋友不能来幼儿园，家长就可以跟宝宝交流并讨论：“豆豆为什么没有来幼儿园，我们猜猜是什么原因。”“你是豆豆的好朋友，好朋友应该怎么做？”“如果你想打电话，打电话应该跟豆豆怎么说？”妈妈就这样一步一步引导宝宝关爱同伴。

与此同时，还可以引导宝宝“我长大了，会照顾弟弟妹妹”的意识。宝宝都喜欢跟比自己大的小朋友玩，不会主动关心弟弟妹妹。但是，宝宝都喜欢别人说自己长大了，于是家长就可以引导宝宝：“你又长大了一岁，当哥哥姐姐了，你知道应该怎么做哥哥姐姐吗？”

让孩子学会不打扰别人

周围人都羡慕乔女士的脾气好，更羡慕她女儿梅梅的脾气也好，带起来特别省心，因为梅梅从小到大都没有黏大人的习惯，特别会自己玩。在幼儿园跟小伙伴相处得也很好，大家都喜欢跟她玩。回到家里，爸爸妈妈只管忙自己的家务事，梅梅就自己找有趣的事情做，如果爸爸妈妈腾出手来陪她玩，她就跟大人配合着玩。尤其是到暑假，大人都喜欢中午小睡一会儿，梅梅想睡就睡，不想睡就自己玩，一张折纸的小鸟，她都能玩一中午。如果不想玩了也不叫大人，自己爬上小床就睡觉了。

有一次，一位朋友在乔女士家做客，梅梅想抱一个花瓶给小朋友玩，不小心把花瓶摔碎了，马上就听到一个小朋友吓哭了，跑过去跟妈妈说："妈妈，是梅梅，不是我。"只见梅梅平静地跟妈妈说："碎了。"妈妈也平静地说："没关系，你们到小屋去，别扎了脚，我来扫扫。"朋友问乔女士为什么不把花瓶放高一点儿，或者直接警告孩子不许够花瓶，乔女士说："嗨！我没想那么多规矩，她上次还把微波炉里的转盘拿出来玩，结果摔了。"朋友说："这事也怪了，你那么由着孩子却没有把孩子惯坏，我特别注意教育孩子，孩子还常常把我折腾得筋疲力尽，这是怎么回事？"

孩子会自己玩是较高人际交往智能的表现

会自己玩的宝宝独立游戏水平高，人际交往智能也较高。因为这表示宝宝比较理解和尊重别人，不打扰别人的工作时间和私人空间，通情达理，合作性好，是较高人际交往智能的表现。而不善于独立游戏的孩子，游戏水平比较低，浅尝辄止。因为一项玩得很舒服的游戏，需要孩子各种感官总动员，用手摸、用嘴啃、用手拍、用脚踢、用腿跑、用鼻嗅……一切感官都有可能参与进来。只有这些感觉信号丰富了，统统传到孩子的大脑，他才能把它们整合成一种思维和知识。研究发现，游戏水平比较高对孩子将来学习的独立性和创造性具有一定的预示意义。

会自己玩的孩子具有专注和自主的心理品质

★ 专注。专注的宝宝能长时间把注意力集中在一个事物上。其实所有正常的孩子都能做到这一点，但是父母的某些态度和做法阻碍了孩子专注品质的发育。例如，孩子都喜欢反复听某一个故事，大人讲许多许多遍，他都不感到厌烦。后来，大人不耐烦给孩子讲了，不再理睬孩子，孩子只好被动放弃。

蒙台梭利说："专注是科学家的品质。"可见，当孩子正专注做事的时候，父母要像尊重科学家一样，尊重孩子的专注，不要轻易地打断孩子。这个时候，父母也收获了养育孩子的轻松与自在。

★ 自主。有自主精神的孩子善于安排自己的活动，他们会选择自己的玩具和玩法，并创造新的游戏。长期习惯于听大人发话的孩子总是等待着父母分配任务，当父母给他自由让他独处的时候，他反而不知道要干什么。为了摆脱寂寞、无助和无奈，他就使劲地缠着大人，以求从中获得安慰和快感。其实，不光孩子是这样，成人何尝不是如此？有些人习惯于被安排工作，轮到节假日倒不会休闲了，以致发呆、郁闷。

入园小贴士

有的孩子喜欢反复做同一个游戏，有的孩子喜欢反复玩某一个玩具……为什么孩子喜欢重复呢？因为孩子的学习方式主要靠直接体验，反复体验的过程就是反复观察和感知事物，他需要很长时间的重复体验才能获得这一事物的特征，进而自己体味出事物的初步内涵。

培养孩子不打扰别人的5大良策

温柔而坚定的教育态度

当梅梅打碎花瓶的时候，小伙伴吓得哭了，还跟妈妈解释不是自己做的，“肇事者”梅梅反而十分平静。这说明小伙伴生活在做错事便有罪恶感的严厉环境中，而梅梅生活在做错事能得到接纳的环境中，因此梅梅玩的时候能够更加坦然，不会产生有什么意外就遭到训斥的后顾之忧，因而遇到挫折她不恐惧、不放弃，能保持愉快的心情，继续将游戏进行到底。

乔女士的朋友说：“你那么由着孩子却没有把孩子惯坏，我特别注意教育孩子，孩子还常常把我折腾得筋疲力尽。”说明这位朋友在“特别注意教育”的时候，对孩子的专注与自主状态不够尊重，甚至没有足够的忍耐让孩子自己玩，父母的干扰和建议太多，结果养成了孩子的依赖性，这样的父母自然比较累。而乔女士所谓的“由着孩子”并不是一味地娇惯，而是对孩子教育态度的温柔与平和。因此，不要以为教育就是严厉，温柔而坚定的教育才是很多父母所缺乏的。

支持孩子的健康游戏

一个孩子正盯着一只在桌上爬行的小虫子，传统观念的父母可能一巴掌拍死它，或者指挥孩子捏死它；现代观念的父母则为孩子提供一个小盒子，满足他观察小昆虫的需要。可是很多妈妈因为自己不喜欢虫子，厌恶饲养动物，便不允许孩子喜欢，更不会给孩子提供环境和物质上的支持。像这样习惯于从自己的感受而不是孩子的感受出发的父母，对孩子的喜好控制得比较多，孩子就没有自信自己做决定，便依赖父母做判断。一个不相信自己的孩子必然缠着大人做决定。

快乐地忍耐孩子的速度

忍耐是养育婴幼儿的妈妈必备的美德，而且完全不是出于被动无奈地忍耐，是出于真诚的欣赏与百分之百的爱。乔女士的好脾气主要表现在她优秀的忍耐之心上。忍耐意味着父母允许孩子依据自己的时间、速度与节奏进行游戏与活动，而不是按照父母的主观希望和要求。有一个宝宝不知道什么是接种疫苗，扎上一针刚有感觉就结束了，现在长大了，开始明白“白衣天使”是怎么回事了，就开始变得很不愿意去医院。有一位妈妈带着女儿去医院，走到门口，女儿不愿意进去，说明天再来；第二天又去医院，她还说明天再来。足足经过五个“明天”，她才打上该打的疫苗。因为这是她自愿决定的，事后才发现打针没有那么可怕。后来再打疫苗，她很快就做出了配合父母的决定，愉快地适应了“成长之痛”。

入园小贴士

父母的忍耐实际上就是尊重了孩子的内在感觉与需要，当他主动经历了一个完整的矛盾斗争过程，他就成长了一大步。如果父母揪着孩子硬逼他打了一针，也算完成了一件事情，但是剥夺了孩子的自主体验过程，他获得的心理品质不是自由与独立，将是恐惧。恐惧的孩子没有安全感，难怪他要依赖大人、黏着大人不放呢！

不宜随便迁就孩子

对孩子采取支持和忍耐的态度并不是撒手不管、随便迁就的意思，遇到以下几种情况要明确地告诉他不可以这么做，例如明显干扰了别人的活动、随便拿别人的东西或者开始尝试说谎等。

当然，即使宝宝这样做了，父母的教育态度和方法也不应该是简单和粗暴的，而要坚定而平和。“你不可以这么做。”说着就把孩子抱走，不要顺从他的哀求和哭闹。但是，语气不要过于严厉，否则你传给孩子的信息就是做错了事就会产生犯罪感，犯罪感是可怕的，孩子以后就会想办法说谎或缠着大人改变态度。

确定一个替代的安全感

妈妈和孩子相处的时候可以固定播放某一盒磁带或者某一张CD，孩子渐渐地就把这段音乐跟妈妈连接在一起，获得了相应的安全感。当你想做自己的事情的时候，让这段音乐代替你陪伴孩子玩一会儿是没有问题的，同时还熏陶了孩子的音乐感受，这是一举两得的好事。

让孩子学会接纳

“宝宝，你再不吃了这口饭，我就把它送给隔壁的茗茗了。”果然，宝宝把这口饭吃了。“宝宝，你要是不跟妈妈走，妈妈就做露露的妈妈了，不做你的妈妈了。”果然，宝宝赶紧跟着妈妈走了。

当妈妈在得意这一招很管用的时候，却没想到自己助长了宝宝的嫉妒心思，使宝宝习惯于把别人树立成“假想敌”，养成不喜欢接纳他人的行为方式。结果有一天，老师说露露的画好看，宝宝很不高兴，拿支黑笔在露露的画上胡乱涂上几笔，然后大声对老师说：“我的画好，现在你得表扬我的画好看了！”

接纳他人的孩子招人喜欢

善于接纳他人的宝宝总是很快乐，不总是跟别人闹别扭，可谓“利己利人”。而且这样的孩子长大了善于合作、热爱学习，特别招人喜欢。因此，家庭教育可不能小看了宝宝爱心培养的重要意义。这种习惯在心理学上属于亲社会行为研究领域，是指宝宝的任何与他人亲昵、分享、合作、同情、安慰或者帮助他人的行为。它要借助宝宝具有一定的观察水平、理解和分析能力，以及相关的技能才能实现，是宝宝智商、情商、知识、技能的综合体现。

不喜欢接纳他人的宝宝在很多情况下表现为嫉妒情绪和行为。人天生都有嫉妒心理，婴儿从16～18个月时就开始出现嫉妒表情，两三岁的宝宝嫉妒“吃醋”的心理就已经很明显、很复杂了。我们每个成人都有过因嫉妒别人而使自己感觉不安的体验，宝宝同样会被嫉妒折腾得不高兴、不愉快，甚至担心害怕。老师说露露的画好看，不喜欢接纳他人的宝宝就会有这样的心理活动：难道我的画不好看吗？那好，现在我拿支黑笔在露露的画上胡乱涂上几笔，怎么样，还好看吗？老师，你现在得表扬我的画好看了吧！结果，宝宝与露露之间的冲突就产生了。可见，父母要从小培养宝宝喜欢接纳他人的行为习惯，与周围的人和谐相处。

测一测孩子是否善于接纳他人

喜欢接纳他人是对他人友好、富有爱心的表现，具体反映在以下类似行为和情境中。父母可以做个对照测验一下，观察自己的宝宝在接纳他人的习惯上有哪些优势，有哪些需要改进的地方。

（1）宝宝喜欢与他的主要看护人一起游戏和生活。

（2）当其他小朋友哭的时候，宝宝会专注地看着他，表示关注和同情，甚至会拿出纸巾或者手帕给这个小朋友。

（3）如果有小朋友摔倒了，宝宝会走向他，并试图帮助他起来。

（4）在户外玩耍时，成人与他打招呼，他有积极的回应。

（5）能与成人或小朋友一起玩你追我跑、你藏我找的小游戏。

（6）别的小朋友想玩宝宝的玩具，宝宝愿意给他。

（7）比较容易配合爸爸妈妈的劝告，不无缘无故地伸手打人。

（8）如果妈妈爸爸生气了，宝宝能够暂时收敛自己正在进行的不适宜行为。

（9）喜欢用拍手、拥抱、飞吻、挥手、握手、拉手等方式与人打招呼。

（10）当家长和老师表扬或奖励同伴的时候，宝宝没有明显的嫉妒行为。

把以上10种表现分为“A.经常，B.一般，C.不是”这3种频度为宝宝打分，得到的“A”越多越好。

★ 如果回答全是A，说明你的宝宝“十分”善于接纳他人。如果是9个A，宝宝也相当不错。

★ 如果宝宝得的B超过5个以上，说明家长需要抓住教育时机，及时引导宝宝，使宝宝在某些方面得到提升。

★ 如果宝宝得的C超过5个以上，说明家长需要重视宝宝接纳他人行为习惯的培养，为塑造宝宝的积极性格奠定基础。

培养孩子接纳他人的5大良策

引导孩子积极地为别人喝彩

当一个人获得成就感的时候，他的身心是充满愉快的，也特别渴望得到别人的欣赏。这时候送上及时的祝贺是友善接纳别人的表现，不但对方快乐，自己也能从中分享到快乐，正像一句俗语所说的那样："送人玫瑰，手有余香。"

但是，不少父母不太注意通过这方面的教育来提升宝宝对生活的感受，好像别人的成功与自己无关，即使别人取得了优异的成绩，也比较吝惜自己的赞扬。这样很容易滋生孩子的嫉妒心理。

学会真心诚意地赞扬他人，可以帮助宝宝规避嫉妒那根"刺"带来的痛苦。

正面鼓励孩子，不要一味地哄孩子

婴幼儿特别需要父母的表扬和鼓励来建立信心，但是有的父母单一地、夸张地表扬宝宝，宝宝做了什么不对的地方，也把责任向别人身上推。宝宝长期被这么哄着，久而久之就不愿意学习和承认别人的优点，不接纳和嫉妒别人的事情随时可能发生。

例如，在一项小比赛或者小游戏中，宝宝输了以后比较伤心，有的父母就说："他有什么了不起的？我们也行！"这样也许安慰了宝宝，却是逃避现实的嫉妒言语。父母可以正面鼓励宝宝："人家宝宝学会了，那我们经过学习也一定能行！咱们回家试试吧？"

不要有意"骚扰"孩子

有的成人喜欢逗宝宝，一把把宝宝手中的玩具抢过来，说"这是我的"

或者“我不给你了”，看着宝宝撇着嘴哭了，就又还给宝宝了。但是，宝宝也辨别不出玩笑的真假，被这样招惹以后，容易产生自卑心理，自卑常常是嫉妒的前奏。当然，如果有朋友、邻居或者同事这么逗你的宝宝玩，你也不好意思当面驳人家的面子，但可以对着宝宝耳朵悄悄地说：“别着急，一会儿叔叔就给你了。”这样反而锻炼了宝宝的耐挫心理。

不要反复传说孩子的嫉妒趣事，让孩子变得心安理得

皮皮说他想变成一只小虫子，钻进东东的嘴里，把东东的牙齿都咬成小洞洞，这样他吃饭就不快了。原来，老师总是夸东东吃饭又快又不掉饭粒，皮皮怎么努力也赶不上东东，就幻想出这么一个“损招”，暂时求得心理平衡。

妈妈听了以后觉得宝宝的想法太有意思了，逢人就讲这个笑话，皮皮就在一边听着。时间长了，皮皮的“幻想故事”越来越多，博得妈妈的“快乐”也越来越多。后来老师提醒皮皮妈妈：“您这么做让宝宝觉得自己的想法是正确的，不利于他的心理健康发展。”妈妈这才意识到自己太疏忽对宝宝的正确引导了。

避免“亲子嫉妒”的消极影响

亲子嫉妒主要是一种消极情绪，反映在亲子关系中，会让人不知不觉地排斥宝宝与爸爸或妈妈之间的亲情。当宝宝还处在学龄前阶段中，不少家庭会出现这种情况，尤其妈妈在感情上对宝宝的独占欲望比较强烈，总希望宝宝在自己身边如小鸟依人，才能补偿自己生育和养育宝宝的代价。因此，有的妈妈对宝宝总是不放手，对宝宝黏着自己还挺自豪。至于宝宝与爸爸之间的疏离，妈妈则认为应该如此，甚至有时干涉、剥夺宝宝与爸爸游戏的机会。如果三人一起出游，妈妈总是与宝宝亲密接触，把爸爸当成拎包的或者旁观者。丈夫往往把妻子的行为理解为对宝宝的爱，心甘情愿让自己处于“待岗”状态，完全没有意识到这样会让宝宝损失了完整的父母之爱。而且妈妈的这些“小心眼”很容易被宝宝体察出来，进而可能模仿妈妈排斥他人的情感与行为模式。

让孩子体悟责任

点点是一个非常聪明、性格开朗的宝宝，喜欢跟小朋友玩。但他有一个小毛病就是“常有理”，总是找借口为自己辩护，把责任推到其他事物或者别人身上。这不，刚玩完玩具，妈妈让他收拾，他说：“一会儿我还玩呢。”过了一会儿，妈妈再让他收拾，他就说：“我累了，想休息休息。”可是，如果小朋友来家里，他就责问人家为什么不收拾玩具。妈妈说：“你是小主人，你应该带头收拾呀！”他却说：“玩具是他玩的，应该他收，小朋友要自己的事情自己做。”点点仿佛什么事情、什么道理都明白，但是就不愿意自己做。对于这个聪明却不好说服教育的儿子，妈妈拿他真是没有办法。

像点点这样自己能做好的事情却不自己做，做错了事情不承认，习惯在别人身上找原因的现象，在其他孩子身上也普遍存在。这类问题的关键是孩子没有建立一定的责任心。

有责任心的孩子让家长省心、宽心、放心

责任心是一个人对他所承担的任务的自觉态度，包括对自己的责任、对他人的责任、对集体的责任和对社会的责任。表面上看，责任感不像知识、技能和能力那样明晰可见，但它是能力发展的催化剂。

一个对自己有责任感的孩子，自觉水平高，让家长省心；一个对他人有责任感的孩子，亲善行为多，让家长宽心；一个对集体和社会有责任感的孩子，人小志气大，让家长放心。因此，有责任感的孩子表现出很多优点：自觉、自爱、自立、自强。可以说，责任感是一个人走向成功和幸福人生的必

备条件，而缺乏责任感的人与成功无缘，与幸福擦肩而过。

责任心发展的里程碑

孩子的责任心不是一朝一夕突然出现的，它伴随孩子的成长而不断成熟。

★ 3～4岁的孩子属于被动责任水平，能按照家长的指令完成一定的任务，显得很乖，是家长带养孩子比较顺手的一个阶段。但这时的孩子只是一味地顺从大人，并不理解责任的意义。

★ 5～6岁的孩子属于半被动半理解的责任水平，他开始明白“自己的事情自己做”“小朋友要互相帮助”等责任和规则，但是常常说到却做不到。他人提醒能做到，自己不会提醒自己做。这一阶段是培养孩子责任心的关键年龄。

★ 6～7岁的孩子属于理解责任水平，他的认识水平更高了，不但知道对自己、对父母、对小朋友要负责，还初步知道对社会要负责，例如环保意识、公益意识和集体意识。但是，他由认识层面向行为层面转化的自觉性还不高，需要家长继续培养。

培养负责任好习惯的4大良策

跟三四岁的孩子说话要注意措辞准确，清晰地传达任务与要求

3岁孩子的抽象思维水平还不高，难以理解一些比较笼统和概括的词汇。例如，妈妈要求孩子“把玩具收拾好”，这对3岁的孩子来说就比较模糊，什么是收拾好？怎样做才算收拾好？妈妈可以把要求描述得便于操作，告诉孩子“汽车该回车库了”“画笔和笔帽是好朋友，不要让它们分家”“积木宝宝该回家了，要不然就丢了”……这些话的意思其实都是把玩具放回原来的盒子、箱子或柜子里，但这样的要求很具体，也很有趣，宝宝

既能听明白该怎么做，也会乐意去做。

跟五六岁的孩子用“我式句型”说话，唤醒他的责任意识

这一年龄的孩子自我认识水平提高，喜欢用语言和行为表达自己的看法，表示自己长大了。大人不要以为孩子都懂事了，应该说到做到，所以常常用“你式句型”来命令孩子，例如“你最好……”“你应该……”“你总是……”这样容易引起孩子逆反的句式，不利于他自觉地履行责任。如果换成“我式句型”，孩子感觉自己被尊重，更容易唤醒他的责任意识。

“我式句型”的基本结构是：“当……时候，我觉得……”。“当……时候”表示家长发现的问题，“我觉得……”传达家长的感受，说明孩子的行为结果对家长造成的影响，使他意识到自己不适宜行为的后果，以此增强他的责任意识。

例如，丽莎要是把玩具散落得到处都是，妈妈不直接用“你”式句型指责丽莎：“你总是把玩具扔得乱七八糟，快收拾好。”而是用“我式句型”说：“当玩具很乱的时候，我感觉很不舒服，因为我喜欢整洁。”渐渐地，丽莎就知道妈妈是想让自己收拾玩具。但这个行为不是妈妈外派的任务，而是丽莎自己悟出来并主动实践的。

带领六七岁的孩子积极参加公益活动，提高孩子的责任水平

孩子的品德按照从近及远的顺序发展，他先学会对自己、对同伴和家人负责，然后学会对集体和社会负责。对社会负责是比较抽象的，家长只讲大道理效果不好，要带孩子观看和参与公益活动。可以跟孩子一起看赈灾义演、义卖、捐助的电视或图片，并跟他仔细讲这是怎么回事，鼓励孩子伸出自己的小手为公益事业绘画、签名或捐赠，这些活动都有利于培养孩子的责任感。

为孩子的行为后果提供选项，培养他承担责任所需要的自我管理能力

不管多大的幼儿，责任心的发展都是认识先到位，行为稍滞后，这是因为孩子预见事物发展结果的能力和自我控制力比较弱，这时大人不要直接给

孩子一个唯一的行为后果，而是给他提供两个以上的选项，提高他的自我管理能力。

例如，壮壮喜欢与小伙伴一起玩，可是比较霸道。当同伴到他家里玩的时候，他支配着别人玩什么和怎么玩，他总是说："在我家就得听我的。"否则他就有这样那样的抱怨。当发生争吵的时候，爸爸把壮壮叫到厨房，悄悄地对他说："你得让同伴自己选择玩什么，否则你就单独站在这里想，什么时候想通了，才能到你的房间与他们一起玩。你选择吧。"壮壮说："我不想站在这里，想与他们一起玩。""那就不能与他们争吵。"爸爸说。壮壮点点头。一会儿，爸爸听见壮壮又在嘟囔了，他对儿子说："壮壮，你到厨房去一下。"壮壮马上明白了爸爸的意思，就又与小伙伴和平地游戏起来。

培养责任心的教育清单

培养孩子对自己负责，家长应该教孩子学会做下列事情

★ 玩完玩具，知道并做到自己应该收拾整齐。

★ 听家长的话，不玩火、不玩电、不跟陌生人走。

★ 天气变冷，知道该添加衣服了。

★ 自己吃饭和穿衣，喜欢自己的事情自己做。

★ 经过自己的努力完成一个任务，有成就感。

★ 自己做错了事情，有后悔的表情和情感。

培养孩子对他人负责，家长应该教孩子学会做下列事情

★ 同伴主动求助的时候，孩子愿意提供帮助。

★ 跟同伴游戏的时候，能倾听和接纳同伴的意见。

★ 家人生病或不舒服的时候，知道问候和关心。

★ 对他人做错了事情，能够学会道歉和改正。

★ 记得自己向同伴和家人承诺过的事情，并争取说到做到。

培养孩子对集体负责，家长应该教孩子学会做下列事情

★ 喜欢上幼儿园，不迟到不早退。

★ 积极参加班集体活动，乐意成为其中的一个成员。

★ 配合老师的要求，愿意拿出自己的玩具或图书，与小朋友分享。

★ 在集体竞赛性活动中有集体荣誉感。

★ 能发现集体环境遭遇毁坏，并想出报告老师或自己解决的办法。

培养孩子对社会负责，家长应该教孩子学会做下列事情

★ 爱护环境，不随意丢垃圾。

★ 爱护公物，不随意破坏。

★ 节约水资源，知道适量开水龙头，用完关水龙头。

★ 节约用电，不需要的时候知道关灯。

★ 向贫困、受灾地区捐赠后感到很开心。

★ 知道国旗、国歌、国徽，为中国的荣誉欢呼。

让孩子学会爱护公共环境

离园的时间到了，月月老远就看见爸爸往教室方向走来，快到门口的时候，月月大声叫了一声："爸爸——"同时把门口的一只垃圾袋当皮球向爸爸踢去。但是，垃圾袋口没有扎紧，结果垃圾散落出来，旁边有几个小朋友就踢起垃圾来。正好老师走出来，发现地面一片狼藉："这是谁干的？垃圾怎么到处都是？"小朋友就互相"指认"起来，你告发我，我告发你，也揪不出真正的"肇事者"。月月爸爸亲眼所见儿子所造的"事端"，但这时已经乱成一团，他像没看见任何事情一样，拉着月月说："跟老师说再见，咱们回家了。"

爱护公共环境的年龄特点

宝宝在3岁之前，还常常不能把自己的财物、他人的财物以及公共财物三者之间的关系区分得很明确。他是从自己的兴趣和需要出发，不自觉地把三者混为一谈，会出现喜欢别人的东西就把它当自己的东西拿走了，或者感觉一个房间白花花的墙可以用来画画，于是就在上面涂抹起来。从幼儿这一时期所处的认识水平来说，宝宝不是故意对公共财物和环境造成破坏，但是父母可以给宝宝解释怎样做是正确的，怎样做是不正确的。

4岁以后的宝宝认识水平和自我控制能力都提高了，基本能够配合大人做出维护公德的行为。大人对宝宝提出明确的要求，积极反馈宝宝爱护公共财物和环境的行为，对他有损于公共财物和环境的行为给予否定和矫正引导，宝宝能够形成良好的公德习惯。

爱护公共环境反映孩子的修养水平

爱护公共财物和环境习惯反映现代人文明修养的一个基本面貌。一个人的智力、相貌、地位、职位、金钱都可能因为主客观因素而有差异，并得到他人的理解和接纳，但是公德意识和习惯应该是普通正常人都能够理解、遵守和做到的。爱护公共财物和环境的好习惯是做人的基本素质，因此《幼儿园教育指导纲要》有明确要求："教育幼儿爱护玩具和其他物品，爱护公物和公共环境。"家庭教育是幼儿园教育的亲密合作伙伴，父母与幼儿教师以《纲要》为指导，发挥各自所长、各有作为，是培养宝宝良好行为习惯的基本保证。

培养孩子爱护公共环境的5大良策

父母要对这一习惯有明确、清晰、敏感的培养意识

观察发现，不少父母对培养宝宝爱护公共财物和环境习惯缺乏敏感的教育意识。有一天在一个停车场，妈妈带着儿子等爸爸开车来接，时间长了，宝宝有点儿着急，就开始动动这儿摸摸那儿，终于发明了一个"玩法"：用脚使劲地踩停车场上锁车位的铁架子，妈妈还一个劲地鼓励宝宝："踩！踩！使劲踩！"旁边一位老奶奶过来说："别踩了，别把架子踩坏了！"妈妈说："没事，结实着呢，小宝宝练练脚力就踩坏了，说明这架子也该加固了。"有的父母还专门鼓励宝宝爬幼儿园或公园等场所的小门，以"锻炼"宝宝的胆量和攀爬能力。

从父母的出发点来看，觉得宝宝力气小、力量薄弱，不至于对公共财物和环境造成破坏，同时宝宝也可以锻炼锻炼身体。父母只看到了问题的一个方面，但是这一现象说明父母忽略了对宝宝进行良好公德习惯的培养和教育。宝宝在成长过程中，公德意识和习惯的形成特别依赖大人的点拨和提醒，否则他就局限在做事从个人需要出发的发展水平上，意识不到与别人、

与自然和社会和谐相处的必要性与方式方法。等将来宝宝上了小学、进入社会，遇到这样那样的交往麻烦，还未必意识到是缺乏公德习惯造成的，有可能归因于外在条件不符合自己的愿望，形成怨天尤人的思维方式，这对宝宝的心理健康发展是有不利影响的。所以，父母对培养宝宝爱护公共财物和环境等公德习惯，要有明确、清晰、敏感的培养意识。

善于给孩子讲爱护公共环境的故事

幼儿接受道德教育的适宜方式是通过听故事和父母讲故事来提高自己的认识水平。父母通常注意选择对宝宝有智力启发意义，有启蒙宝宝勇敢、坚强、勤奋、诚实等方面的故事讲给宝宝听，觉得爱护公共财物和环境方面的故事比较简单，或者不涉及宝宝发展的直接利益，就认为它不是太重要而不重视这方面的教育启发，认为这是幼儿园和学校应该做的事情。其实，父母这些观念和做法都是不正确的。

平静地说服和引导孩子改正错误

幼儿园里刚刷了白墙，一个老师正在给宝宝进行爱护环境卫生的教育，话还没有说完，一个小男孩就往墙上踹了一脚。老师并没有呵斥他，而是蹲下来与他交谈。“这墙白吗？”“白。”“现在上面有个脚印，还白吗？”“不白。”“不白还漂亮吗？”“不漂亮。”“那我们怎么把墙变漂亮呢？”“把脚印擦掉。”于是，老师给宝宝一块抹布，让他自己擦，其他宝宝也受到了教育。在这个小事例中，“平静+说理+行为引导”是教育宝宝的关键，能给父母教育宝宝很好的启发。

用巧妙的办法补救错误，而不是袒护错误

放学的时候天色还很亮，很多宝宝在幼儿园玩耍。岁岁玩着玩着就开始拆起一把小椅子，拆掉的一条椅子腿被他随手扔到路边上，妈妈一直在旁边陪着。这时老师发现了椅子腿，说：“岁岁，这是你拆的吗？幼儿园的玩具能拆吗？拆坏了，小朋友就不能玩了。”岁岁正要点头承认，妈妈马上说：“岁岁，这是你拆的吗？妈妈怎么没看见！”岁岁看一眼妈妈，又看一眼老师，慢慢地摇着头。老师接着教育宝宝："岁岁，做错了事情没有关系，敢于承认错误的宝宝是好宝宝！"妈妈则接上话："岁岁，别害怕，你跟老师说这不是你拆的。"有妈妈撑腰，岁岁说话有胆量了："不是我拆的！"

面对这种情况，岁岁的妈妈认为，有证据才能有发言权，老师没亲眼看见是岁岁拆的，就是不承认，这样省得宝宝受老师的批评，也省得让人觉得大人连"爱护公共财物"的简单道理都不懂。她干脆来个"不认账"，一了百了！

有教育智慧的父母总是可以想出巧妙的办法既不丢面子，又教育宝宝。岁岁可能在家里就比较喜欢拆装玩具，妈妈也支持宝宝的这种探索行为，可这会儿妈妈却忽略了公共财物不能当作自己家里的玩具随便拆装。如果当老师发现后，妈妈灵机一动地说："岁岁，跟老师说，你还要把它装好，行吗？"这样对孩子的教育效果一定大不相同。但是，妈妈生硬地矢口否认事实，逼着宝宝说谎，错误指数攀至高峰，对宝宝的影响非常不好，妈妈给老师留下的印象更是欠佳。

既满足孩子涂抹的需求，又教育他爱护他人财物

一位妈妈说，有一次，她带妞妞去看朋友的新家，妞妞把小手、小脚往墙上抹、踏，她批评了宝宝，但宝宝还是不听，干完坏事还特别高兴，大人感觉很难堪。如果遇到这种情况该怎么办呢?

宝宝出于好奇心，有这种表现是可以理解的，父母一方面要教育宝宝随便在墙上踩踏是不好的行为，另一方面要创设环境满足宝宝涂抹的需求。在装修的时候可以专设一块宝宝的天地，专门有一面墙或半面墙装修成一种白色的铝塑板，质地好、手感好，也比较美观，宝宝可以用水粉或油画棒在上面画画，然后用湿布蘸洗涤剂，一擦就掉。这个墙面有足够的空间画大画，有利于宝宝表达丰富的心灵世界。父母也可以参与，与宝宝一起画，把儿童房装扮得充满童趣。而且，墙上的作品展现的是宝宝自己的创意，这是个尊重和促进儿童发展的装修创意。

第九章

陪孩子度过快乐的幼儿园时光

让孩子适应在幼儿园里不是“小太阳”

元元的妈妈对自己的女儿“不被重视”感到苦恼。她说了两件事：有一次电视台来幼儿园录像，只有一半的孩子上了镜头，没上镜头的女儿回家后大哭大闹，元元妈妈认为幼儿园不能平等对待每个孩子，伤害了女儿的自尊心。另一件事是在班级墙壁的集体生活照片上，有一张照片是女儿站在旮旯边上的，还有一张照片上女儿正好闭上了眼睛。元元妈妈认为老师对自己的女儿缺乏关注，缺乏亲情，她心里很不舒服。

适应从家庭到幼儿园的生态环境变化

上幼儿园，不但对孩子是一个考验，对家长也是一个考验，而且有一个共同的考验主题——适应从“小太阳”到“小星星”的变化。

宝宝原来是家中的“小太阳”，一点一滴都独享家长的特别关注，家中的生活内容和生活方式也常常专门为这个“小太阳”做特别策划，“小太阳”的变化可以决定家长的心情是阳光灿烂还是阴霾低沉。而孩子上幼儿园过集体生活，从一个个家庭中出来的“小太阳”变成了同在一个大家庭中的“小星星”，有的宝宝就不适应了，独自占有老师的愿望特别强烈。入园之初，这样的孩子让老师抱着、搂着、拉着，如果老师为其他宝宝倒杯水、换衣服，他都不愿意。不但如此，有的家长也很紧

入园小贴士

家长不但在开学初要配合幼儿园对宝宝进行入园适应期教育，对于心情紧张和焦虑的家长来说，同时还要进行入园适应的自我心理调适。其中的一个关键问题是家长对幼儿园要有一个正确的认识和适度的期望值，使自己的心态走好“平衡木”。

张：如果我的宝宝渴了、饿了、累了、困了、乏了……老师知道吗？老师会像妈妈一样关心爱护我的孩子吗？我的孩子受了委屈怎么办？……

从某个角度来说，不但孩子面临“入园适应”，不少家长也面临“入园适应”。

正确认识幼儿园客观的生态环境

幼儿园像家但不是家

幼儿园作为教育机构，不管是管理制度，还是环境设施以及教师职业标准，都要求贴近幼儿的发育水平和生活实际，与他们的家庭生活十分相似。因此，宝宝在日托幼儿园有一日三餐两点，还要饮水喝奶；他可以在幼儿园这种教育机构里培养吃饭、睡觉、如厕的生活习惯；如果宝宝不高兴、发小脾气了，还有老师耐心的指导和亲切的安慰，就像在家里一样。这些都是学校这种教育机构不具备的教育内容和职责要求。从这个角度来说，幼儿园像家一样，具有家庭的氛围。

但是，幼儿园像家却不是家。幼儿园是孩子走向社会的第一步，就像成人走出家门需要在社会上适应角色转换和定位一样，孩子和家长也需要适应幼儿园与家庭的差别。幼儿园是所有小朋友的家，这么多孩子在这里和平共处，就要遵守共同的生活规则和游戏规则，每个孩子的个人自由都要受到规则的约束，不能想干什么就干什么。这不但是孩子在幼儿园的生存法则，也是每个人在整个人类社会的共处法则。如果把这一点忽视了，有的家长难免会出现这样的困惑：为什么我的孩子不能像在家里一样自由发展？我的孩子不喜欢幼儿园的饭菜怎么办？我的孩子总是晚睡晚起，不适应幼儿园的作息时间怎么办？……

老师像妈妈但不是妈妈

“幼儿教师像妈妈”是整个社会对幼儿教师形象的基本期望，它反映了幼儿适应环境变化的特殊性。幼儿身心发展的主要任务是获得信任感，消除不信任感。要想使孩子对外界、对他人产生信任感，必须创造一个相似熟悉但又渐变不同的环境，才能保证孩子在自然而然的过程中安全过渡。当然，过渡的最终目标是“老师像妈妈但不是妈妈”，只有这样，孩子才是真正长大了，才能学会与他人既友好而又有分寸地相处。

其实，幼儿教师这个“妈妈”不是“私人妈妈”，是很多小朋友的“公共妈妈”。这个“公共妈妈”要爱每一个孩子，平等对待每个孩子，所以相对某一个孩子，他被“公共妈妈”吸引眼球的次数要比“私人妈妈”少得多。“私人妈妈”可以把他聚焦在每张照片的中央，但是“公共妈妈”在拍照时，孩子们的位置必然有中心有边缘，分散不均；至于照相抓拍的时候正好哪个孩子闭上了眼睛，也实在是“公共妈妈”不愿意看到的，教师一定希望孩子们都睁着大大的眼睛在镜头中闪亮登场。

孩子需要似是而非的“家”和“妈妈”

孩子出生以后，只是一个具有生物意义的“自然人”，还不是完整意义上的“社会人”。在人生头两三年的家庭生活中，在家长的精心呵护和培育下，他们长高、长大了，能听懂人话、明白事理了，有了不小的进步。可是他还要经历风雨、经受锻炼，才能真正见到生活彩虹的绚丽。

电视台到班里选镜头，不可能满足每个孩子的表现欲望，如果孩子因为没有上镜头而哭闹，这不是幼儿园伤了孩子的自尊心，恰恰说明孩子的自尊心很脆弱，需要老师和家长的教育和引导。一味地迁就孩子，反而锻炼不出他的自尊心。

综观整个基础教育阶段，孩子距离家的氛围是越来越远的。上幼儿园像在

入园小贴士

当宝贝在幼儿园没有享受到在“家”里以他为中心的待遇时，当宝贝在外面受了委屈而向爸爸妈妈哭诉时，家长比较理性的做法是帮助孩子适应集体生活不能以他为中心的现实，锻炼他在外面不能处处满足自己愿望的心理调节能力。

家里一样“保教结合”，有吃有喝有玩有学，老师对孩子有细致的生活照顾；上小学，老师依然是和蔼可亲的，但只有“教育”没有“保育”；上初中、高中，孩子的生活得完全自理；上大学则基本离开父母的照顾而异地生活了。当然，为了尊重幼儿的生存权和发展权，维护他们的身心健康，幼儿园在各个方面模拟家庭情境，目的是为幼儿营造一个自然、快乐的过渡成长环境。

与孩子共同享受环境变化的快乐

现代社会提倡发展个性，但这里面有一个前提，即我们提倡的是善于融入集体氛围的个性，而不是与集体和他人格格不入的个性。后者常常会有不快乐的体验，孩子也是一样。

但愿每个孩子在“小家”是一个快乐天使，走进“大家”仍然快乐，就像幼儿园里常教的一首儿歌一样：“一闪一闪亮晶晶，满天都是小星星；挂在天空放光明，好像许多小眼睛。”当孩子咿咿呀呀地唱这首歌的时候，听起来特别有寓意：我们所有人都是有理性、渴望亮丽的，但是我们所有人又都是平凡的。享受平凡中的快乐，让宝宝在平凡的环境中静心成长，必然有益于他发展健全和完整的人格！

孩子的话可能是“真实的谎言”

宝宝并不会故意给家长和老师之间制造误会，但是无意中还是会“导演”出一场场小“闹剧”。

小班有一个孩子叫俊俊，周五被家长接回家以后，他举着自己的右手食指说：“妈妈，手疼。”妈妈问：“你碰到哪里了？”“没有，饭烫的。”妈妈一听是饭烫的，心里就对幼儿园有意见了，问孩子；“那你在幼儿园疼吗？”孩子说：“疼。”既然孩子在幼儿园被烫着了，刚才老师为什么不说一声呢？老师偶尔出点儿差错，做家长的也不会过分追究老师的责任，但是这样故意掩盖自己工作中的失误，也对孩子太不负责任了。唉，算了吧。俊俊妈妈按照“土”办法，一天往孩子的手指头上抹好几次香油，结果两天双休日过去了，孩子的手不但没消疼，而且还有些红肿。

周一，妈妈把俊俊送到幼儿园的时候，对老师说了事情的经过，言语中表露出对老师的不满情绪。老师觉得很纳闷，幼儿园里的饭向来温度适宜，不可能让孩子产生“烫”的感觉，于是就把孩子带到了医务室。保健大夫“火眼金睛”，发现俊俊的手指头上扎了个细小的刺，刺挑出来以后，孩子就不疼了。老师把这个“刺”用纸包好了，留做“证据”，以便晚上向家长“申述不白之冤”。后来俊俊妈妈明白了原委，怪不好意思的，不住地向老师道歉。

孩子的话常常真假参半

“儿童是天真无邪的、纯洁的天使”，谁对这句话都不会有异议。但是，如果我们机械地理解了这句话的含义，我们的生活可能会产生很多误会，有时甚至伤了和气。

我们惯常的推理是：因为孩子是纯洁天真的，不会骗人，没有不良动机，所以孩子说的话都是真话。我们进而可能把孩子说的“真话”当成客观存在的事实，在此基础上做出判断、决策和行为，结果常常陷入如本例所出现的被动、尴尬局面。从表面上看，发生这样的误会，是家长观察不仔细导致的；探求深层次的原因，其实是我们的文化中“儿童崇拜”现象给人们造成的错觉。

心理学家撇开社会、政治、道德、文化和教育等诸多因素，从儿童是“人”而不是“神”的角度，研究和揭示了孩子的真实面目。孩子是一个尚未发展成熟的人，具有以自我为中心的思维特点，常常把现实与想象混淆在一起，把自己和他人混为一谈。因此，当孩子描述一件事情的时候，有的是他亲眼“看见”的，有的是他“听说”的，有的是他“想象”出来的，有的甚至是别人的亲身经历，但他统统都“据为己有”。而且，孩子说话还特别容易受别人的暗示。研究发现，同龄孩子交谈比与成人交谈所说的“真话”要多，因为成人暗示的技能比较娴熟。

由此，我们可以分析本例中孩子的“疼”是怎么回事。当孩子感到“疼”的时候，他也开始积极地寻找原因。他终于“想”起来自己吃饭曾经被烫过，那种感觉就是今天的这个“疼”。至于手扎刺会“疼”，是他人生的第一次体验。这回可得记住了，下次再“疼”，孩子就得掂量掂量是饭烫的，还是刺扎的。

“儿童崇拜”现象有利于帮助我们热爱孩子、呵护孩子，但是我们不能依赖这种文化来判断和推理孩子出现的问题。否则，我们在崇拜儿童的过程中可能会失去成人身份，真的变成孩子一样了——根据感觉说话，而不是根据事实说话。

发生误会后“求善”不“求真”

既然孩子常常会“失真”，并因此产生了误会和纠纷，家长和老师怎么统一认识、协调关系呢？关键是把握好处理孩子问题的一个基本原则：“求善”不“求真”。

一天，某家长带着孩子找园长告状，只见这孩子的左眼侧有一道红印子，周围隐隐约约有点儿发青，孩子在家里说是老师打的。园长立即调查这件事。孩子所在班级的老师听了园长的询问后，显得一头雾水，莫名其妙，心里更是一肚子委屈。当再次询问孩子的时候，孩子又说不是老师打的。这时，家长着急了，安慰孩子不要害怕，要说实话，可孩子还是否认是老师打的。但家长一口咬定是老师打的，而老师则以“人格”和“性命”担保绝无此事。孩子在被询问的过程中，说了好几种情况，每次说法都不统一。哪一次才是真实的呢？让人无法得知。园长犯难了，“案子”没法审理，家长和老师之间因此留下了心理阴影。

天真无邪的孩子说了好几种情况，每次说法都不统一，既把老师和家长这些成年人搞蒙了，孩子自己也被搞蒙了。因为成人询问的暗示性特别强，孩子根据成人的暗示，线索东倒西歪，家长和老师问得越多，孩子说话的水分越大，戏剧性越强。尽管事情不了了之，但是家园之间结下的心理疙瘩却形成了，这种“疙瘩”让人别别扭扭，影响彼此的透明度。

既然孩子具有特殊的身心发育特点，遇到事情的时候，我们的家庭教育和幼儿园教育就不能像追求真理那样较真，在“澄清事实”上钻牛角尖，

入园小贴士

孩子上幼儿园后，家长与教师之间经常会遇到由宝宝引起的各种小误会、小摩擦，如果问题得到妥善解决，家长和教师都对孩子的特点有了进一步的了解，采取的教育方式也会更有针对性和实效性。当然，这并不是说孩子受了委屈，家长就要忍气吞声，不与幼儿园老师交涉。现在社会上的各类幼儿园质量参差不齐，教师的职业道德、工作艺术和素质修养也千差万别。如果家长选择的是有基本保教质量做保证的正规幼儿园，对宝宝所在班级的老师也有基本的信任和了解，那么就要充分认识到宝宝的这一发展特点，遇到问题先冷静下来，用理智平和的态度和做法，维系良好的家园关系。要避免一发现孩子受了委屈，就带孩子“兴师问罪”的做法和态度。

其真实目的是“揪”出责任者，这样必然会导致家长和老师之间情绪对立、关系僵硬。适宜的做法是家园齐心协力，集中注意力做好善后，避免重蹈覆辙，加固或重建彼此之间的诚信。

附：儿童崇拜

“儿童崇拜”是成人世界附加在孩子身上的幻想、追求和膜拜。成人发现世俗社会有那么多的虚伪、狡诈、污染等丑恶而又无法救治的现象，面对初涉人世、尚未被侵染的孩子，成人既憧憬迷恋又自惭形秽，于是通过文学、绘画、摄影、雕刻等多种艺术手段创作了美丽纯洁的“天使”，以发泄成人对现实世界的不满，并抒发对纯洁的向往。从某种角度来说，这样的儿童是成人用想象力创造出来的神化了的儿童，实际上是一种虚幻。

孩子为什么在家、在园表现不一样

例1：文文在家里比在幼儿园积极

晚上离园时，老师对文文的妈妈说：“文文太内向了，在幼儿园不跟其他小朋友玩，老师提问她总是低着头不说话，我们应该想办法让文文变得活泼开朗一些。”妈妈说：“您说的这个问题我已经发现了，在家里她并不内向，跟大人说起话来伶牙俐齿的，可是一到外面就不言不语的。看到别的孩子有说有笑，我心里既着急又气恼，觉得孩子的表现让我很没面子。”

例2：恬恬在幼儿园比在家里积极

奶奶来接恬恬回家了，恬恬不愿意走，拉着奶奶看墙上新得的一颗亮星星，这是今天她用自己独立吃饭的好行为“挣”的。奶奶趁机教育说：“在家里也自己吃饭，不让奶奶喂，才是好孩子。”恬恬点了点头。可是回家以后，奶奶不喂她，她就一口饭也不吃，奶奶说：“你不自己吃饭就告诉老师，把亮星星摘掉。”恬恬哭了，这下喂她也不吃了。奶奶既为难又后悔。

孩子在家、在园表现不一样的现象很普遍

宝宝在家、在园表现不一样是一个很普遍的现象，这是孩子根据环境变化自然选择的结果。但是，良好的行为方式需要在各种场合进行到底，否则宝宝在一个场合是一套行为方式，在另一场合是另一套行为方式，孩子不易内化成受益终身的良好行为习惯。

然而，幼儿园与家庭的教育环境差异很大，家长怎样培养宝宝在家、在园都“秀”出自己的最佳风采呢？

培养孩子家园协调发展的4个步骤

第一步，列清单以了解孩子的完整形象

家长与幼儿园老师充分交流，家庭成员之间也相互交流，列出一个清单，全面盘点宝宝在家、在园的不同表现。例如，在生活方面，可以从吃饭、喝水、睡觉、如厕、穿衣、洗手、漱口等各个环节，用简短的语言概括出宝宝在家、在园的行为方式，仅吃饭这一项生活方式，还可以从餐前餐后卫生、独立与依赖、是否偏食、进餐情绪、端碗拿勺等项目进行更加详细的调查和统计；在游戏方面，可以从爱好、运动量、规则、灵活性、同伴交往、玩法等角度列出清晰的菜单；在学习方面，可以从兴趣、注意力、倾听与应答、坚持性以及语言、绘画、手工、科学等方面了解孩子……

可别小看了这个调查工作，您的收获将会很大。如果妈妈完整、细致地做一遍，您将对宝宝有着更加丰富、深入的了解，从中发现宝宝的优点、缺点和特点，为优化宝宝的行为习惯提供最真实可靠的依据。

另外，作为过来人的爸爸妈妈都知道，童年记忆的遗憾就是缺乏精彩的细节。如果这项调查用某种方式保存下来，将是宝宝成长中一件珍贵的“文物”。

第二步，对各种表现做换位价值判断

这一步主要是说，把宝宝在家里的某些行为方式放在幼儿园里，或者把幼儿园里的某些行为方式放在家里，它们将是适宜的还是不适宜的。如果适宜，说明宝宝获得了在家、在园都“通吃”的良好行为方式。坚持这种行为就将收获一个习惯，坚持这个习惯就将收获一种性格，坚持这种性格就将收获一种命运！

经过换位判断，您发现孩子在某一场合的行为方式不适用另一个场合，就需要改善宝宝的行为方式了，否则孩子可能会遇到一些大大小小的困难，影响宝宝的适应能力和快乐情绪，当然也会牵动妈妈细腻的爱心和敏感的神经。

入园小贴士

双价性痛苦

心理学研究发现，父母虽然是宝宝最亲近和最依恋的人，但如果父母的要求让他感到特别困难和痛苦，他会对父母产生内心的怨气。可是，他知道“喜欢父母”的孩子是好孩子，“不喜欢父母”的孩子不是好孩子，为了做一个好孩子，他就把自己分成两半：“喜欢父母的自己”和“不喜欢父母的自己”，并把后者潜伏在心灵的某个角落，暂时消除“双价性痛苦”体验，以获得心理平衡。研究结果提醒家长：早期生活经验中过多采用这种心理机制的孩子，与长大后出现分离性人格有一定的相关性。

第三步，为“双价性痛苦”做情绪调适

做完调查和判断，妈妈先做情绪调适，多一点儿从容，少一点儿急躁。文文的妈妈一看到别的孩子有说有笑，而文文不言不语的，心里既着急又气恼，甚至觉得孩子的表现让她很没面子。这种心态会妨碍她接纳孩子的现状，容易对孩子提出过高过快的要求。如果妈妈很快走出这种情绪还好，否则将使孩子体验到一种“双价性痛苦”。

所以，对宝宝成长中遇到的正常问题，妈妈要先把于事无补的情绪放在一边，积极投入到建设性的教育方案之中。

第四步，积极寻求家园共育方法

★ 在交谈中提高宝宝的认识水平，促进他迁移自己适宜的行为方式。

文文的妈妈可以用具体的事例表扬宝宝：在家里哪些话说得好，哪些问题回答得好，能讲哪些小故事，并鼓励文文在幼儿园里也这样做。晚上接孩子的时候，问问宝宝跟谁说话了？说什么话了？当然，妈妈要跟老师协商好，请她在幼儿园表扬文文在家里的好表现，并给文文大胆说话的机会。渐渐地，孩子就明白了大胆说话是值得嘉奖的行为方式，妈妈和老师的表扬鼓励也增强了她的自信心。慢慢地，文文在家里的良好行为方式就迁移到幼儿园了。

★ 树立幼儿园的威信，但是不吓唬孩子。

教育宝宝的方法要以正面示范和鼓励为主，恬恬的奶奶可以这样与宝宝交流：“你在幼儿园的那颗星星是怎么得的？”宝宝会说出是因为自己吃饭表现好。奶奶进一步激励她：“你想不想再得一颗，比其他小朋友多？”宝宝渴望荣誉的心情被激发出来以后，奶奶接着“神秘”地说：“你今天自己把饭吃了，明天早上告诉老师再奖励一颗小星星，你不就比其他小朋友多一颗了？”

★ 不要总是停留在“说”的层面。

当宝宝在家、在园不一样的时候，不要当着宝宝的面说太多他的消极行为。一方面，2～5岁的宝宝正处于心理反抗期，越是家长不让他做的事情，他越要做。另一方面，妈妈总是唠叨而不采取改善宝宝行为方式的举措，就相当于接纳了他的消极行为。例如，有的妈妈反复说：“我家孩子精神特别好，不喜欢在幼儿园睡觉，怎么办呀？”这给宝宝传递的信息是：“虽然妈妈有改变我的想法，但是没有做法，所以在幼儿园不睡觉也没什么。”而且宝宝会渐渐地对这个信息产生听觉疲劳，不再敏感。所以，妈妈发现宝宝行为方式不一致，不要总是停留在“说”的层面，要积极地想办法，并与幼儿园老师采取一致的行动，帮助宝宝养成良好的行为习惯。

入园小贴士

吓唬会使孩子陷入可怕的幻想之中，他对可怕后果的关注将超过对事物本身的关注。虽然有时这种方式可以取得立竿见影的效果，但属于不健康的教育方式。“吃这一招”的孩子总是依赖外界的表扬和批评，不容易内化为自己的行为规则；“不吃这一招”的孩子则容易倾向于否定一切，以致“软硬不吃”。所以，吓唬作为教育宝宝的下下策，尽量不用为好。

孩子听老师的话却不听家长的话

老师跟妈妈说：“文文在幼儿园里可乖了，自己吃饭，自己穿衣服，还喜欢帮助老师做事情，是班里其他宝宝的学习榜样。”妈妈听了以后既高兴，又纳闷，因为文文在家里的表现不是这样的。文文的口头禅是“不”，好像故意跟妈妈执拗，吃饭要家长喂，冬天挑夏天的衣服穿，妈妈让她帮忙关门，她说：“文文忙着呢。”宝宝为什么听老师的话却不听家长的话？有什么好办法让宝宝在家长面前也表现得乖一些吗？

孩子更容易在家里表现出第一心理反抗期的特点

很多家长都知道，2～5岁的宝宝进入第一心理反抗期，他的活动能力增强了，凡事都想试试自己的能量，听不进大人的劝告。历来温顺听话的宝宝这时变得急躁、不听话，不让他做就会哭闹，表现得比较执拗。尽管这种反抗在不同的宝宝身上表现程度不同，持续时间长短也不同，却是一种普遍现象。

有的宝宝上了幼儿园以后，心理反抗的表现在家里没有显示出来，其中的关键原因是幼儿教师的专业准备和教养策略比较充分，能够较平稳地因势利导宝宝度过心理反抗期，并保护好宝宝的个性。

让反抗的孩子在家里变乖的8大良策

不要误解第一心理反抗期

为什么宝宝总是想做什么就得做什么？为什么他总是故意跟大人对着

干？不能这样惯着宝宝，得从小把他的这个坏毛病板过来！于是一场“压迫与反抗”的亲子之战的序幕拉开了。越是希望宝宝乖巧的家长，越容易误解宝宝的第一心理反抗期，在教育方式上越容易急躁。其实，这是不尊重宝宝心理发展规律的想法和表现。

入园小贴士

第一心理反抗期是宝宝发展的一个自然过程，这是他们发展自我意识、认识自己与外界事物之间关系的重要阶段，但是常常被家长误解为固执和任性。有的家长采取更加强制的手段对待宝宝，有的家长则对宝宝放任不管，这两个极端都对宝宝有害无益，这是对处于第一心理反抗期的宝宝最糟糕的教育方式。

教育态度比教育方法更重要

面对孩子的固执和反抗，家长不问情由地采取粗暴态度，常导致孩子更强烈的反抗，长久下去，容易导致孩子形成逆反、退缩、孤僻等不良性格。家长要沉着机智。沉着是指面临孩子的固执，不要着急发火；机智是指灵活采取以退为进的正面教育方法，尽量避免与孩子硬碰硬地发生冲突。然后，家长要抓住机会引导孩子顺利度过反抗期，则是有效、有益的做法。

善于把任务和要求“游戏化”

宝宝具有泛灵性的思维特点，喜欢把任何事情都当游戏一样玩，所以家长要善于用做游戏的口吻、讲故事的方式或者拟人的角色扮演引导，不要直接命令宝宝做什么、不做什么。

例如，有时宝宝不愿意换衣服，妈妈可以自己先示范换衣服，边换边说：“妈妈的袖子里有一只小老鼠（一只手），妈妈让它哧溜哧溜钻出来（手慢慢地往袖子挪动），钻、钻、钻出来了（手穿出袖口）！”停顿一下，看着宝宝惊奇的表情，然后引导他：“怎么样？宝宝要不要也从自己的小衣服里钻出一只小老鼠？”这样孩子就不会感觉妈妈的要求是个生硬的任务，而是一个有趣的游戏了。衣服穿上了，孩子的个性也得到保护。配合这种游戏化的穿衣方法有一首儿歌：“抓领子，盖房子。小老鼠，钻洞子，咯吱咯吱上房子（系扣或拉拉链的动作）。”类似的游戏化的教育儿歌和活动方式，是幼儿教师因势利导反抗期宝宝的关键策略，如果家长需要，可以向老师们讨教。

遗憾的是，不少家长一旦面临宝宝的反抗就发急了：“穿不穿？不穿？！妈妈不喜欢你了！”“穿也得穿！不穿也得穿！必须穿！”威吓和强迫要么使宝宝反抗更加剧烈，要么吓得宝宝畏畏缩缩，这都不是家长希望的性格倾向。

给孩子适当的选择范围

反抗期的孩子喜欢自己做主选择，如果不让他选择，会压抑他的个性；如果让他随便选择，他还没有能力做出合理的选择。幼儿教师应对宝宝这一现象的专业准备是，根据这一段时间的教育教学需要，合理安排应该配置和投放的玩具与材料，使宝宝无论怎么选择都是有利于身心发展的。

入园小贴士

家长不要总是在宝宝面前没有秩序地堆放很多食物、玩具、衣服、鞋子等，因为选择的范围越大，宝宝的焦虑越强，结果宝宝的选择还很可能不合家长的心意。家长可以给他设置两三个合理的选项，他选其中任何一个都行。例如，在穿鞋子时，不要把夏天的凉鞋和冬天的靴子摆在一起让宝宝选择，而是提供两三双适合季节的鞋子，这样他既有选择空间，又不至于选得离谱。

正话反说

反抗期孩子的口头禅是“不”，家长说他什么，他都喜欢说“不”。于是，有的家长就正话反说。例如，家长该带宝宝出门了，跟孩子说：“宝宝，你不要出门。”宝宝会故意说“不”，正中大人之意。所以，对总爱说“不”的宝宝，家长不妨尝试这个办法。需要注意的是，如果宝宝的反抗没有这么明显和剧烈，就不宜使用这个办法。

不要过分使用自然惩罚法

不少家长喜欢使用自然惩罚法对付宝宝的反抗行为，例如，宝宝不吃就让他饿着，饿极了他就知道吃了；宝宝不穿就让他冻着，冻感冒了，吃药打针很痛苦，他就知道穿衣服了；宝宝爱打人就不管他，结果别人不跟他玩了，他就知道不打人了……其实这种教育方法未必总是有效，因为宝宝的思维需要达到一定的水平，才能产生“吃一堑长一智”的教育效果。这种方法需要宝宝理解自己的不适宜行为与不良后果之间的因果关系，并学习从后果推知原因，同时还要求宝宝的长时记忆力能跟上，记住上次吃的亏，下次遇到同样的情景才不会重蹈覆辙。而宝宝的思维与记忆水平还不能胜任这么复杂的推理活动，结果在大人的放任下饱受一次次曲折的身心经历。

> **入园小贴士**
>
> 自然惩罚法适用于明知故犯的情形，不适用于无知过错的宝宝。为了使宝宝的每一天都快快乐乐、健健康康，家长还是应该用智慧，多多揣摩积极的正面教育方式。

幼儿教师极少使用自然惩罚法是基于对孩子的身心健康保护而考虑的，他们更多的是使用正面教育方法，例如以上介绍的“善于把任务和要求游戏化”和“给宝宝适当的选择范围”等方法。

家长不要吃老师的“醋”

宝宝怎么上了幼儿园就听老师的话，却不听家长的话，这狠心的小东西怎么能如此无情地背叛妈妈？有这样想法的家长吃“醋”了！几年来亲密的母婴依恋已经把宝宝和家长的心跳紧紧地连在一起，现在宝宝3岁了，他需要走出完全依恋家长的心理发育阶段，跟更多的人接近和交流，发展自己的社会交往智能。实际情况是，宝宝顺着自然成长的力量，很勇敢地跨出这一步，而家长却比较恋旧，不忍心放飞小宝宝，于是禁不住想把宝宝从老师那里拉回自己的怀抱。其实不必这样，因为血浓于水！

借助老师的威信传达家长的愿望

既然宝宝听老师的话，说明老师在宝宝的心里建立了威信。威信能够大大增强教育效果，家长可以借助老师的威信传达自己的愿望。

有一个宝宝在家里总是欺负奶奶，奶奶和妈妈教育她都没有太好的效果，妈妈便把这种情况反映给老师，请老师帮助教育宝宝尊敬老人。于是，老师在班里给小朋友们讲了一个尊重老人的小故事，回家之后，宝宝的情况果然好转。

需要提醒家长的是，家长不能用老师的威信威吓宝宝，动辄就说："你再不听话，妈妈就告诉老师了，让老师批评你！"可能宝宝暂时乖了，却拉远了宝宝与老师的距离，损害了老师的威信，并激起宝宝对家长更加强烈的逆反心理。所以，家长还是应该与老师悄悄地建立教育联盟，让宝宝在"无痕"的家园共育中健康成长！

改掉孩子在幼儿园形成的坏习惯

卿卿从小一直是由奶奶带养的，由于奶奶的精心照顾，卿卿从来没有生过一次病，没有吃过一粒药。但是，上幼儿园才一周，卿卿就生病了，还住院打点滴，一个月之后才恢复健康。奶奶认为是幼儿园“感染”了卿卿，因此很烦恼。

巍巍是个文明的“小绅士”，从来不说脏话，但是有一天从幼儿园回到家，他竟然冲着爷爷叫：“老头子，还不快点儿！”爷爷因此很生气。

多多是个爱干净的小宝宝，从来不吃手，甚至断奶的时候都不曾吃过手。但是上幼儿园3天以后，她竟然学会了吃手，不让她吃手她就会哭，家长因此很郁闷。

家长都认为幼儿园是宝宝学习知识、美德和好习惯的地方，可是有一天宝宝却从幼儿园带回了疾病、脏话、坏习惯，为家长增添了教育的烦恼。家长该怎样面对这些问题呢？要不要找出宝宝身边的“坏榜样”，然后让宝宝与之隔离？或者还有其他什么好办法，让宝宝在幼儿园只学好习惯，拒绝坏习惯？

好习惯PK坏习惯

上幼儿园的宝宝分别来自不同的家庭和文化背景，每个人都带着与别人不同的元素，共同组成一个复杂和多元的班集体。班级中有的宝宝良好的行为习惯多一点儿，有的宝宝不良的行为习惯多一点儿。宝宝的年龄特点是好奇心比较强，越是不常见的行为和现象，他越感兴趣。一些不好的行为，他因为没见过而会觉得很有趣，加上他喜欢模仿的天性，对复杂环境的判断力

入园小贴士

比家庭环境更加复杂的幼儿园环境，正是宝宝走入社会的第一步。如果宝宝学习了以前不曾有过的坏习惯，家长要正确对待这一现象，并采取新的教育方法，培养宝宝在适应环境的同时，也善于判断、选择环境，提高抵抗不良环境干扰的能力。

和选择能力比较弱，所以不管是好习惯还是坏习惯，宝宝都可能不自觉地学习和模仿。模仿还让宝宝感觉自己在一个新的环境中更容易获得同伴的认可，这种心理认同感效应也会强化宝宝不加选择地模仿别人。

虽然如此，家长也不必对幼儿园感到失望和沮丧，因为宝宝不可能生活在真空中，而且只有在现实生活中，宝宝才能学会鉴别和判断，才能锻炼和巩固良好的行为习惯。3岁前，宝宝在家庭中学习的好习惯，是在比较肤浅的学习水平中获得的，例如片面服从、机械记忆、听话乖顺，还没有经过自己的思维、理解和比较、判断，还需要进一步接受现实生活尤其是反面事例的鉴别和考验，才能真正获得自己的“真才实学”。

教孩子在幼儿园学好不学坏的6大良策

丰富孩子明辨是非的经验

“老头子，还不快点儿！”家长一定很想知道，这样的“粗话”，宝宝是从哪里学来的呢？原来这是老师在幼儿园讲的一个故事中的一句话，故事是批评小朋友对老人这样说话是不礼貌的，正确的说法应该是：“老爷爷，请您快点儿！”结果巍巍只记住了这句没礼貌的话，没记住有礼貌的话，他甚至觉得这句话很新奇、很有趣，所以他不自觉地学习和应用了。可见，如果家长了解了缘由，并跟宝宝耐心讲解应该学哪句话，不学哪句话，宝宝就丰富了一次明辨是非的经验。

多用正向句指导孩子的行为

如果宝宝学习了坏习惯，家长的第一反应是否定，即告诉宝宝“不要这样做”，这种指导语言是负向句。但是，对于正在形成行为规则的宝宝来说，这还不够，他需要知道如果不能这样做，那应该怎样做？直接告诉宝宝怎样做的指导语言是正向句。例如，巍巍叫爷爷：“老头子，还不快点儿！”家长不能仅仅对宝宝说负向句：“不许说这样没礼貌的话。”还要告诉宝宝应该说的正向句：“老爷爷，请您快点儿！”

维护孩子与小朋友之间的稳定关系

宝宝的学习与模仿对象有一定的选择性，他更倾向于模仿他熟悉和喜欢的小朋友。如果宝宝模仿了一个小朋友的不良习惯，也说明宝宝经常和喜欢跟这个小朋友一起游戏，这是宝宝上幼儿园以来好不容易才建立的第一份友谊，所以即使出现一些问题，家长也不要轻易地破坏他与这个小朋友之间的关系，更不要警告宝宝：“他是个坏孩子，你以后不要跟他玩了。”应该一分为二地为宝宝分析：好朋友的哪些习惯是好的，宝宝可以学习；哪些习惯是不好的，宝宝不要学习。这样宝宝以后渐渐就明白，对好朋友的坏习惯不要“爱屋及乌”，在交朋友的时候不必失去自我。

对待孩子的不良习惯要态度认真，但是语气不能严厉

不管宝宝是从哪个渠道学来的不良行为习惯，家长都要认真对待。习惯虽然都是有关生活、卫生、游戏、交往、学习、情绪中的小事，但是对宝宝的影响是深刻和长远的。矫正和培养习惯都需要一个过程，发现了坏习惯，家长的态度也不能过于急切和严厉，否则会让宝宝心情紧张、无所适从。

对于宝宝的不良习惯，家长的态度要坚决，但是语气不能严厉，这样家长的教育才有威信。例如，宝宝抢别人的玩具，家长不要严厉地批评宝宝，并把玩具从宝宝的手里夺过来还给别人，而要蹲下来看着宝宝，态度坚决地要求宝宝自己把玩具还给别人，然后学习用语言表达自己的请求，征得别人同意后再玩别人的玩具。

与其他家长和教师配合教育孩子

在集体生活环境中，小朋友之间会相互影响，其他小朋友的行为习惯越好，越有利于自己宝宝的健康成长。所以，家长要善于发现其他小宝宝的好习惯，并带着宝宝欣赏和学习别人，虚心地听取其他家长和老师的建议，共同教育宝宝养成好习惯。如果发现其他小宝宝的不良习惯，要诚恳、委婉、艺术地向其家长和老师提出建议，为宝宝的健康成长营造良好的集体环境。

还有一个比较好的办法是发挥幼儿园老师的组织作用，由班主任老师主持开展良好行为习惯讨论会。因为每个家长都有自己教养孩子的经验和方式，即使有的宝宝出现不良行为习惯，也要创造一种相互尊重与和谐的沟通交流氛围。大家各抒己见，让家长的教育观念和教育方法在充分的讨论中产生碰撞，会更有助于家长调整自己的教育行为。

适当的时候可以采取隔离措施，但是不要进行人身攻击

有些时候，宝宝模仿不良习惯的行为比较严重，有的宝宝对另一个有不良行为习惯的宝宝产生了强烈的依恋情感，家长和老师温和的措施已经不奏效，适当的时候可以采取隔离措施，让两个宝宝在排队、吃饭、睡觉和学习的座位不相邻。但是，这样处理问题需要“悄无声息”，不能让其他家长和班级小朋友知道是因为一个宝宝有不良习惯才被隔离的，可以说是宝宝应该多交新朋友才重新排座位的。家长要以“幼吾幼以及人之幼”之心爱护所有的小朋友，切忌说某某宝宝没有教养或者家长不会教育之类人身攻击的话。

家长影响孩子在园的人缘

清清上幼儿园已经半年多了，但是最近一个月以来，她的玩伴越来越少，倒不是清清不合群，也不是其他小朋友欺负她，而是一个冲突延伸出来的结果。

一天晚上，妈妈来接清清回家，发现女儿的脸上出现一道红印，虽然没有出血，但是在清清白皙的脸上很明显。还没等妈妈问呢，清清就哭着跟妈妈说瑶瑶抓她了。妈妈就问瑶瑶为什么抓清清，瑶瑶怔怔地看着老师不说话。老师赶紧解释："孩子们玩的时候不小心抓的，我们以后会更加注意的。清清，疼不疼呀？"这时瑶瑶的奶奶过来了，知道情况以后，对清清的妈妈连忙道歉，可是清清的妈妈丝毫不领情，对老师和瑶瑶的奶奶说："几句对不起就完事了？老师工作失误，你家孩子习惯打人，我家女儿成了受害者。现在女儿破相了，得到医院检查，谁付检查治疗费呀？"瑶瑶的奶奶把身上带的200元钱都拿出来给了清清的妈妈。她接过钱，训了瑶瑶一句："以后不准跟清清玩了。"然后就走了。

这一过程被接孩子离园的许多家长围观，清清跟妈妈走了以后，有的家长在议论："清清的妈妈真难缠，咱们家的孩子可不要惹了她。"几个家长都在交代自己的孩子："以后你不要跟清清一起玩，知道吗？"孩子们乖乖地点点头，把家长的"教诲"牢记心头。第二天到了幼儿园，还没有开始玩呢，有的孩子就对清清说："我不跟你玩。"

都是家长惹的"祸"

清清失去了人缘，是大人"挑拨"的结果。很多家长都明白，小孩子之间出现冲突是非常频繁的，通常找不出纯粹的"肇事者"，这样谁成为事实上的“受伤者”，谁就占据了“真理”，后者如果“得理不饶人”，前者可就“遭殃”了。于是，许多家长采取“惹不起则躲得起”的策略，少跟这样的孩子及其家长相处，以后可能就少惹很多麻烦。在这种处事经验的指导下，便出现了清清“人气惨淡”的结果。

当园里调查教师对此类事情的态度时，教师认为：“这是家长自己选择的办法，我们做教师的虽然不能这样引导，但是也不干涉。因为我们也难保下次孩子们出现什么纠纷，比较难缠的家长会把事情惹大。”可见，教师息事宁人的态度也无可厚非。

在幼儿园里，两三岁的小朋友一般在两种情况下人缘不好：一种情况是“内因”，孩子的社会交往技能弱，不善于用口头语言交流，常常用肢体语言跟同伴打交道，结果被同伴解读为：“老师，他打我了。”另一种情况是“外因”，家长特别护着自己的孩子，孩子之间稍微出现点儿冲突，家长就为自己的孩子“谋福利”，追究别的孩子及其家长或者老师的责任，希望别人把孩子教育好，自己的孩子则是无辜的。这是一种“以自家宝宝为本位”的家长。因为这种处事模式常常把别的家长和孩子搞得很被动，甚至很难堪，所以家长们便把解决矛盾的办法“下放”到孩子身上：“以后别跟他玩了！”用拒绝相处的方式避免发生矛盾。

走出“以自家宝宝为本位”的4大误区

当在此点出“以自家宝宝为本位”的观念和做法时，一般人都能意识到这种处事模式是偏激的，谁遇到这种情况都可能感觉“吃不消”，包括“以自家宝宝为本位”的家长本人，而且这样的家长给孩子带来的消极影响是显而易见的。但是，人们常常意识不到自己的处事模式，不小心犯了“禁忌”，虽然自以为替自家宝宝讨回了“公道”，实际上却让宝宝失去了“人缘”。

下面请你测试一下自己是不是与“以自家孩子为本位”的观念有点儿“藕断丝连”。回答如果是肯定的，在有些情况下，你很有可能失去处理孩子纠纷的公正性，那么孩子之间以公正为基础的玩伴关系则受到了损害。

误区1：“一般情况下我家宝宝从不招惹别人。”

有的孩子确实性情比较温和，一般不主动侵犯别人，但我们成人都有这种经验：当自己身体不舒服，或者临上班的时候，家庭人际关系出点儿小问题，或者与同事和上司刚刚发生点儿不愉快的事情，你可能不太想搭理人，想自己安静一会儿，这时正好有人来打扰你，你的态度可能会让对方觉得冷淡或者怪异。孩子们也是一样。你家宝宝也有身体不舒适的时候，或者今天根本就不愿意来幼儿园，正闹情绪呢，另一个性情温和的宝宝主动前来邀请游戏，不善于掩饰自己不愉快的前者就有可能用推或者拍打的方式拒绝后者，于是从不招惹别人的你家宝宝无意中“招惹”了别人。其实，两个宝宝都是无辜的，发生了冲突也找不到责任人。

误区2：“从小不会还手的孩子长大必然窝囊。”

家长教育孩子的态度与自己本人的生活经历和人生观关系很大，家长容易用自己的个人经验引导和示范孩子。常常听到有的家长说：“我家宝宝太老实，吃亏的时候也不知道还手，家长得出面帮他讨回公道，要不然孩子长大太窝囊了。”两三岁的宝宝憨厚可爱，他们对人际关系的利益得失反应不太敏感，自己占了便宜也不觉得风光，自己吃了亏也不觉得丢面子。

入园小贴士

有的家长常常把孩子之间的得失看得比较重，总是主动插手孩子之间的事情，替孩子做法官和裁判，可是小朋友不喜欢同伴有这样的爸爸妈妈干扰他们之间的互动关系。

误区3：教育孩子“人不犯我，我不犯人；人若犯我，我必犯人”

“人不犯我，我不犯人；人若犯我，我必犯人”这16个字本是人民对待敌人、正义者对待邪恶者的法则，可现在被很多家长作为教导孩子“受欺负要还手”的依据。可是，爸爸妈妈别忘了，雷锋说过：“对待同志要像春天般温暖。”小朋友之间虽然够不上“同志”的“档次”，却是名副其实的“同伴”，虽然有一字之差，但相处时春天般的温暖不应该有差异。

误区4：“只有父母和家人才会对自己的孩子真正好。”

父母和家人是孩子的监护者，对孩子的关心和爱护最细微、最持久，于是个别家长就猜疑别人对自家孩子都是三心二意的，自己不护着孩子，别人怎么会护着自家孩子呢？正是在这种不信任别人的潜意识支配下，有的家长缺少善意理解别人的视角，一遇到孩子之间出现冲突的时候，就不由自主地总是袒护自己的孩子，偏离了公正的立场。

总之，“以自家宝宝为本位”的家长存在以上4个误区，初听起来都貌似正确，但是真正以它们来指导自己的教育观念和行为的时候，就会发现其中的不科学之处，把孩子之间的“小事”升级为一件“大事”。当然，调整“以自家宝宝为本位”的观念偏差也很容易，那就是孩子之间的矛盾需要“大事化小，小事化了”，“有理走遍天下”的“硬道理”也需要被“得饶人处且饶人”调节一下，多为孩子营造相安无事的成长环境。